MARIHUANA
LA FLOR DEL CAÑAMO
UN ALEGATO CONTRA EL PODER

DANIEL VIDART

ÍNDICE

PRÓLOGO 3

PRIMERA PARTE: Cuando el cáñamo y su flor eran de todos y para todos 6

SEGUNDA PARTE: Prohibiciones y penalizaciones: la conspiracion del becerro de oro 183

TERCERA PARTE El retorno del hijo pródigo 206

EPÍLOGO 227

BIBLIOGRAFÍA 228

PRÓLOGO AUTOBIOGRÁFICO

Es costumbre que quien escribe el prólogo de un libro lo haga para presentar al autor y comentar el contenido. Daniel Vidart no necesita presentación y los contenidos de este libro se encuentran sintetizados en el subtítulo: "Un alegato contra el poder".

Conocí a Daniel Vidart en circunstancias "casi casuales". Soy autora del primer libro sobre la marihuana en el hemisferio sur, Cultura Cannabis. Llevaba poco tiempo viviendo en Uruguay; venía de Argentina y el motivo de la mudanza era retirarme a un lugar distante de Montevideo, lejos del mundanal ruido. Al poco tiempo de haberme instalado en la nueva casa, siempre dentro de la propuesta de vivir casi aislada, planté marihuana para mi consumo personal. Cuando las plantas tenían dos meses fui visitada por un operativo policial, ampliamente divulgado en los medios de prensa. Los noventa y cinco días que estuve en prisión generaron un gran debate en la sociedad uruguaya: "¿representa algún peligro una señora jubilada con casi setenta años de edad que cultiva plantas para su consumo personal?".

Cuando Daniel Vidart decidió escribir un libro sobre el tema debido al hecho de que, en función del debate planteado por el tiempo que pasé en prisión, la sociedad uruguaya se preparaba para regular la producción y venta de marihuana, un periodista tuvo la idea de presentarnos. Vale decir que cuando vi el curriculum del antropólogo quedé anonadada y pensé "que puedo agregar a un académico de ese porte?".

Admito que en principio dudé en aceptar la invitación pensando que sería un arrogante "sabelotodo" pero, por respeto decidí aceptarla y visitarlo en su residencia, llevándole un ejemplar de mi libro y también para ofrecerle material sobre el tema.

De inicio quedé impresionada con su total falta de arrogancia, su receptividad, su empatía. Hablamos de sus libros sobre la coca, los cocaleros, sus experiencias en los Andes colombianos y sobre su "Vuelo chamánico" en el desierto del Gobi bajo los efectos de la amanita muscaria. El diálogo se fue haciendo cada vez más interesante por lo que decidimos que yo colaboraría aportando mi experiencia y mi enorme bibliografía sobre el tema. De ese trabajo en conjunto surgió una relación amorosa que se transformó en casamiento y que duró ocho años hasta su fallecimiento en 2019. Participé de la "cocina" del libro que ahora presentamos en amazon.com.

Obviamente, hasta ese momento yo había leído casi veinte libros sobre la materia y conocía los diferentes abordajes. Mi sorpresa residía en observar el "esqueleto" del libro a medida que Daniel iba asimilando información. Como antropólogo, como docente, con profundo conocimiento de la formación y desarrollo de los diferentes pueblos y culturas desde el paleolítico a nuestros días y su enorme talento poético para conducir al lector de la mano del cáñamo y de la marihuana a través de un "viaje" por la historia de la humanidad, las culturas y las civilizaciones donde la planta estuvo presente no sólo por sus diversas utilidades sino también como elemento político.

Vidart se auto definía "como antropólogo de campo", como observador participante. Con ese enfoque visitamos plantaciones de marihuana no sólo en Uruguay, como también en Argentina y Chile. Participamos de "juntadas" con usuarios, de debates, de largas sesiones de "manicurado" de la planta y de algunos coloquios internacionales.

Sobre ese trabajo de campo él decía: "Traté de adoptar una actitud desprejuiciada ante la marihuana, donde el tabú, representado por lo prohibido, la censura de la población o las legislaciones restrictivas, se contrapone al tótem, al poder unificador en una comunidad".

En ese punto reside la excepcionalidad de este libro: en vincular las sustancias con el poder establecido, que articula políticas prohibicionistas o reguladoras en función de los prejuicios de las épocas, y las motivaciones de los gobiernos.

Vidart comienza con un recorrido por aquella dilatada época en la que el consumo de marihuana no estaba sujeto a leyes ni restricciones, y el cáñamo "era de todos y para todos".

Rastrea minuciosamente todas las huellas que el cannabis fue dejando en diferentes pueblos a lo largo de los siglos, desde los sumerios a los rastafaris, pasando por los griegos, los fenicios y los celtas, hasta llegar a los intelectuales franceses del siglo XIX.

Hallazgos arqueológicos, textos de la medicina tradicional china, compendios de cuentos como "Las mil y una noches" u obras capitales como la "Historia de Heródoto" demuestran que la presencia del cannabis es tan antigua como el mundo y no entiende de fronteras.

Para organizar todos estos testimonios, Daniel Vidart dividió las aplicaciones tradicionales de la marihuana en cinco usos fundamentales: los rituales -mágicos y religiosos-, el empleo terapéutico, y las funciones recreativas, nutritivas e industriales.

"Son los intereses creados los que regulan qué es bueno y qué es malo para una sociedad. Ya en el pasado se prohibieron otras sustancias que hoy son legales, como el tabaco, el café o la yerba mate. Los argumentos para las restricciones son variados, pero los informes sobre la marihuana no revelan conclusiones negativas acerca de sus efectos", expone Vidart.

En la tercera parte del libro describe lo que denomina "la conspiración del Becerro de Oro", la prohibición que establece la legislación de los Estados Unidos y cómo ésta se irradió por todo el planeta. Cuestiona y analiza los argumentos y las motivaciones ocultas de los grandes poderes económicos. Por último después de analizar la fragilidad de los argumentos prohibicionistas analiza los diversos informes científicos que a partir del siglo XIX y casi todo el XX recomendaron levantar la prohibición y permitir el aprovechamiento integral de la planta.

Pero lo dicho no es todo: siempre dentro de la metáfora de que el presente libro es un "viaje", Vidart se permite algunos desvíos como cuando aborda la historia de Nueva Orleans y presenta una muy interesante descripción de la vida en el estado de Luisiana a principios del siglo XX destacando el papel que la marihuana tuvo en el proceso de integración racial tan peculiar y su influencia en los diversos ritmos musicales que convergieron en los diferentes géneros del jazz.

Dejemos entonces que el lector disfrute de esta experiencia inolvidable que es la lectura de este libro.

CUANDO EL CÁÑAMO Y SU FLOR ERAN DE TODOS Y PARA TODOS

ENTRANDO EN EL TEMA

"Los hombres se guían más por el deseo que por la razón"

Baruch Spinoza

Cannabis, cáñamo, marihuana

En este libro no solamente se reúnen evocaciones, observaciones, descripciones, investigaciones y meditaciones acerca de la marihuana, la flor del cáñamo, sino que, sobrevolando los hechos concretos, se intenta desarrollar un discurso mitad histórico, mitad filosófico, sobre el Poder. A la vez dicho ejercicio, deliberadamente subliminal aunque por momentos explícito, apunta a las raíces y las ramas del árbol del Mal, cuyos frutos envenenan las almas y los cuerpos de los habitantes de la Tierra.

Un dicho de Leibniz ilumina el sentido de la palabra: "Si Dios existe ¿de dónde procede el Mal? Si Dios no existe, ¿de dónde proviene el Bien?" Las preguntas son estremecedoras, particularmente la primera. Tiempo después Hegel expresó que "se puede clasificar el Mal de modo metafísico, de modo físico y de modo moral". Estos segundo y tercer modos se manifiestan en la persistencia abusiva del error, en la aplicación ciega del poder, en la ignorancia que abre las puertas del prejuicio, en el espejismo que sustituye la realidad de los paisajes mentales, en la prepotencia que avasalla la ciencia, en la contradicción que absuelve, en nombre de los intereses creados, lo que previamente se había clasificado y desechado como despreciable o peligroso. Tal fue lo sucedido cuando se montó una mentira gigantesca para proteger fortunas millonarias al ser amenazadas por la potencial competencia del cáñamo. Para ello, procediendo sesgadamente, se condenó a su flor como la impulsora de delitos sociales y daños a la salud física y moral de la ciudadanía. Fue una de las maniobras más tenebrosas en la historia de las relaciones entre gobernantes y gobernados, una conspiración de mercaderes y políticos que, blandiendo sus ventajas personales como garrotes, condenaron al exilio una planta que sanaba el cuerpo y regocijaba el alma. Y en esto no paró la cosa. Fabricaron, sin tener en cuenta los datos de la ciencia y la experiencia, un sistema de delitos y penas que llevaron a la cárcel a pacíficos vecinos que no dañaban a terceros y hacían gala de la inalienable libertad personal consagrada por claros ordenamientos constitucionales.

Como adelanto a lo que en otro capítulo se va a tratar con la necesaria amplitud requerida por el tema transcribo lo escrito en el American Magazine por Harry Anslinger, el Zar de la Represión, allá por los años 30 del pasado siglo, cuando se aprobó la Marihuana Tax Act. Todo acto vandálico, todo crimen era atribuido al uso recreativo de la marihuana: "Una familia entera fue asesinada por un joven adicto a la marihuana en Florida. Cuando los policías llegaron a la casa encontraron al joven tambaleándose cerca de un matadero humano. Habia matado con un hacha a su padre, su madre, dos hermanos y una hermana. Parecía estar aturdido… no recordaba haber cometido el múltiple crimen. Los policías lo conocían como un joven sano, más bien tranquilo. Ahora se encontraba lastimosamente enloquecido. Se buscó el motivo. Los muchachos dijeron que había adquirido el hábito de fumar algo que sus jóvenes amigos denominaban muggles, un nombre infantil de la marihuana". Una sustancia que aquieta el ánimo, que serena, que sume al usuario en una tranquila contemplación interior, jamás puede tener los efectos atribuidos por Anslinger, quien diseminaba en prensa y radiofonía sus invectivas contra los difusores de ese "vicio"en los EE.UU.: los negros, los mexicanos, los "latinos"y los músicos de jazz, un infernal producto de una planta destructora del orden social y la tranquilidad pública.

Dicho lo anterior a esta transcripción, paso al desarrollo del tema. La marihuana no es un producto surgido de la farmacopea contemporánea elaborada científicamente en los laboratorios, tal cual sucede con la cocaína y la heroína, sustancias provenientes la una de la coca y la otra de la amapola, o las drogas de diseño, obtenidas mediante complicados procesos químicos.

La inflorescencia denominada marihuana es una integrante de la flora y se la utiliza directamente, desde los dones que la naturaleza ha acumulado en el cáñamo (cannabis), la planta materna, cuyas aplicaciones, además de las recreativas o lúdicras (y no lúdicas), son múltiples. En el caso de sus otros empleos como elemento ritual, agente terapéutico, ingrediente alimenticio y materia para usos industriales, se operan procesos de diferente orden. Inclusive, para la elaboración del haxix a partir de la resina que humedece con su pegoteo los cogollos, se recurre a procedimientos que se apartan de la simplicidad original del consumo directo de la flor del cáñamo. Esta, para ser incorporada al organismo humano mediante el cigarrillo (porro, faso, churro, etc.), la pipa (seca, de agua y de otros distintos tipos) o el vaporizador, solamente se corta de la planta, se la orea y se la hace secar en lugares apropiados para ser utilizada.

Desde el punto de vista metodológico, para hacer más clara la comprensión de su contenido, en la presente introducción al tema se trazan dos círculos concéntricos alrededor de las múltiples cualidades y aplicaciones de una planta bendecida y maldecida a un tiempo.

El primer círculo tiene que ver con el universo de los fármacos o sustancias psicotrópicas que, desde muy atrás de la mal llamada prehistoria - antes de la historia no existían los humanos y debe entenderse que solamente la humanidad es la madre e hija a la vez de la historia- figuran entre los quehaceres y placeres de nuestra especie. Es imposible referirnos a la marihuana, una isla recreativa en medio del mar de problemas y dilemas que desde su origen zarandean el Arca de las etnias y pueblos de este mundo, si se la aísla del conjunto de sustancias que modifican los estados mentales. En efecto, ella forma parte del repertorio mayoritariamente botánico de los removedores de mentes que se ha dado en llamar drogas- ya las blandas, ya las duras- sin afinar demasiado la puntería conceptual. En su momento examinaré la etimología y semántica de "droga", una voz cargada de contradictorias connotaciones que, como un fantasma, sobrevuela el Tercer Planeta.

La droga no es, como se dice, una plaga social de nuestro tiempo. Desde fechas muy tempranas la especie humana quiso ir más allá de las sensaciones y percepciones propias de un organismo circundado por los distintos y cambiantes ambientes – los naturales y los antrópicos - del mundo en torno. Como aventurero del espíritu que fuera desde su perfeccionamiento en cuanto individuo y en tanto persona, el Homo sapiens forjó las llaves que le permitieron penetrar en el jardín cerrado del herbolario que provocó la expansión de sus facultades, el adormecimiento de sus sentidos o el viaje hacia otras provincias del espíritu.

Hay también un aspecto poco trabajado, si bien insinuado más de una vez, pues no existen elementos que permitan reconstruir aquellos rasgos y pautas culturales intangibles de la arqueohistoria paleolítica y la paleohistoria neolítica. No obstante, las objetivaciones materiales de la cultura permiten, en otros terrenos, aventurarnos a realizar reconstrucciones tentativas. Me estoy refiriendo a las relaciones existentes entre las sustancias que modifican los estados de conciencia y los efectos que han tenido aquellas sobre el chamanismo, la magia y la religión en las primeras épocas de la humanidad y que hoy continúan teniendo entre los pueblos "salvajes", campesinos y urbanizados. No todo es pasado remoto en el devenir cultural de nuestra especie: actualmente es posible advertir que muchas comunidades ágrafas o tradicionales siguen manteniendo dichas relaciones con ciertos tipos de flora, cuyas cualidades son extraordinarias. Se trata, y sus denominaciones locales difieren en las distintas lenguas, de "Las Plantas de Poder" a muchas de las cuales se accede mediante la ayuda previa de la "Plantas Maestras".

Jack Herer propone una explicación de aquellos primitivos éxtasis, adormecimientos o fugas del aquí y ahora: "Se producían experiencias cercanas a la muerte, privaciones físicas(inanición, ayunos, control de la respiración, sed, fiebre y alegría incontrolada) debido a fermentaciones fortuitas o extractos de vino, cerveza, amanita, vino de cannabis (bhang) y otros elementos psicoactivos [debe decirse psicoactivantes, pues dichos elementos carecen de psiquis] cuyo consumo produce inexplicables experiencias y sensaciones de exaltación(comparadas con las vivencias normales). Los elementos químicos de estas plantas y hierbas sagradas producían a nuestros antepasados visiones inesperadas y sorprendentes para las que no estaban preparados y que les hacían viajar a los rincones más remotos de la conciencia y, a veces, experimentar sentimientos de fraternidad universal [....] De esta forma los ′conocimientos sagrados` los guardaba celosamente el sacerdote experto en hierbas y eran recogidos en clave por las tradiciones y mitos tanto orales como escritos. A las plantas con poder psicoactivo [repito que debió decir psicoactivante] se les otorgaba atributos humanos y animales: por ejemplo, a los anillos de la amanita muscaria se le representaba mediante faunos".[1]

El segundo círculo, que engloba al anterior, tiene otra carga intelectiva y afectiva, al tiempo que incita a contemplar la condición humana desde el mirador de un planeta globalizado. Dicha humanidad, repartida en pueblos pre-alfabetos, campestres - que no son lo mismo que campesinos- o tradicionales, y civilizados, ha obtenido notables conquistas científicas y técnicas a partir de las distintas revoluciones industriales, a saber: la del fuego, la del aprovechamiento de las energías hidráulica y eólica, la de la máquina de vapor, la de la electricidad, la de los motores a explosión, la nuclear, la electrónica, la cibernética y la nanotécnica. También, en el último siglo, se ha operado una notable revolución biológica. Pero dicha humanidad no ha podido progresar con idéntico ritmo en el terreno de los valores morales, los Derechos Humanos y los beneficios de un bienestar compartidos, sean cuales fueren sus géneros y estilos de vida. En tal sentido un ensayista español se ha referido al "progreso decadente".[2]

En la esfera económica y social se advierte una creciente brecha entre los que, según el refrán popular, nacen con estrella y los que nacen y viven "estrellados", entre los ricos y los pobres, entre los que se proclaman satisfechos por lo ofrecido gratuitamente por la vida, o logrado en ella merced a sus esfuerzos - que pueden ser de distinto signo- , y los que son y se sienten infelices a partir de la miseria material y social en que están sumidos. Y esto no sucede porque sí, porque el destino lo haya dispuesto. Se trata de la presencia ubicua y hegemónica del Poder, de la carencia de escrúpulos y la impunidad que genera la Fuerza, esa bestia bicéfala cuya arrogancia y

---

[1] HERER, Jack. El emperador está desnudo. El cáñamo y la conspiración de la marihuana. Castellarte S.L. Barcelona 2002, p.142

[2] RACIONERO, Luis. El progreso decadente. Repaso al siglo XX. Espasa Calpe, Madrid 2000.

desprecio por los débiles, o los enemigos reales o presuntos, vienen operando desde muy atrás en la historia. Leviatán y Behemot, los monstruos bíblicos, han pautado la peripecia histórica de las comunidades y sociedades humanas. Representan las catástrofes impuestas por los hombres, y no los dioses, a sus semejantes. En definitiva, se trata de la presencia del Mal en el mundo, tema arriba anunciado y cuyo estudio en esta contemporaneidad desgarrada ha dado origen a una muy extensa bibliografía.[3]

La discrecionalidad y la irracionalidad de la espada ayer y el proyectil teleguiado hoy, han estado presentes en la problemática de lo que es permitido o desestimado, al margen de los Derechos Humanos elementales y obediente a los intereses de los que mandan.

Hay otro campo en el que comúnmente no se insiste, dada la presunta "muerte de Dios" anunciada por Nietzsche. Se trata del atardecer de lo sagrado que cabe considerar como uno de los elementos a tener en cuenta en el uso, por un lado, y la prohibición, por el otro, de la marihuana. Lo que denomino sagrado, esto es, apartado de lo común y cotidiano de acuerdo con su etimología latina, está representado por el consumo de sustancias que al provocar el cambio de los estados "normales" de conciencia, trazan un límite entre el ejercicio desnudo de los sentidos y el mundo separado (sacer) propuesto o impuesto por las sustancias que lo visten con los ropajes psíquicos guardados en el vestuario de las drogas.[4]

No podía estar ausente un empecinado y doble ejercicio de desenmascaramiento e información en las páginas de un libro que trata sobre una de las sustancias más controvertidas en las desparejas relaciones existentes entre los gobernantes y los gobernados de las sociedades humanas, y no solamente las actuales, aunque en la edad contemporánea se han mundializado las represiones y, paralelamente, los movimientos populares reivindicativos que, en el caso de la marihuana, configuran un caso único.

Y bien, ese Poder ha decretado, a partir de los inicios del siglo XX la inclusión de los cogollos del cannabis entre las sustancias malditas, sin condenar al índex a otros productos notoriamente nocivos, como el tabaco o el alcohol. El caso del breve lapso en el que se prohibió el consumo del alcohol fue ejemplar. Basta con recordar las terribles consecuencias que trajo consigo

---

[3] ARENDT, Hannah. Eichmann en Jerusalén. Lumen, Barcelona, 1967; RICOUER, Paul, El Mal. Un desafío a la filosofía y a la teología. Amorrortu, Buenos Aires 2006; ALBERONI, Francesco. Las razones del bien y del mal. Gedisa, Barcelona, 2001; SAFRANSKI, Rüdiger. El Mal, o el drama de la libertad.Tusquets, 2000; SICHÈRE, Bernard. Historias del mal. Gedisa, Barcelona,2007. BAUDRILLARD, Jean, La transparencia del Mal, Anagrama, Barcelona,2007. Kekes John, Las Raíces del Mal, Editorial Ateneo, Buenos Aires, 2006
[4] ALBERONI, Francesco. *Id*, p.13-15

la Ley Seca en los EE.UU con la aparición del tráfico clandestino y el baño de sangre provocado por las mafias de gangsters encargadas de controlar la fabricación de bebidas espurias y realizar el contrabando de bebidas altamente calificadas. Del mismo modo la prohibición y penalización de los usos hedónico o placentero y el medicinal del cannabis, vulgo marihuana, ha contribuido a reforzar el montaje de una poderosa y criminal maquinaria de traficantes que amenaza, chantajea y mata, tanto en los espacios internos de la competencia como entre aquellos represores que luchan contra su labor clandestina.

El presente libro se ocupará de este y otros cambiantes procederes de quienes determinan lo que es malo y lo que es bueno según lo que la legislación establece y las fuerzas del "orden" hacen cumplir. Debo también agregar que la coyuntura que impulsó la redacción de este texto fue la aprobación por el Poder Ejecutivo uruguayo, luego de intensos y no siempre razonables o documentados debates en las Cámaras de Diputados y de Senadores, de la Ley de Regulación del Consumo de la Marihuana, promulgada en el mes de diciembre del 2013, cuya reglamentación, que se hizo pública en el mes de mayo del año 2014 , fue matizada, si es que vale la expresión, por un Protocolo de Acción Policial en el 2015.

https://www.minterior.gub.uy/images/stories/ProtocoloCannabis_doblepagin a.pdf

ENTRE EL "MIRAR" Y EL "VER"

Uno de mis pocos saberes es el de procurar "ver", y no solamente "mirar" atentamente lo que se divisa, oye, huele y palpa desde donde estoy parado. Esto significa, también, que una permanente dosis de desconfianza viene en mi auxilio para verter unas gotas de duda metódica en lo que me cuentan el prójimo o los libros. "Ver", en el sentido esencial y no solamente óptico del término – ya lo vi se exclama al resolver una ecuación difícil o encontrar una salida adecuada a un problema complejo- es iluminar el entendimiento, por tenues que sean las luces, para asumir o acrecentar los legados de la historia cultural que hemos construido y que a la vez nos construye. Dichos legados se guardan, a la vez, en la pequeña marsupia de la memoria personal y en el magma gigantesco de la herencia social humana. Dicha herencia nos transmite los mensajes del pasado mientras vamos tejiendo, en el telar de las creaciones que enriquecen o lastiman el presente, el tapiz animado de conocimientos y obras, buenas, regulares y malas, que legaremos a nuestros descendientes para que ellos, gracias al ritmo alterno de la conservación y el cambio de los valores y bienes elaborados por las sociedades humanas, prosigan con la milenaria y difíciltarea de conciliar el progreso material con el perfeccionamiento de la moralidad y solidaridad entre los miembros de nuestra especie.

Infelizmente no se comprueba en los actuales días, ya en las sociedades civilizadas, ya en las tradicionales, una disminución de la violencia y todas las demás lacras derivadas de la imperfecta y falible condición del autodenominado Homo sapiens, a la que se agrega el impacto del medio sociocultural en el que nace y se desarrolla el recipendario de de los valores y desvalores vigentes. Solamente en unas pocas tribus refugiadas en sus santuarios selváticos puede advertirse una solidaridad y respeto sociales, escasos en las urbes tentaculares y los espacios terrestres donde imperan, pari passu, la civilización del consumo en el sector privilegiado y la cultura de la pobreza en las periferias del desamparo, y aun la miseria. No obstante, y para cuestionar o aún desmentir la condición idílica que convertía alas comunidades de "amables salvajes" celebrados por los antropólogos en aislados paraísos, debemos trasladarnos a la "globalización" imperante en nuestros días. En efecto, estos escasos santuarios han sido penetrados y destruidos con velocidad creciente por la bomba de fragmentación de la tecnología contemporánea tal cual lo demuestran las contribuciones de los autores que el editor Hendrik Neubauer publicó en el interesantísimo libro Los superviviente. De pueblos autóctonos a ciudadanos del mundo, 2008.

No obstante, dada la insistencia multinacional en priorizar la defensa de los Derechos Humanos, debemos estar atentos a este posible engrandecimiento de la especie, a este doble movimiento de retroalimentación y prevención- evocar el pretérito sin quedar anclados en sus puertos, afinar el espíritu prospectivo sin que nos tiente la utopía - cuya tenaz presencia tiende puentes sobre el cambio incesante de las creaciones, intangibles y tangibles, del zoon politikon. Esta criatura no es, como se estila al traducir la voz griega, un "animal social", sino que, de acuerdo con la estricta etimología de aquella, constituye un "animal político", hijo de la polis, la ciudad, donde el manejo del Poder que manipula la "cosa pública"por un lado y por el otro el "pulimento" del saber y las costumbres requiere instituciones inexistentes entre los campesinos tradicionales o los pueblos arcaizantes, como son la policía y el ejército. El ser humano es un animal social y cultural. En el territorio de la cultura, precisamente, es donde se define el área de lo político.

La producción y reproducción de la cultura individual y colectiva, políticamente consideradas, le concedieron sentido y destino a nuestras sociedades cuando ellas dieron el decisivo paso hacia la vida urbana y a la multiplicación de las habilidades humanas y sus productos materiales. Alguien podrá sentirse extrañado ante la anterior afirmación. Los grandes talleres del cambio, de la invención y de la renovación son las ciudades. Los campos, y no solamente los anteriores a la revolución tecnocientífica de nuestro tiempo, perseveran en viejas costumbres y antiguas creencias. Así lo expresó Oswald Spengler en las páginas memorables de un libro tan discutible como incitante.[5]

Vale la pena transcribir un fragmento del inicio del capítulo I (La tecnología, mi compañera de crianza) del libro "En ausencia de los sagrado", 1994, donde su autor, Jerry Mander, expresa lo siguiente: "Nací en el año 1936. En aquella época no había aviones a reacción y la aviación era en efecto invisible. No había computadoras, satélites espaciales [¿o artificiales?], hornos microondas, no había máquinas de escribir eléctricas, fotocopiadoras, ni grabadoras. No había sistemas de música stereo ni discos compactos. No había televisión en 1936. No había viajes espaciales, no existía la bomba atómica, ni tampoco la bomba de hidrógeno. No había 'misiles guiados' como se llamaron en principio ni había bombas 'inteligentes'. No existían la luz fluorescente, la máquina lavadora ni tampoco la secadora, las máquinas procesadoras de comida 'Un-dos-tres' ni las videograbadoras. No había aire acondicionado. Tampoco existían las autopistas, ni los centros comerciales,

---

[5] SPENGLER, Ostwald. La decadencia de Occidente. Revista de Occidente, Madrid, 1923

ni los ´malls`. No había suburbios como nosotros los conocemos hoy. No había servicios de correo ´courier`, máquinas de fascimil, teléfonos con marcación automática rápida ni píldoras anticonceptivas. No existían las tarjetas de crédito, los pesticidas o herbicidas. Aquello fue hace 50 años. Durante mi vida, todo cambió".[6]

La lista es muy breve pues el número de cambios supera con creces los registrados por Mander. Pero este sobrio recuento cuantitativo ayuda a evaluar los cambios cualitativos sobrevinientes en las sociedades y culturas mundiales con la multiplicación, casi geométrica, de los inventos que si bien aparecen como nuestros asistentes y servidores a la larga – o a la corta- nos van alienando al empobrecer nuestras facultades cognitivas y creativas.

Regreso a la afirmación con la que abrí estas meditaciones previas. Aquella disposición de la mente - mirar atentamente con la pupila interior de la conciencia, para "ver" con mayor claridad -ayuda a distinguir las creaciones humanas, esos productos artificiales, tangibles e intangibles de la humanidad, de lo dado por la Naturaleza, en cuanto manifestación del Cosmos. La cultura objetivada - el mundo de los tecnofactos o artefactos - aprovecha, transforma y aún destruye el legado de la Gea para insertar en los espacios terrestres, merced a la alianza del cerebro con la mano, a los dispositivos, hijos del artificio, que nos sirven a diario. Pero también existen peligrosas alianzas: los precipitados de la cultura – o la cultura objetivada como conviene decir- actuando en el plano puramente material, se convierten, como líneas arriba comenté, en un Golem dominante. La tecnología contemporánea ha obrado a modo de un bumeráng: mientras perfecciona más y más los dispositivos y prótesis cuya cantidad creciente nos impide utilizarlos en su totalidad a lo largo de las jornadas diarias, nos convierte, a la vez, en esclavos suyos. El teléfono celular terminó con los socializadores juegos infantiles de otrora y el menú brindado por el internet a los usuarios de todos los estratos etarios cautiva hora tras hora la atención de aquellos, impidiendo la realización de actividades que, en vez de solazar o distraer, instruyan y formen los espíritus. En mayor escala, es decir, pasando de lo micro a lo macro, se inaugura la segunda Naturaleza de los paisajes de todo tipo - rurales, urbanos, industriales, viales, recreativos- que obran como extensiones de las facultades mentales que planifican y ordenan el mundo material discreto desarrollado en el espacio, cuyo escenario es la ecosfera. Y de tal modo la transforman en antroposfera, la que colisiona, si se trata de sociedades civilizadas y altamente tecnificadas, con la cosmoesfera de la Naturaleza original. Demás está decir que esta parafernalia no ha nacido por generación espontánea. Su creador es el mundo capitalista de Occidente, que ha globalizado invenciones que van de lo pequeño a lo gigantesco. En el pasado las necesidades originaban los

---

[6] MANDLER , Jeff.En Ausencia de lo Sagrado. Editorial 4 Vientos. Chile p.13

inventos; en la actualidad son los inventos los generadores de necesidades, muchas veces banales o escapistas, o sea, yendo al meollo pragmático de las cosas, innecesarias.

Cuando los antropólogos acuñaron el término Homo ergaster se referían, precisamente, al arcaico ser que transformó el merodeo animal en trabajo humano. Y este menester, ya en el plano mental, ya en el físico, ha perfeccionado con el paso del tiempo el repositorio de la memoria, el andamiaje de la sensibilidad y la gracia de la inteligencia creadora. Así equipados, los representantes de nuestra especie construyeron puentes y escribieron poemas, pintaron cuadros y fabricaron aviones, modelaron delicadas porcelanas y echaron a volar temibles misiles. Junto con el oro se acarreó la ganga, mucho más abundante que el preciado metal.

"Ver"", al cabo, y con esto finalizo este largo circunloquio, es comprender la realidad de las cosas más allá de lo fenoménico - o sea la mera apariencia o presencia sensibles- merced a los servicios del lazarillo epistemológico del conocimiento, que orienta hacia las escondidas esencias y significados de aquellas.

Ruego a los lectores que no se consideren extemporáneas las anteriores palabras introductorias a un libro que versa sobre la flor o cogollo del cáñamo, que tal es el nombre vulgar del cannabis. El escritor, el investigador y el caminante por los escenarios humanizados, deben rendir testimonio de su peripecia existencial y de su visión del mundo en torno. En mi caso se trata de la vocación y el oficio de antropólogo. Y el antropólogo, un curioso impertinente al estilo cervantino, un mirón y preguntón sin recato, un compulsivo viajero por los rincones escondidos de la tierra y los pueblos del mundo, un etnógrafo del caso concreto - que debe transformarse en etnólogo al comparar las originalidades sociales de lo particular para inducir teorías generalizantes- está condenado a corroborar, en tanto hurgador de culturas y sociedades, incluyendo sus desperdicios, que nada de lo humano le es ajeno.

Esto significa que voy a contemplar el tema de la marihuana desde el punto de vista sociocultural, a partir de los trabajos de campo y no exclusivamente desde el menú de lecturas que humea en el puchero bibliográfico. ¿Y por qué no también recurrir a la meditación filosófica, de la que no está exenta ninguna criatura humana? Quien filosofa procura explicar el mundo, comprender su sociedad, sentarse a la sombra del árbol del Tiempo para responder las eternas preguntas acerca de dónde venimos, quiénes somos y adónde vamos. No hay tema, por pequeño que sea, que pueda escapar a la lupa o al telescopio de la filosofía, ya la académica, ya la casera.

Por cierto que recurrir a los libros y al pensamiento de los especialistas o de los amateurs especializados es imprescindible, pero quedarse en la mera cita o en la glosa subrepticia de sapiencias ajenas equivale a cubrirse con ropas hurtadas que en vez de vestir disfrazan. Y lo que es peor: se sustituyen las figuras reales por sus espejismos.

El antropólogo de campo – y no hay otro modo de concebir nuestro menester, si bien la teoría, necesariamente, reclama su parte- es, por excelencia, un viandante aventurero, un trabajador à pleinair. No se asemeja para nada al paseante solitario que retrata Rousseau, ni al sociólogo acicalado que describe Odum , ni al quantofrénico contabilizador que alarma a Sorokin, hoy vetustos escritores o teóricos sociales desechados o ignorados por la posmodernidad del aquí y ahora.

La mente adiestrada y los métodos de investigación del antropólogo de campo, en la actualidad una especie en extinción, se hallan muy distanciados del repertorio ideativo de las gentes de la aurora humana. Evoquemos, en tal sentido, a la madre y su hijo que hace casi cuatro millones de años huían, desamparados pero a la vez prevenidos por el instinto de supervivencia, de una erupción volcánica. Las huellas de ambos australopitécidos, conservadas por la ceniza convertida en piedra pómez durante una llovizna, fueron descubiertas por Mary Leakey en el continente africano. Si alguna Wanderlust mueve y conmueve al antropólogo es la tarea de buscar en la profundidad psíquica y en los sistemas sociales los espacios y los tiempos, es decir, los cronotopos culturales, por donde transitan el existir y el consistir de la condición humana, esas dos sendas convergentes que se juntan en la posada del Ser. Dicho Ser profundo, consciente de sus alcances y limitaciones, estaba aún en pañales en el tiempo de los erguidos homínidos que dejaron los vestigios de su huida en Laetoli. No había florecido aún la conciencia reflexiva del Yo, ni en la construcción íntima de la persona ni en la relación con el Otro, distinto y distante. Solamente existía el espíritu de manada que solo reconoce al Yo en el prójimo, esto es, en la criatura semejante, visible e inmediata.

DEL HOMÍNIDO AL HUMÁNIDO

Por más que nos vanagloriemos de esta super civilización técnica y globalizada, seguimos escuchamos los ecos, y no las voces, de aquello que grandielocuentemente se denomina la fraternidad universal, un sentimiento declarado en potencia pero no del todo consumado en acto. Si la filantropía (amor por el hombre en su sentido estricto) hubiera madurado a la luz de la inteligencia, la previsión y el entendimiento, se habría perfeccionado la criatura moral que llevamos por dentro y, al aplacarse la agresividad y declinar la violencia, no existirían más guerras ni conflictos políticos, sociales, económicos y religiosos, o todos esos males a la vez. Y ni qué decir de las ideologías y fundamentalismos beligerantes. Si bien polemos es el padre de las cosas según Heráclito, Hesíodo se refiere y prefiere la Eris de la emulación a la de la lucha, la de la sana competencia, aquella que afina los talentos y dignifica las virtudes en vez de enfrentar con armas mortales a los seres humanos.

De cuando en cuando es preciso olvidar del mundo tecnificado que nos sirve y a la vez nos avasalla para evocar al remotísimo antepasado que descendió de los árboles a las estepas africanas y en ellas caminó, y se fue irguiendo de a poco, oteando los horizontes para ponerse a salvo de las fieras, buscando caza y refugio, sustento y cobijo. Y no sólo eso: su gran tarea histórica, mientras evolucionaba física y psíquicamente a lo largo de los milenios, fue elaborar un antropocosmos, concebir y objetivar sistemas de valores, desarrollar las facultades razonantes y afectivas de la mente, construir repositorios materiales, sumando de tal modo el humánido cultural al homínido biológico. Y como de dichos humánidos voy a tratar en las páginas que siguen, comprobaremos en ellas que las opiniones y los actos ejercidos por los que mandan convierten a los prejuicios en juicios y a los intereses creados en reglas morales.

EL PODER Y SUS ALBACEAS

Este libro trata, explícitamente, sobre la flor del cáñamo. Pero los manejos efectuados a nivel mundial desde hace un siglo en detrimento de esta planta y sus propiedades permiten comprender, al desnudar los hechos de su vestimenta demagógica, los sinuosos corredores por donde transitaron y transitan las ignorancias y las certidumbres de los humanos. De tal modo será posible emprender una tarea casi siempre ausente en este tipo de libros, generalmente descriptivos: iluminar los oscuros rincones donde juegan a las escondidas los albaceas del Poder para comprender cómo lo que se reputa desechable en un tiempo puede ser alabado en otro y con qué falsos argumentos el capricho o el interés han procurado convertir la verdad en mentira y la mentira en verdad.

¿Qué Espiritualidad?

Transcribo líneas abajo un texto que esclarece lo antes expresado y abre camino a lo que vendrá en el desarrollo de este libro heterodoxo, escrito por quien estudia desde el año 1965 a esas sustancias denominadas drogas, al margen de toda adicción. Experimentar no significa perseverar de por vida en el experimento. Por otra parte, el antropólogo de campo, el verdadero, trabaja analizando vivencias y no recordando lecturas. Una cosa es un espíritu que sabe y otra una memoria bibliográfica que se acuerda.

Es el de droga, como se podrá comprobar luego, un término polisémico cuya peripecia contemporánea transcurre en el contexto de una pulseada entre la cultura del poder y la contracultura del querer, entre la ley represiva y el desacato contestatario, entre la autoridad pública y la libertad personal. Al decir así excluyo las voces "hegemónico" y "subordinado", una herencia de la terminología de Gramsci revivida por muchos sociólogos y antropólogos de nuestro tiempo.

Vamos ya a la cita prometida y harto demorada: "El drogado […] es alguien aparte, diferente, bárbaro; mediante el opio escapa de la sociedad burguesa; mediante la cocaína o las anfetaminas rebasa sus normas; mediante los alucinógenos, las niega. La toxicomanía es la ingestión de un cuerpo extraño o extranjero […] ¿Pero qué es en realidad una droga? Es el Estado quien lo decide. Una droga es una sustancia que el Estado define como tal. En

1620 Luis XIII prohibió el consumo público de la hierba de Nicot ¿Porque perturbaba el orden público, porque era peligrosa o porque provenía de otra parte? [El autor omite decir que los consejeros advirtieron el rey que si se creaba un estanco del tabaco, monopolizado por el Estado, la corona recaudaría mucho dinero.] El tabaco, desde entonces, se convirtió en un cultivo, una industria y una fuente de recursos para el Estado: por lo tanto dejó de ser una droga. El alcohol, que modifica la conducta, [y llega muchas veces a matar al bebedor o hacer que este mate], tampoco es una droga [según el selectivo uso de la voz por quienes tienen interés en demonizar algunas y permitir otras.] ¡La marihuana, menos activa que el alcohol y que no mata a nadie, es una droga, porque está prohibida!".[7]

Deseo informar, además, que si bien estas páginas estarán dedicadas a una de las discutidas sustancias cuyo uso provoca cambios en nuestros estados de conciencia y conmociones en la prejuiciosa sociedad civil, amén de severas medidas represivas del Estado, tampoco formo parte del sector que al referirse a las materias psicotrópicas –las blandas o las duras-, defiende su utilización como la llave maestra que libera de las cadenas invisibles que aprisionan al Yo profundo para, de tal modo, traspasar la opacidad de los sentidos y acceder a superiores niveles del Espíritu.

Y ya que apareció este término, y por cierto que lo traigo a colación para descartarlo, me permito una digresión que considero oportuna. A muchos usuarios de los fármacos que actúan sobre la conciencia, o a los meros defensores de esa práctica, la palabra Espiritualidad no se les cae de los labios. No la definen, no distinguen el espíritu razonante (animus) del alma afectiva (anima), desconociendo así lo que nos enseñan las etimologías y el recto sentido de las denominaciones. A mayor abundamiento, recurren a ellas como si fueran el "sésamo ábrete" que franquea las escondidas puertas de la Sensibilidad en estado puro, lo que equivaldría a la entrada a un íntimo Jardín de las Delicias o a un Carnaval del Alma, aquí y ahora. Si obramos con la ingenuidad rampante de Monsieur Jourdain, que un día se dio cuenta de que hablaba en prosa, sin ahondar en la gramática y las teorías del lenguaje, ignoraremos que la tan mentada espiritualidad no desciende como un don benéfico de la morada de los dioses. Todo lo contrario: ese haz de sensaciones obedece a ciertos juegos sutiles de las neuronas del sistema nervioso que los desinformados, en vez de recurrir a la luz de la ciencia, han escondido tras un cerco de metáforas cuando no de creencias más o menos místicas, más o menos metafísicas, más o menos teologizantes. Resulta muy difícil hallar siquiera rastros de tal Espiritualidad en un usuario de la pasta base, también

---

[7] COMTE-SPONVILLE, André. Diccionario Filosófico. Paidós. Barcelona 2005. Artículo Espiritualidad

denominada paco o basuco. Y atribuirle esa virtud exclusivamente a la marihuana resulta, por lo menos, una denotación temeraria.

Es preciso utilizar las palabras en su recto sentido. Para los hombres de ciencia o para los atentos lectores de tratados y publicaciones de divulgación filosófica la voz Espiritualidad, así, en abstracto, equivale a una licencia poética. Los estados de conciencia que propician la mente razonante o los que atienden los requerimientos empáticos de la afectividad son los demiurgos engendrados por el complejo trabajo cerebral. Una cosa es sentirse lúcido y dueño de sus facultades en normal funcionamiento, o lo que suponemos como tal - ¿qué es la normalidad en la bergsoniana "corriente del pensamiento", que nada cuesta llamar conciencia? -y otra recurrir al uso de sustancias que actúan sobre la mente modificando el pathos del sentimiento o el logos de la razón. Pero eso de Espiritualidad caída como una entelequia del Empíreo no deja de ser un término de moda, un comodín verbal que dispensa del conocimiento epistémico.

Atento a ello, y para que los lectores tengan una clara idea de las vicisitudes de las voces Espíritu y Espiritualismo en el pensamiento de los filósofos y los teólogos de Occidente que iniciaron su camino en el mundo grecorromano, me permitiré una breve digresión sobre una terminología que hoy esgrimen como una florida espada quienes otorgan a las sustancias psicotrópicas, o a una sola de ellas, la función de convocar o acrecentar la "Espiritualidad". Dicho ejercicio permitirá advertir que en materia filosófica o psicológica no hay verdades establecidas sino una perpetua querella intelectual que, en vez de orientar la conducta y esclarecer el puesto del hombre en el cosmos, como lo intentara Max Scheler, nos encamina sin remedio a un pantano de opiniones del que la verdad ha huido despavorida ante tanto disenso vestido con trajes de brillantes lentejuelas.

La voz espíritu proviene del latín spiritus que, al igual que el griego pneumostoma, significa aire, aliento, soplo animador. Expira quien exhala el último aliento, es decir, quien al morir devuelve con su soplo el aire prestado por la atmósfera del mundo. El traqueteo de la voz Espíritu a lo largo de la historia de la filosofía en vez de hacer luces siembra oscuridades. En mi caso particular, este desconcierto confirma que la escapatoria hacia la sucesión de los grandes paradigmas científicos analizada por Thomas Kuhn, donde campea el relativismo, cuando no a las aplicaciones rutinarias de los conocimientos tradicionales, es mucho más tranquilizadora y juiciosa que la pretendida veracidad de los sistemas filosóficos construidos, a veces con oscuras terminologías y retorcidos razonamientos, por pensadores que llamamos ilustres. 2 X 2 equivale a 4 para todos quienes conozcan las tablas de multiplicar, sean o no matemáticos, mientras que en la medieval "Querella de los Universales", por ejemplo, el choque intelectual entre los realistas y nominalistas que reclamaban la verdad absoluta fue apasionado y ruidoso.Por otra parte, como el filosofar cotidiano del ciudadano común es asistemático y generalmente también errático, en él es difícil hallar desarrollos coherentes acerca de la tan llevada y traída espiritualidad.

Veamos ahora la perturbadora trayectoria de la voz Espíritu por la mente de los filósofos, una especie, aparentemente, en extinción: luego de Bertrand Russell y Jean- Paul Sartre sólo resta la ceniza de luminosos meteoritos. Lo que antes se llamaba filosofía sistemática, esto es, madre de sistemas cerrados y excluyentes, ha muerto, o por lo menos, está adormecida en espera de un próximo despertar, si es que unos nuevos bárbaros llegan para iluminar con sus hogueras este crepúsculo del pensamiento. Basta, para comprobarlo, con tratar de poner en claro lo que desde lo alto de sus "mesetas" y lo bajo de sus "rizomas", atentando contra la higiene del entendimiento, han escrito Guattari y Deleuze, rodeados por una nube de acólitos y panegiristas que perseveran en la cervantina "razón de la sinrazón". O en la "miseria de la razón", como podría también decirse.

El Espíritu, para Descartes, consistía nada menos que en la "sustancia pensante". Los "espíritus animales" eran generados por la sangre y llevados al cerebro por las arterias. Retomaba así el antecedente de la medicina medieval y la alquimia, que consideraban el Espíritu como un elemento más, como una sustancia tridimensional móvil, como una materia sutil. Se trataba del spirituscorporis o animalis. Mucho más radicales fueron los estoicos de la antigüedad clásica, quienes lo concibieron como el "Alma del Mundo", o sea el fuego que da vida y energía a los seres y a las cosas.

La Ilustración europea del Siglo de las Luces, cultora de la Diosa Razón, separaba el alma, proveniente de la Naturaleza, del Espíritu, que se consideraba generado por la educación y las costumbres. Se oponía así lo antrópico a lo cósmico, el Espíritu a la Naturaleza, lo creado por la humanidad al escenario de lo dado como hogar terrenal. Kant se orientó en este sentido, considerando al Espíritu como una manifestación del poder productivo y la originalidad creativa de la Razón. Hegel recogió y amplió el concepto y dio vida al Espíritu Objetivo, al Subjetivo y al Absoluto. No me explayo sobre ellos. Remito al lector a una historia elemental de la filosofía.

El idealismo alemán y posteriormente los italianos Croce y Gentile, también idealistas, manejaron el nomenclátor hegeliano con los matices impuestos por sus respectivos sistemas filosóficos. Empollaron así otra versión de lo que era y no era el Espíritu. Y para dar fin a este breve paseo por el pensamiento profano conviene recordar la distinción entre las ciencias de la Naturaleza y las ciencias del Espíritu propuesta por Wilhelm Windelband y desarrollada por su tocayo Dilthey.

Si entramos en el dominio de lo sagrado es preciso evocar a los teólogos y pensadores cristianos para quienes el bíblico Espíritu de Dios, que "se movía sobre las aguas", fue el principio creador y animador del Universo. No cabe, por obvios motivos, incursionar en la distinción entre los espíritus puros, infinitos y finitos, ni en la oposición paulina entre Carne y Espíritu para entender que la supuesta "espiritualidad" suscitada por las sustancias psicotrópicas, o en nuestro caso, por el cogollo del cáñamo, no coincide con las concepciones teológicas y filosóficas del Espíritu.

En cuanto a la Espiritualidad, bailan en ronda la fantasía, el filosofema y el devaneo, de modo que vamos a dejar así las cosas sin ahondar en el tema, mucho más amplio, y por momentos tautológico, que lo expuesto.

No obstante, para rematar el hilo con un nudo, apelo a un pensamiento ajeno: "En la práctica […] se habla de espiritualidad con respecto a la parte de la vida psíquica que parece más elevada, la que nos confronta con Dios o el absoluto, con el infinito o con el todo, con el sentido o sinsentido de la vida, con el tiempo o la eternidad, con la plegaria o el silencio, con el misterio o el misticismo, con la salvación o la contemplación. Por eso los creyentes se encuentran tan a gusto en ella. Por eso los ateos la necesitan tanto".[8]

Como expresa el citado autor es un error confundir la vida del espíritu, o sea la espiritualidad, con la religión, una de la formas de practicarla, o con el espiritualismo, que solamente es una de las maneras de pensarla.

Hubo, también, quienes se remontan al mito de aquel oasis paradisíaco situado en el pedregoso desierto del Edén para exaltar los efectos visionarios de algunos fármacos. Baudelaire, afecto al haxix, fue quien se refirió por vez primera a los "paraísos artificiales". El haxix, "hierba seca", o más propiamente "heno" en árabe, es la resina de los cogollos formados por la inflorescencia convertida, tras una serie de operaciones específicas, en pequeñas esferas oscuras. En dicha resina abunda la flor femenina; el cáñamo es una planta dioica que posee ejemplares hembras ricos en THC y ejemplares macho abundantes en fibra pero desprovistos del principio psicotrópico.

El THC es prácticamente inexistente en las hojas, las que, contrariamente a lo que cree el vulgo, no se utilizan para el uso del fármaco vegetal que, por otra parte, no es un alcaloide. Sobre este último término quiero agregar que en el mes de noviembre de 2013, a raíz de las discusiones entabladas en ambas márgenes del Río de la Plata sobre la regulación de la marihuana en el Uruguay, un distinguido farmacéutico argentino, corredactor de la ley 23737, reguladora del estatuto prohibitivo de estas "sustancias demoníacas", como lo

---

[8] SZASZ, Thomas. Nuestro derecho a las drogas. En defensa de un mercado libre. Anagrama, Barcelona,2001,p.8

fueran en su tiempo la yerba y el tabaco, explicó a los televidentes que el THC del cannabis era un peligroso alcaloide.

Los alcaloides, sustancias constituyentes de las bases nitrogenadas semejantes a los álcalis que se hallan en algunas plantas, nada tienen que ver con el delta- 9-tetrahidro-cannabinol (THC) presente en los cogollos de la flor del cáñamo, o sea la marihuana. La ignorancia de este fundamental detalle por parte de quien debiera ser un especialista en la materia es sólo un indicador del desconocimiento que existe acerca de un fármaco que, a su parecer, se ha convertido en un tabú, en un enemigo innombrable de la especie humana. No exalto ni defiendo las propiedades del cannabis con el anterior aserto. Procuro, sí, denunciar la desinformación que existe en la generalidad de las gentes acerca de las propiedades del THC, bombardeadas por una propaganda que descalifica pero que no explica. Quiero agregar también que al escribir este estudio he tenido en cuenta una frase de Spinoza, que pretendo convertir en la llave maestra de mis investigaciones y en el camino real de un libro que, por sobre todo, procura ser honesto: "No aplaudir ni censurar de antemano; solamente tratar de comprender".

SOBRE LA LIBERTAD DEL YO

Hace casi 2.500 años Aristóteles, en el libro VI de su Política, escribió que "el fundamento básico del sistema democrático es la libertad", pero para que este rasgo cobre vigor debe ser acompañado por otro: "el vivir como se quiera, pues se afirma que esto es obra de la libertad, dado que es propio del esclavo no vivir como quiera". Tras el prejuicio elitista, que condenaba al esclavo a ser cosa y no persona, manos laboriosas y objeto social antes que ciudadano de pleno derecho, se define la voluntad de los hombres libres atenienses a vivir su vida como ellos quieran sin perjudicar a la de los otros y sin dar cuenta a los demás de sus actos privados. Este supremo principio no rige para los usuarios de la marihuana, o la heroína, o cualquiera de las sustancias interdictas por el Poder que, si mañana puede sacar fruto de alguna de ellas, retira las prohibiciones y proclama, sin inmutarse, su inocuidad. Asi pasó con el tabaco en la Francia de Luis XIII, como nos informara Sorman páginas atrás.

Los buscadores contemporáneos de ignotos territorios mentales, aquellas hedónicas Atlántidas de la fantasía, al defender celosamente los fueros de su Yo defienden también la libertad para escoger un estilo de vida que no coincida con el impuesto por la cultura dominante ni se someta a las cortapisas externas. En ello va la preservación del imperio íntimo de la gana, de la conciencia de la persona como campo de maniobras de la voluntad y de la representación, como diría Arthur Schopenhauer. A su vez Freud manifestó que "el precio del progreso cultural debe pagarse con el déficit de dicha (alegría, placer) provocado por la acentuación del sentimiento de culpa". La cultura oficial imperante asfixia a los espíritus indóciles y provoca el nacimiento de contraculturas, de grupos contestatarios, de rebeliones personales contra el "debes hacer tal cosa y no la que se te ocurra, aunque a nadie perjudique". El lema que flamea sobre este reiterado discurso ha sido resumido por un anónimo rebelde citado por Escohotado: "De la piel para adentro comienza mi exclusiva jurisdicción. Elijo yo aquello que puede o no cruzar esa frontera. Soy un Estado soberano y las lindes de mi piel me resultan mucho más sagradas que los confines políticos de cualquier país".

A esta declaración de soberanía personal se le pueden agregar otras. Y no son gentes del montón o voceros insignificantes quienes colocan el deseo imperioso de su fuero interior, ejercitado al margen de cualquier daño u ofensa al otro, a salvo de la amenaza policíaca o la prohibición médica. Académicos serios y bien formados como Szasz, Escohotado u Ott, entre otros que sería fatigoso enumerar, han escrito libros en defensa de su personal voluntad para hacer uso de esas sustancias prohibidas denominadas drogas. Alegan que todo ser humano debe constituirse en el arquitecto de su propio destino.

Pero en la vereda de enfrente vociferan, o esgrimen tranquilas admoniciones, aquellos que procuran orientar la voluntad de la persona en una dirección distinta. Los siguientes son los conceptos de un músico francés del siglo XIX citado por Baudelaire en uno de sus escritos sobre el haxix: "Concluyo este artículo con unas bellas palabras: son de un filósofo tan notable como poco conocido, Barberau, excelso estudioso y profesor de música en el Conservatorio. Una vez asistí con él a una reunión donde varios contertulios habían consumido la tan loada droga [el haxix], y el profesor, destilando en sus palabras un indecible desprecio me dijo. ´Nunca lograré comprender por qué el hombre, en su calidad de ser racional y espiritual, emplea medios artificiales para alcanzar la beatitud poética, dado que el entusiasmo y la voluntad se demuestran suficientes para elevarlo a una existencia supranatural. Los grandes poetas, los filósofos, los profetas, son seres que mediante el libre y simple ejercicio de la voluntad, alcanzan un estado donde se manifiestan simultáneamente como causa y efecto, objeto y sujeto, hipnotizador y sonámbulo´. Pienso exactamente lo mismo".[9]

Cruzando de nuevo a la vereda donde estamos parados, invadida por el aroma de los cogollos de cáñamo proveniente de un jardín imaginario en el que se orean otras plantas, estas sí, integrantes de la flora psicodélica, transcribo los dichos de un reconocido especialista español, de un psiquiatra húngaro residente en los EE.UU. y de un sociólogo uruguayo.

Escribía Antonio Escohotado en el prólogo a un libro de Thomas Szasz: "También es evidente que, en contraste de los cuadrúpedos de rebaño, ser un ciudadano adulto supone el derecho de disponer de sí o del cuerpo propio, reconociendo todos la propiedad de cada uno sobre su singular persona. Dado que las drogas han sido, y son, bienes o cosas queridas del mundo exterior para un innumerable número de personas, y dado que retirarlas del lícito intercambio atenta contra el derecho de disponer de sí o de su propio cuerpo, resulta que cualquier guerra contra ellas es una guerra contra la propiedad en sentido nuclear, como suma de las cosas deseadas y de nuestra propia persona".[10]

---

[9] BAUDELAIRE, Charles. *In* PUENTE DEL PILAR, José. El club del Hachis. Ediciones Miraguano, Madrid 1999 pp 81-82
[10] SZASZ, Thomas i*d. Ibid.* pp. 41-42

El Dr. Thomas Szasz, al plantear un caso imaginario pero frecuente en la vida real, desarrolla un razonamiento cuya amplitud corre pareja con su convincente retórica: "Supongamos el siguiente argumento imaginario. Don, un viudo retirado de sesenta y tantos años, vive solo en un barrio residencial…Su hobby es la jardinería en un invernadero anexo a su casa. Siendo un genio en el cultivo su hogar rebosa de plantas exóticas y flores frescas…Imaginemos además que Don, una persona audaz y emprendedora, adquiere algunas semillas de marihuana, coca y adormidera, las siembra en su invernadero, alimenta los brotes hasta conseguir plantas maduras, las cosecha y produce algo de marihuana, coca y opio en bruto. Muy dado a la privacidad, Don no tolera siquiera una asistenta para la limpieza de su casa, aunque bien podría permitírsela económicamente. Por tanto, no hay modo de que nadie legalmente, tenga conocimiento de su pequeña granja narcótica. [Acá falla el criterio del Dr. Szasz, pues la coca es un psicotónico y no un depresor o somnífero]. Finalmente supongamos que cierta tarde de sábado, estando solo en su casa, Don fuma un poco de marihuana, o masca algunas hojas de coca o mezcla algo de opio en polvo en su te de medianoche. ¿Qué ha hecho Don y cómo contemplan la legislación criminal y la legislación sobre salud mental su conducta? Poseer tierra y edificios es un derecho de propiedad básico. La privacidad, especialmente desde Griswold v. Connecticut y Roe v. Wade, es también un derecho básico. Así, Don ha ejercido simplemente uno de sus derechos de propiedad y privacidad, su derecho a su tierra, a su casa, y a los frutos de su trabajo en su propia casa. No ha despojado a nadie de su vida, su libertad o su propiedad, aunque tiene en contra la sabiduría convencional y la desinformación médica. Don tampoco se ha dañado a sí mismo. Sin embargo la ley penal americana lo considera ahora culpable de posesión criminal y uso de sustancias controladas e ilegales, mientras la legislación americana sobre salud mental lo considera un paciente psiquiátrico que padece dependencia química, abuso de sustancias, desórdenes de personalidad y otras aberraciones psicopatológicas aún no descubiertas. Más aún, estigmatiza a Don como persona mentalmente enferma, criminaliza su conducta como la de un maligno violador de la ley, lo despoja de su casa, le impone una multa astronómica y lo encarcela como delincuente peligroso: todo esto se considera ahora como perfectamente legal y constitucional. En este punto es posible que el lector se pregunte cómo los juristas y magistrados del Tribunal Supremo concilian tales cargos aparentemente excesivos - y por lo tanto crueles e inusuales- con la Constitución".[11]

---

[11] BAYCE, Rafael. Los trasfondos del imaginario sobre "drogas": valores culturales, geopolítica, intereses corporativos y hechos mediáticos. *in* Aporte Universitario al debate nacional sobre drogas. Universidad de la República, Montevideo, 2012, p 35

Por su lado el Dr. Rafael Bayce dice: "...seguimos exorcizando demonios que son simplemente vías de perfección y salvación, ancestrales alternativas, tan importantes y fundadas como las hegemónicas, simplemente derrotadas en el imaginario actual, pero que en el siglo XX recuperan adeptos, permisivos y tolerantes a sus creencias y prácticas, de ahí que sean, aquí y ahora, considerados como peligros".[12]

---

[12] CASTILLA, Alicia. Cultura Cannabis. Edición de la autora. Buenos Aires, 2007, p.35

UNAS GOTAS DE EPISTEMOLOGÍA

Seguramente más de un lector, al recapacitar sobre los anteriores conceptos pensará, como es común en la mayoría de quienes ven en las "drogas" los enemigos públicos por antonomasia, que la conducta de los "drogadictos" obedece a la "banalidad del mal", desvalor ignorado o silenciado por aquellos que defienden la libertad de la persona para elegir su destino. Dicha medrosa afirmación, incrustada en el imaginario colectivo, rueda de boca en boca y de mente en mente en nuestras sociedades. Pero sucede que quienes así piensan y opinan conocen muy poco y a veces ignoran totalmente la composición y el efecto de las distintas sustancias repudiadas.

De acuerdo con estas alarmas que ponen la carreta antes que los bueyes, corren dichos del siguiente jaez: "cuidémonos de los delincuentes, sobre todo de los juveniles que, enloquecidos por la pasta base, brotan como murciélagos de los asentamientos irregulares [así se les llama edulcoradamente en el Uruguay a las villas miseria, agazapadas en los arrabales de casuchas menesterosas y aguas putrefactas, cuando no servidas] que vienen desde los basurales del infierno a matar, robar y aterrorizar a los buenos ciudadanos." No transcribo una frase ajena: trato de que ella, por mí pergeñada, cargue con un rumor generalizado, convertido por la opinión pública en verdad incontrovertible.

Dicha opinión pública, manipulada por la morbosa búsqueda del rating que mueve a los mass media – televisión, radio, prensa escrita- no conoce matices ni tiene en cuenta - dada la sumisión periodística a las órdenes del Amo y a lo que el Amo manipula desde el ático o el sótano- las disfunciones estructurales de la sociedad contemporánea. En efecto, nuestra sociedad está pervertida por el consumismo, el individualismo y el carpe diem que camuflan o dan por inexistente la fosa cada vez más ancha que separa a los dueños del tener, el saber y el poder de los condenados a la promiscuidad roñosa de las villas, chabolas, cayampas y favelas, donde en vez de vivir los marginados "duran". Estos, debido a la abdicación de los sentimientos afectivos y a la falta de trabajo que enflaquece los cuerpos y pervierte las almas, no viven sino que solamente "duran". Aquellos que padecen esta triste condición no pueden acceder a los beneficios de la virtud ni alistarse en los "ejércitos de reserva" del lumpen proletariat, término hoy ausente de las apologías del trabajo porque ellas, al igual que los desplazados por el maquinismo, tampoco tienen vigencia: yacen en la fosa común junto con los braceros de una megamáquina humana hoy reemplazada por el tablero electrónico.

Por su lado el pueblo llano, el que no recurre al delito para sobrevivir, no solamente pide pan y circo sino que procura el acceso a los bienes terrenales nacidos de la alianza entre la libertad y la justicia efectivas. Ambos valores figuran entre los derechos humanos declarados pero no disfrutados, como se estila en el Gran Discurso de la Civilización de Occidente: grandilocuencia en las palabras y mezquindad o infamia en las acciones.

Pero no todo es blanco o negro. También existen los grises y hay que saber distinguirlos. No obstante, -y esto debe ser dicho y repetido mil veces para que los sordos oigan y la estólida Raisond´État amaine o caduque- es preciso advertir que la sociedad entera, sin parar mientes en las clases sociales, que siguen existiendo pese al pretendido colapso de la concepción marxista de la sociedad y la economía, es la responsable, por acción o por omisión de las miserias socioculturales que afectan a las concentraciones humanas, patologías provocadas por el virus del capitalismo salvaje. La violencia ciega salta cuando en una sociedad se acentúan las diferencias existentes entre el vértice de los que mandan y la base de los que doblan el lomo. Estos desequilibrios generan una antítesis que atiza odios y origina convulsiones cíclicas, ya las de los delincuentes estructurales, ya las de los indignados gritones, ya la de de los pueblos en armas contra sus tiránicos gobernantes. Pero ¡cuidado con estos choques del desamparo contra la riqueza, de la impotencia resentida contra el Poder, sea éste del signo que fuere! En los casos extremos los condenados de la tierra recurren a una creciente violencia, fruto del estado miserable al que los exilia una sociedad hemipléjica, donde es visible y audible la fractura del Nosotros.

Nada de gatillo fácil, pues, contra los dopados con ese viático de los pobres llamado pasta base, paco o basuco. Quienes recurren a la pasta base o al crack, venenos accesibles al bolsillo de los villanos de ayer convertidos en los villeros de hoy, forman parte de los forzados por las asimetrías sociales a vivir en la intemperie del alma y el padecimiento del cuerpo. "La gloria, capa del crimen; crimen sin capa, el poder", sentenciaba desde su tonel Diógenes el Perro.

Dicho lo anterior es preciso acreditar que, en mi carácter de antropólogo de campo, a lo largo de una vida de peregrinaje por distintos continentes hice contactos físicos, y no librescos, como sucede con tantos tratadistas encerrados en sus bibliotecas, con un botánico repertorio de sustancias psicoactivantes, depresoras y psicopompas. Este último término, tomado del griego significa "conductor de almas" y, aplicado al dios Hermes, se refiere a aquellos fármacos que encaminan a los espiritus hacia la mal llamada Realidad Otra. No hay más que una sola realidad, que al cabo es pura apariencia, puesto que tanto las sensaciones como las percepciones solamente nos ofrecen datos el muro de los fenómenos, o sea de las apariencias, pura ilusión como el maya indostánico lo establece. Ello significa que es imprescindible hacer uso de la piqueta epistémica para entrar en el recinto cerrado de las cosas en sí, de las esencias invisibles, de los crípticos minipaisajes psíquicos que la intuición o la razón descifran para que los visite, o siquiera contemple, la mirada del pre-sentimiento o del conocimiento. Pero no se puede confundir lo real con lo verdadero. Lo "real" es la sumatoria de todo aquello que sucede o dura en el micro y el macrocosmos, en lo dado por la Naturaleza y en lo construido por la humanidad. Con el paso del tiempo yo dejaré de existir y el libro que escribo también desaparecerá, ojalá que bastante más tarde que mi persona, pero al final quedará arrumbado en el sótano del olvido o destruido por agentes físicos o humanos. Y hablando de los libros y de lo que ellos nos enseñan, cuando su contenido así lo acredita, voy a permitirme una reflexión colateral.

A mi lado tengo una obra titulada Tierra y Mar, que estaba leyendo hasta que retorné a la escritura de este texto. En unas pocas páginas su autor, Carl Schmitt, ofrece unas breves pero atinadas "consideraciones sobre la historia universal". Coincidiendo o discrepando con lo que dicho texto interpreta mediante la historia-narración de lo que fuera historia-acontecimiento, pude adquirir nuevas llaves para penetrar en los aposentos del saber y del ser.

En consecuencia, sin adoptar el aire de un predicador callejero conmino a mis colegas, -ya los que estudian los multiples aspectos del cannabis, ya los antropólogos principiantes-, que acudan de continuo a buenos tratados de historia antigua, moderna y contemporánea. Si no van del brazo la antropología y la historia se pueden cometer gruesos e imperdonables errores: es preciso trabajar con cronotropos, con aquellos espacios que duran lo que las culturas y civilizaciones determinan, con aquellos tiempos que inscriben su huella en el espacio humanizado. Con el paso de los años yo dejaré de existir y el libro en cuanto objeto, también desaparecerá. Con la verdad, o lo que los humanos creemos que sea aletheia, no pasa lo mismo: ni sucede ni dura; solamente permanece.

Como ha podido comprobarse, no recurro a los términos "sustancias psicoactivas o visionarias". Se trata de voces mal utilizadas. En sí ninguna sustancia es psicoactiva, pues carece de psiquis, ni visionaria pues la materia no puede tener visiones de ninguna especie. Son, si, psicoactivantes y alucinógenas, o productoras de visiones, ya que actúan sobre la percepción de la realidad circundante e introducen mundos alternos en la mente y sensaciones extraordinarias en el soma de sus usuarios. No maltratan ni desvirtúan la conciencia: la transforman. Y esto es algo distinto.

Alucinante proviene del latino a-lucinare, quitar la luz, cegar, abandonar el escenario beneficiado por el sol o el espacio donde la iluminación artificial toma el relevo. La deriva semántica equipara el término "alucinar" con la mutación de los paisajes del alma, con el desfile de sorprendentes visitantes oníricos, con las escapatorias de la mente hacia las regiones inexploradas del intelecto y los espacios megatopáticos de la afectividad.

Dadas las razones anteriores he decidido esquivar el uso de la voz droga. En el capítulo dedicado a estudiar la etimología de este término polivalente explicaré por qué recurro a otros designantes – designata- y otros denotantes – denotata- para sustituir una calificación elusiva y/o peyorativa que no le cuadra al THC, la sustancia que contiene la flor del cáñamo, cuya composición está, como ya dije, exenta de alcaloides. Propongo utilizar las voces psicotrópico, fármaco o sustancia psicoactivante, puesto que son más neutrales, menos viciadas por las descalificaciones y los prejuicios.

Volviendo a lo anteriormente expresado reitero que sin la experiencia de las cosas no hay conciencia acerca de su ipseidad. Las verdades, que cargan los múltiples relativismos con que el tiempo y las culturas las declinan – verdad de este lado de los Pirineos, mentira del otro, afirmaba Pascal- no brota de la idea, ni de la opinión, ni de las vagas nociones populares o el refranero tradicional.Verum factum, escribió Juan Bautista Vico. La verdad- la indostánica, la griega, la medieval, la de los amautas incas precolombinos, la de los payés amazónicos- era y es inducida a partir de los hechos, y no de las apariencias fenoménicas o las tentativas del saber vulgar, ajeno a los conceptos científicos que también, son falibles, según la sucesión y contradicción temporal de los paradigmas postulada por Kuhn, luego de los planteamientos de Peirce y Popper confirmados por la caducidad de las megateorías: Newton desautoriza a Galileo, Eistein a Newton y Hawkings a Einstein, y el porvenir dirá por dónde habrá de continuar, y cómo y por qué, este juego de afirmaciones y rectificaciones. Un ejemplo banal: no nos puede engañar la presencia de un fruto en nuestra mano, por ejemplo una manzana, ni la innegable existencia de un menhir de la era neolítica. Se trata de cosas (res en latín) efectivamente tangibles, visibles, sujetas a la aprehensión sensitiva y al proceso perceptivo de los sujetos cognoscentes. Y de aquí el conocido dicho: res, non verba. Pero si podemos hoy considerar algo – una conducta social, una visión del mundo- como verdadero para mañana cambiar de opinión o criterio ante la innovación de las costumbres o descubrimientos que rectifiquen los anteriores criterios.

A PARTIR DE DIOSCÓRIDES

Todo lo anterior, quizá abundantemente dicho, pretendió anunciar que abordaré sine ira et cum studio el tema "de las sustancias que estimulan, deprimen o lanzan hacia otras dimensiones del espíritu". En la jerga de las calles montevideanas se las califica como "las que pegan p'arriba, las que pegan p'abajo y las que te cambian la cabeza". Entre ellas, y ocupando un lugar muy especial que la distingue de un inmenso ejército que recién va siendo desenterrado, como los guerreros chinos de terracota, de los territorios de la ignorancia o la estulticia, se encuentra la marihuana, la flor del cáñamo.

Y digo de tal modo para informar a la ignara mayoría de las gentes que los cogollos de esta planta y la planta misma, que a partir de los años 30 del pasado siglo fue perseguida como un vegetal maldito, pertenecen a uno de los más importantes recursos naturales con que ha contado la humanidad. Decir cannabis es referirse a la planta entera como lo hiciera primero el herborista de Nerón, el griego Dioscórides, que le dio el nombre al describirla, y mucho mas tarde el sueco Linneo, que la clasificó desde el punto de vista botánico entre las distintas especies de la flora. Se trata de un término científico que se usa atendiendo el dictado del nomenclátor académico el que, aún en nuestros días, recurre a las lenguas muertas- latín y griego- utilizadas por los naturalistas. Si se dice o escribe cannabis parece que algo misterioso y maléfico se esconde detrás del nombre; si hablamos de cáñamo, esta voz remite a los usos industriales, rituales, alimenticios, terapéuticos y recreativos de un arbusto de uso inmemorial cuya globalización ha resultado inevitable, ya merced al tráfico clandestino, ya a los plantadores domésticos, ya a los usuarios sin más.

Puesto que cité a Dioscórides como un adelantado en lo que se refiere a la denominación y descripción de la planta, quien consulte el capítulo III de su famoso libro Materia Médica (año 77 de nuestra era) encontrará en él la siguiente descripción: "Kannabis. Es una planta de gran utilidad en esta mundanal vida para la torsión de cuerdas muy resistentes; tiene hojas de fuerte aroma, tallos largos y huecos, y una semilla redonda que reduce la actividad sexual; el jugo hecho de ella cuando está verde cura el dolor de oídos". Si la semilla redonda según el viejo naturalista reduce la actividad sexual, otros estudiosos, o la voz del folklore, afirman que si se fuman unos buenos porros dicha actividad aumenta. ¿Se trata en estos casos de antojadizas afirmaciones, basadas en datos de segunda mano, o de efectivas propiedades afrodisíacas o inhibitorias inherentes al THC de los cogollos resinosos? ¿Pero eso de las semillas afrodisíacas, en que experiencia se basa? Una de las características de la marihuana es que entre los efectos de su uso obran a la vez la sustancia química, la psiquis humana y la coyuntura ambiental.

El cannabis es una planta. Raíz, tallo, ramas, hojas e inflorescencias dispuestas en cogollos, conforman su estructura vegetal. Planta es una voz latina asociada con la planta del pie humano, base anatómica que ayuda a mantener la posición erguida.Un hombre bien plantado es un hombre bien parado, sólido en sus juicios, valeroso en sus resoluciones, recto en sus conductas. Planta, pues, es un ser viviente perteneciente a la flora que se mantiene o es mantenido en posición erecta porque lo yergue y sostiene una estructura orgánica, cuyo ascenso hacia la luz obedece al fototropismo positivo y su alejamiento del suelo al geotropismo negativo. Es decir, que toda planta está asentada por medio de sus raíces y sostenida por su tallo en una materia sólida como es la tierra firme. No para aquí la cosa. Aristóteles comparó a las plantas con un ser humano puesto al revés: las raíces ocupan el lugar de la cabeza, el tallo o tronco son el cuerpo y las hojas o la copa, los pies que intentan caminar y aunque no avancen, se estremecen cuando sopla el viento.

La marihuana guarda el secreto de sus efectos en la mente y el cuerpo humanos en las apretadas inflorescencias o sumidades que forman múltiples cogollos empapados en resina. Esta inflorescencia esta compuesta por un intensamente perfumado y resinoso conjunto de pequeñas florecillas. Ni la raíz, ni la hoja, ni el tallo del cannabis sirven para producir efectos psicoactivantes pues la Fata Morgana placentera, empuñando la varita mágica del THC, está escondida en el conglomerado de cogollos de un vegetal rico en propiedades que lo distinguieron como un antiquísimo servidor de los humanos.

Esta planta polifacética, víctima de una superchería fraguada para preservar los intereses de magnates estadounidenses, fue satanizada en el pasado siglo de un modo al que bien le cae la denominación de canallesco. Merced al poder político, económico y militar de los EE. UU.que, a partir de la segunda guerra mundial, pretendieron desempeñar el papel de policías del mundo, fue condenada hasta nuestros días al convertirse, según dictaminan las legislaciones de la inmensa mayoría de los países del planeta, en una fábrica de enfermos y delincuentes.

Advierto que me remitiré a la historia y a indiscutibles documentos para probar la verdad de mis dichos amparado por datos fehacientes que han sido silenciados, desvirtuados o destruidos por los intereses económicos y poderes políticos de los apologistas del Establishment.

Debo sí, reiterar lo que indiqué en un párrafo anterior: este trabajo no es hijo de la biblioteca sino del camino, es decir, de la operación existencial que se desviste del traje de luces de las teorías abstractas para cederle el lugar al cul à terre de la práctica. Ello me permitió advertir, tras las cortinas de humo que brotan de las chimeneas del poder económico y del poder político, el real perfil de las cosas. Y para ello es imperativo recurrir a meditados juicios de realidad y no a improvisados o erráticos juicios de valor. Si se busca lo que se esconde debajo de la punta del iceberg social es posible llegar al escondido núcleo de lo verosímil ya que no a la verdad absoluta. Sin experiencia no hay conciencia de las cosas. Pero la experiencia tiene su tiempo y lugar mientras que el río de la conciencia fluye mientras tengamos vida.

INTERPRETACIÓN VERSUS DESCRIPCIÓN

Este dilatado exordio procura organizar, perfeccionar y anunciar un discurso que tratará de ser a la vez, sin perder su modestia, epistemológico, filosófico y antropológico. Y, si ello es posible, también intentará ofrecer algunos puntos de vista y reflexiones personales que de pronto pueden ser relativamente interesantes si no originales sobre la tan alabada y a la vez denigrada marihuana, la flor del cáñamo. Como se verá a lo largo de capítulos que oscilan entre lo científico y lo humanístico, entre la vivencia personal y las experiencias colectivas, emprendí una larga pulseada con un complejo tema que no sólo exige rigor intelectual sino que también demanda la presencia de valores tuitivos. Procuré emprender una investigación pereginando sobre la corteza del mundo y los actos de sus pobladores humanos. De tal modo sus afirmaciones cobran vuelo a partir de un proceso analítico y no de un voluntariasta entusiasmo. Pero, al cabo, fue preciso recurrir al auxilio de la razón para confirmar el relato que se consuma y consume en la mera descripción.

Las transcripciones de informes científicos que figuran más adelante intentan obrar no solamente como complementos aclaratorios y ventanas abiertas al aire libre de la Información acerca de la ley uruguaya que regula el uso y cultivo del cannabis, sino de complementaciones antológicas que llaman a la reflexión. Dichas transcripciones ayudarán – así lo espero- a comprender, entre otras cosas, el mecanismo psíquico y social de los prejuicios y de las ideologías, en el sentido que Engels confería a la "falsa conciencia".

Los ejemplos ofrecidos, que podrían multiplicarse, instruirán acerca de la gravitación de los intereses creados, propios de las clases o fuerzas dominantes, cuya perpetua y maliciosa prestidigitación ha ocultado la fisonomía de los hechos con las tintas de calamar a las que los dueños del poder echan mano para encubrir sus reales intereses. Las cenizas de esta incineración de la cabal inteligencia del mundo que nos rodea cubren con un manto espeso a las ignorancias crasas, a las nociones opacas y a las creencias erróneas del pueblo llano, muchas veces generadas y estimuladas desde lo alto por quienes utilizan a discreción la doxa, la mera opinión, cercana al rumor del chisme y ajena al logos del entendimiento. Dicha táctica les confiere patente de corso para mentir y repetir tanto el embuste que al final se transforma en certidumbre, por lo menos para las grandes masas. Como lo afirmaba el nazi de triste memoria Joseph Goebbels: una mentira repetida mil veces se convierte en verdad.

FUNDAMENTALISMO, IGNORANCIA, VIOLENCIA

Los prejuicios y la ceguera dogmática matan. Entre los miles de casos extremos pueden recordarse los de Miguel Servet a quien hizo quemar Calvino por haber escrito una herética obra (Chistianismi Restitutio, 1553), y de Galileo, que casi lo fuera por apoyar las comprobaciones de Copérnico acerca del traslado de la tierra alrededor del Sol aunque, afortunadamente, lo salvó de las llamas la amistad de su hija monja con el Papa. Ambos genios fueron condenados por la Iglesia, ya la protestante, ya la católica, por haber comprendido que tras las apariencias de las cosas, a menudo escondidas por el orden natural del mundo, existen realidades que no se entregan a la primera mirada. Ellas exigen que se las busque inquisitivamente, metódicamente, inteligentemente, tratando de levantar el velo que recubre a aletheia, la escurridiza, la escondida y tantas veces manipulada verdad, esa que brota de los hechos aunque los ojos cegados por el parti - pris no lo adviertan. El sol sale, afirmaban los humanos. No, dijeron los científicos castigados: es la rotación de la Tierra, que a la vez se traslada alrededor del sol lo largo de su órbita durante un año, lo que verdaderamente sucede. Se trata de un fenómeno, de una apariencia, no de una realidad.

Vaya un ejemplo más de los crímenes cometidos por el fundamentalismo, máscara de la ignorancia y arma de la violencia. Giordano Bruno no tuvo la suerte de Galileo para escapar del dogmatismo asesino: fue quemado por orden de la Santa Madre en el año 1600. Su pecado mortal fue el haber apoyado el sistema heliocéntrico copernicano y dudado de la existencia del Pecado Original.

Aquellos prejuicios, manejados por los autodenominados representantes del poder divino, revelan cómo, amparados por la fuerza bruta, han actuado y actúan la soberbia de los fuertes y el oscurantismo propagado por los señores del Poder, ya el divino, ya el humano, en las sociedades de todos los tiempos.

Para corroborar lo dicho ruego al lector, si tiene buen estómago, que eche mano al Manual de Inquisidores escrito por Nicolau Emmerich en 1376, y reeditado en nuestros días, o al MalleusMaleficarum (El Martillo de los Brujos), también accesible en actuales ediciones, siniestro texto redactado en el año 1486 por Heinrich Kramer y Jacobus Spranger. En las páginas de ambos libros, que chorrean sangre, se detallan las torturas que debían utilizarse para arrancarles falsas confesiones a los inocentes sometidos a tormentos que los destrozaban en cuerpo y alma. Estas desdichadas víctimas eran condenadas, en nombre de la fe y el dogma, a achicharrarse en las hogueras "redentoras" que, mirando bien las cosas, no las encendía la mano de Dios sino la cola del Diablo. Juan Pablo II, recién en nuestros días, pidió perdón a los fieles de la grey católica por aquellas perversidades, pero era ya muy tarde para reponer la antepasada sustracción de materia y espíritu generada por la Inquisición y, sobre todo, para restaurar la credibilidad en una institución que transformó en terror el amor de Jesucristo hacia los humildes y la pobreza del Nazareno en suntuoso e insultante oropel. También resulta oportuno recordar que muchas humildes y avezadas mujeres, duchas en el manejo medicinal de las plantas, fueron quemadas por brujas. Dichas víctimas inocentes figuran entre los 500.000 incinerados por la Santa Inquisición en un siniestro lapso que abarcó desde el siglo XV al XVII. Y todo ello no sucedió entre los temidos salvajes, reivindicados valientemente por el judío Montaigne, sino en la Europa occidental y cristiana.

De tal modo, santificando la mentira y cantando himnos a la ignorancia, los poderosos han condenando a los chivos emisarios de siempre a padecer su furia destructora. Invocando mandatos celestiales y leyes terrenas. Impulsados por insanos caprichos, aquellos diligentes emisarios del terror y la muerte hicieron su cosecha entre los integrantes más vulnerables del pueblo y los intelectuales contestatarios, considerados adversos al dogma.

Hoy no han cambiado las cosas, ni por lo alto ni por lo bajo. El hombre, como dijera Hobbes, sigue siendo el lobo del hombre. Su vida, según lo comprobara el filósofo en el siglo XVII, era "corta, sucia, desdichada y cruel". Así está escrito en el Leviatán, un libro tan actual en nuestros días como en el tiempo en que fuera publicado, cuyas advertencias acerca de lo que la alimaña autodenominada Homo sapiens carga en su saco de crímenes y demasías abarcan toda la historia de la humanidad. Se trata, por más que se la embellezca, engrandezca o edulcore, de La Historia Universal de la Infamia según la designara el genial escritor argentino Jorge Luis Borges.

Quienes decretaron en el decenio de los años 30 del siglo pasado que la marihuana fumada por los negros y los mexicanos era una droga que criminalizaba a sus usuarios y expandía su veneno en los estratos mas indefensos de la población – los niños y los adolescentes- lo hicieron para satisfacer espurios intereses y no para proteger a la sociedad de los "asesinos" y "enfermos" de cuerpo y alma que contaminaban con su epidemia de ferocidad y corrupción a los adolescentes de los Estados Unidos. Así se dijo para justificar las draconianas leyes prohibitivas y las condenas penitenciarias a granel, taparrabos de operaciones monetarias que rendían millones de dólares.

MARCHAS Y CONTRAMARCHAS DEL PODER

Para corroborar lo anteriormente dicho aquí van algunos ejemplos de las marchas y contramarchas del poder ante algunos productos que de su primitiva demonización pasaron al beatífico estado que dispensa el beneficio económico y el buen éxito comercial.

1) Coca: Durante el Incario, antes de la invasión ibérica - españoles y portugueses, los autodenominados conquistadores, compartían la Península- la coca era solamente utilizada por los dignatarios. Ya en los lejanos tiempos de Huaca Prieta, 1000 años antes de nuestra Era, se utilizaban las hojas de coca. Hoy son rescatados por los arqueólogos los restos de aquellas ceremonias: chuspas de tela donde se guardaban las hojas y hermosos caleadores, recipientes de tumbaga o de oro que se fabricaban mediante el método de "cera perdida". Pero fuera de los dignatarios imperiales que formaban la corte de Atahualpa, al pueblo indígena le estaba prohibido - los castigos eran muy duros- el acceso a una hoja benéfica que quitaba el frío, daba fuerzas para el trabajo, calmaba el hambre y evitaba el mal de las alturas o soroche, llamado también apunamiento.

2) Vino: Según el testimonio de escritores romanos contemporáneos la introducción de los cultos báquicos en los primeros siglos de la República determinó que el Senado, aleccionado por Catón el Viejo (234-149), prohibiera a las mujeres beber vino para evitar las desaforadas e impúdicas borracheras —consideradas de carácter sagrado- que las arrastraba, aullando y danzando, tras el trono del dios perpetuamente ebrio.

Dicha prohibición tenía antecedentes. En los primeros años de Roma, cuando dominaban los reyes, solamente los hombres mayores de 30 años podían beber vino. A los jóvenes se le prohibía y a las representantes del sexo femenino de todas las edades no se les permitía ni probarlo ni acercarse a los lagares y bodegas. Si un marido descubría ebria a su esposa o simplemente bebiendo vino podía hacer dos cosas: o divorciarse de ella o matarla pues estaba legalmente autorizado para darla de baja a palos o a puñaladas. En los tiempos a los que me refiero, los que siguieron a la fundación de la Roma quadrata por los legendarios Rómulo y Remo, un tal Egnatio Mecenio encontró a su mujer bebiendo y la asesinó a palos. Se dice que se trata de una leyenda. Corre también un relato de lo sucedido por el mismo tiempo, ocho siglos antes de nuestra era. Como a las mujeres, como antes dije, no sólo les estaba prohibido beber vino sino, por añadidura, acercarse a una bodega, una muchacha que estaba abriendo una bolsa para sacar la llave de la que existía en su casa fue sorprendida en el momento de hacerlo y entonces su propia familia la encerró en una habitación, no le permitió beber agua ni alimentarse, y la desgraciada murió de hambre y sed. Algunos críticos sostienen que también este relato es una leyenda y otros investigadores, que no figuran en el campo antropológico, dicen que se trata de un mito.

Aprovecho este desacuerdo para realizar una necesaria aclaración. Una leyenda no puede ser confundida con un mito. El mito es un invento folklórico de algo que se considera como elemento determinante, por fantástico que sea o parezca, para explicar conductas humanas y sucesos naturales. El mito es el preludio del razonamiento científico, una especie de germen del principio de causalidad. Cassirer, sin emparejar el mito con la causalidad científicamente explicada, advierte un aire de familia entre ambos. Una leyenda, en cambio, tiene raíces en sucesos reales, deformados con añadiduras u omisiones a lo largo del tiempo. Y lo real fueron las prohibiciones que el patriarcado impuso a partir del neolítico a las mujeres, siempre sometidas en todas las culturas hasta sus relativas liberación y dignificación contemporáneas en tanto seres idénticos en derechos y deberes a los representantes del sexo masculino.

Acerca de los mitos y leyendas que daban cuenta de sucesos del diario vivir cabe también una aclaración. La historia escrita, clásicamente concebida como la de los imperios, las batallas y el obligado encomio a las clases dominantes, procedía una red selectiva. Atrapaba los peces de los grandes acontecimientos y a los pequeños, a los de la aparente gris cotidianidad, los dejaba escapar. Nuevas corrientes del pensamiento y la investigación determinaron que en los textos actuales la presunta insignificancia de las comidas, el vestido y las cosas y sucesos de la desechada "historia menor" haya logrado obtener la merecida atención de los historiadores. Regresemos ahora a nuestro asunto:

3) Yerba Mate: Como se sabe, la yerba mate era consumida en tisanas calientes o frías por los guaraníes cuando arribaron a estas latitudes sudamericanas los Padres Jesuitas Misioneros para fundar las Reducciones de Indios. Si el lector se anima a consultar lo dicho por el Padre Antonio Ruiz de Montoya en un libro escrito hacia el 1639 y reeditado en nuestro tiempo (Conquista espiritual hecha por los religiosos de la Compañía de Jesús en las Provincias del Paraguay, Paraná, Uruguay y Tape) podrá leer "que un insigne hechicero del país, amigo estrechisimo del demonio, fue impuesto por el infernal maestro en que bebiese dicha bebida cuando quisiese escuchar sus oráculos". Por su lado el Padre Pedro Lozano en su Historia de la Conquista

del Paraguay, Río de la Plata y Tucumán expresa que el mate permite "oír oráculos falaces del padre de la mentira, Satanás." Los gobernantes, por su lado, condenaban con saña la costumbre de matear, extendida a buena parte del mundo sudamericano gobernado por los españoles cuya descendencia, fruto del ayuntamiento con las mujeres indígenas, aumentaba el número de "mancebos de la tierra", que de tal modo se les llamaba a los mestizos criollos. El Gobernador Martín Negrón condenaba ese "vicio abominable y sucio" y de igual modo su sucesor, Hernando Arias de Saavedra, aquel paraguayo Hernandarias que echó en las praderas del actual Uruguay las vacas y toros traídos de sus estancias, advertía que tomar mate "hace a los hombres viciosos, haraganes y abominables". Pero la historia sigue y la posterior pirueta ideológica y su justificación histórica, o teológica, o como se la quiera llamar, provocada por el provecho comercial, provocaría si no una indignada sorpresa por lo menos la risa.

En efecto, sucedió que los Padres Jesuitas, con sigilo y destreza, cultivaron simientes del árbol de yerba mate, traídas desde el Guiará. Domesticaron las plantas salvajes y plantaron miles de ejemplares del Ilex paraquariensis que, como una verde guirnalda, prosperaron en los predios que circundaban las Reducciones. El experimento no defraudó la esperanza de los Padres. La producción de yerba mate doméstica y domesticada acarreó beneficios contantes y sonantes. Entonces los diligentes e interesados jesuitas impusieron a los guaraníes la tarea de procesar miles de toneladas de yerba para venderla, como lo hicieron con creciente provecho monetario, en Bolivia, Perú, Brasil y el Cono Sur de América, donde hoy se encuentran Paraguay, Argentina, Uruguay y Chile. La hazaña comercial había salido a pedir de boca. Los reverendos Padres enriquecieron sus arcas con insólitas ganancias, gracias a la exportación torrencial del caá, nombre guaraní de la yerba mate. Entonces, para justificar este viraje de 180 grados, no tuvieron otro remedio que dar vuelta la pisada. La yerba del Demonio, se convirtió en "El benéfico té del Paraguay". Por su lado, a la enviada a Europa como muestra de maestría agronómica y perspicacia agroindustrial, se la denominó en el Viejo Mundo, ¡oh ironía!, con el inocente nombre de "El té de los Jesuitas".

Hubo, claro está, una explicación de esta voltereta. Lo maldito y maldecido se santificó con el arribo de Santo Tomás a las tierras de América - no se dijo cómo ni cuándo atravesó el océano Atlántico- donde bautizó la yerba, librándola de la presencia de Satanás.

La posterior justificación de un cambio de frente, dado el provecho comercial, difundida por los Padres para seguir transitando por la ruta de una religión adicta a los milagros y los misterios, revela que en este mundo lo profano es más fuerte que lo sagrado. "Madre, yo al oro me humillo", escribió en uno de sus ácidos poemas Francisco de Quevedo y Villegas al referirse al "poderoso caballero Don Dinero". Bien puede aplicarse ambos dichos al caso que comento.

Y si se me permite, quiero remitirme, para rematar este escandaloso cambio de opinión, dictado por el desnudo interés crematístico, a lo que tengo escrito sobre este asunto en uno de mis libros.

"Cuando los Padres Jesuitas de las Misiones se las ingeniaron para sembrar el Ilex y cosechar toneladas de hojas que aprendieron a preparar según la tradición indígena, comienzan a circular nuevas leyendas. Gaspar de Escalona, quien en los primeros años del siglo XVIII escribió un libro macarrónico lleno de datos extraños y estupideces eruditas introdujo las andanzas de un santo en la crónica de la yerba mate. 'Es general opinión en las Provincias del Paraguay que San Bartolomé mostró y descubrió la yerba a los naturales'. Y cuando la yerba de las Misiones comienza a inundar el mercado ya camina con paso fuerte por estas tierras una versión alucinante: Santo Tomás había intervenido milagrosamente para cambiar el destino satánico del caá, mediante una bendición que, a partir de las malocas (viviendas) indígenas, se extendería después a las ciudades y a los campos cristianos del área conquistada por la espada y bendecida por la cruz. Dicha leyenda, una y otra vez repetida, es al fin puesta en letras de imprenta por Diego de Ceballos, un licenciado que hacia el 1667 publica en Lima su Tratado del Recto Uso de la Yerba del Paraguay. En dicho libro se dicen cosas semejantes a las que el Jesuita Manuel de Nóbrega había hecho circular intensamente en el Brasil. 'Descubrió el uso del mate y aún le dio la virtud Santo Tomás Apóstol, que, llegado hasta el Brasil predicando el Evangelio a la provincia de Mbaracayú, halló selvas dilatadas de estos árboles, cuyas hojas eran mortífero veneno, pero tostadas por el santo perdieron en sus manos y el fuego todo lo nocivo, quedando eficaz antídoto. Y por eso decían que los indios tuestan la hierba para usarla, porque lo enseñó el santo'".[13] Juzgue el lector por si mismo la intención y el alcance de esta superchería.

4) Café: Otro ejemplo trata de las prohibiciones sufridas por el café, que seguramente muchos consumidores de esta sabrosa y psicoactivante infusión desconocen. El café es originario del valle de Kaffa, ubicado en Etiopía. Cuenta la leyenda que el pastor Kaldi observó que sus cabras mostraban más energía y trepaban más rápidamente la montaña cuando comían los frutos rojizos de un arbusto. Con dichas bayas, bien machacadas, los campesinos etíopes preparaban sabrosas y estimulantes tortas. Más tarde, en el siglo XIII, un sacerdote sufí, perteneciente a esta secta del Islam que recurría, y lo sigue haciendo, a prácticas extáticas, tuvo una agradable sorpresa: unas bayas que

---

[13] VIDART, Daniel. Uruguayos. Ediciones B, Montevideo, 2013, p.251

por casualidad se habían torrado en un brasero expandieron un aroma delicioso y al echarlas al agua caliente cobró vida la primera taza de café. El Islam, que repudia las bebidas alcohólicas, lo consagró como una tisana excepcional: no solamente era de excelente paladar sino que mantenía en atenta vigilia a los fieles que debían cumplir con las oraciones nocturnas, de las cinco que deben practicarse en la jornada. Los principios, empero, no fueron auspiciosos. Los imanes musulmanes fundamentalistas, es decir, los ortodoxos hasta la médula, lo prohibieron en La Meca en el año 1511. Los fantasmas de la represión se cuelan en todas las culturas. Así fue que en el mismo año, Kair-Bey, encargado turco del Sultanato de El Cairo, mandó cerrar todos los locales donde se expendía el sabroso brebaje e hizo quemar las existencias de café. Quien fuera descubierto bebiendo una taza era molido a palos. Si reincidía se le metía en una bolsa y se le arrojaba al mar. La medida desencadenó furiosas respuestas de la multitud, que se lanzó a las calles esgrimiendo garrotes y vociferando maldiciones. Esta actitud hizo desistir al Poder Otomano de su intromisión en la vida privada de las gentes. Se levantaron entonces las durísimas penas impuestas por una inoportuna y caprichosa restricción. Los gobernantes turcos lo prohibieron en todo el Imperio Otomano porque provocaba "desórdenes y levantamientos del pueblo oprimido". Tampoco duró mucho este atropello.

Hubo otros curiosos reclamos y proscripciones. Federico el Grande de Prusia prohibió la olorosa y oscura tisana porque la importación de café resentía la economía del país y resultaba indignante la pasión libertaria que despertaba la bebida en sus súbditos. "Los prusianos sólo deben beber cerveza" rezaba una real pragmática. El café hacia pensar y el pensamiento, así avivado, juzgaba y condenaba los excesos del despotismo ilustrado. Como más tarde postulara Hegel en su Filosofía de la Historia Universal la historia de la civilización y la plenitud de las culturas caminaban desde el Oriente al Occidente, y en ese Occidente creador y dominante, los fragmentados principados y soberanías alemanes respresentaban la culminación de la historia, pero era en Prusia donde la Realidad, la Razón y la Verdad se conjugaban con el Poder para dar cabo a la hazaña de la grandeza humana. El café convertía a las mentes en reacias para aceptar la imperial ocurrencia hegeliana. Los intelectuales afinaban sus ideas y compositores tan ilustres como como Bach, con su Cantata al Café loaban un producto que contribuía positivamente a la capacidad creativa. Y asi como Hegel afirmaba que las enhiestas y altas torres de catedral gótica representaban la última Cruzada del genio y el vigor del Viejo Mundo, esto es, la Cruzada hacia el Cielo, Bach musicalizaba las virtudes del café, inspiración de las joyas musicales del barroco.

Cuando el café llega a Europa en el siglo XVII hubo sacerdotes católicos que lo tildaron de "amarga invención de Satanás", y quienes lo bebían fueron considerados como pecadores. En efecto, los ministros de Dios lo consideraban como una apostasía, pues de tal modo iba a reemplazar el vino, santificado como "la sangre de Cristo". Cuenta la leyenda, que de pronto no es tal, que el Papa Clemente VIII bebió un pocillo de la rechazada pócima y tal fue su placer que bautizó solemnemente el café para librarlo de todo estigma. En el último tercio del siglo XVII el Rey Carlos II de Inglaterra hace cerrar las cafeterías porque "en ellas se conciben y propagan infundios malintencionados y escandalosos que difaman a la majestad real y alteran la paz del reino". Se reiteraban del otro lado del Canal de la Mancha el temor del soberano a los efectos de una bebida que solivantaba los animos y aguzaba la rebeldía del pensamiento. Fue desoído y rechazado el edicto real. Las protestas tumultuosas de los aficionados al café fueron de tal entidad que el rey, preocupado por esa efervescencia popular, revocó el úkase prohibitivo. Finalmente, influidas por el rumor que corria de boca en boca y no por la realidad de las cosas, pues los maridos en vez de permanecer en las casas y distraer sus ocios con el fornicio mas o menos frecuente, se juntaban en los locales donde se servia el café para discutir temas políticos hora tras hora, al tiempo que apuraban una tras otra las tacitas de aquel liquido que alborotaba los espiritus sin dañar a los cuerpos. Es interesante comprobar que fue tan grande la afluencia a aquellos locales libertarios que el nombre de los contenidos se traslado a los continentes. En efecto, los locales que se especializaron en la preparación de la bebida americana se denominaron "Café" y ya no más tabernas. Dadas las dilatadas ausencias diarias y aún nocturnas de sus parejas, las mujeres se indignan y lo cómico irrumpe en un hilarante reclamo denominado "Petición en contra del café". Tal documento, fechado en el invierno del 1676, decía así: "El uso excesivo de este moderno detestable y pagano licor llamado café ha convertido a nuestros esposos en eunucos e inutilizado a nuestros más dispuestos galanes. Nos les queda nada húmedo sino las narices, nada tieso sino las articulaciones, nada erguido sino las orejas".

El auge del café a partir de las cafeterías y salones del siglo XVIII, donde se afilaba el ingenio y se pulía la inteligencia de parroquianos muchas veces ilustres, le abre el paso a una bebida que hoy todo el mundo gusta y ninguna autoridad arbitraria persigue.

5) Chocolate: Cuando el chocolate gustado y celebrado por los aztecas se difunde en la sociedad colonial mexicana la iglesia expulsa del templo a las mujeres que al consumirlo, reían, comadreaban, levantaban sus voces y, de tal modo, turbaban la solemne ceremonia de la misa. Duró bastante tiempo esta interdicción, hasta que los sacerdotes, gustadores del theobroma cacao, el alcaloide que le insuflaba un espiritu risueño al manjar de los dioses aztecas, se aficionaron a la deliciosa golosina y levantaron la prohibición. Contrariaban asi el dictamen medieval que sostenía que el pensamiento en

Dios entrañaba contricción y tristeza, sustituyéndolo por el de una general y chocarrera alegría que le infundía gracia y calor humano a la casa de los rezos y a las doce dolorosas estaciones de la Pasión del Señor. Hubo otros curiosos reclamos y proscripciones.

6) Tabaco: El tabaco nacido en el Nuevo Mundo que, según una investigación publicada en el año 1992, apareció sorpresivamente en algunas momias reales de Egipto, incluyendo la del alabado faraón Ramsés -¿debemos suponer que hubo contactos precolombinos de los egipcios con América?- sufrió, antes de su auge y difusión mundiales, una serie increíble de prohibiciones, y no por razones sanitarias. Todo lo que produce placer personal ha sido reprimido en algún momento de la historia, tal cual ha sucedido, por ejemplo, con el sexo en más de una época y una cultura. Hubo santos varones, como Orígenes, que se autocastraron. Otros altos representante de la Iglesia católica consideraban al matrimonio como una injuria contra la pureza de ambos sexos. No quiero entonar ninguna loa al tabaco. Es dañino en grado sumo. Entre sus secuelas el cáncer pulmonar está a la orden del día. Pero hoy reina en todos los países, salvo algunas excepciones relacionadas con los sitios – oficinas, medios de transporte, lugares vedados de antemano, etc.- donde no se puede fumar.

Un internauta, cuyo nombre ignoro, se tomó el trabajo de ordenar cronológicamente las prohibiciones caídas sobre este psicotrópico en una lista que no reproduzco en su totalidad y a continuación transcribo, corrigiendo algunas inepcias gramaticales y desaliños estilísticos, lo que de ella considero fundamental:

- 1575. México. La primera legislación registrada en la que se prohíbe el uso del tabaco ocurre cuando la Iglesia Católica Romana aprueba una ley que prohíbe fumar en cualquier lugar de adoración en las colonias españolas.
- 1600. Alrededor del mundo católico. Los Papas prohíben fumar en todos los sitios de adoración. El Papa Urbano VIII (1623-1644) amenaza con excomulgar a todos aquellos que fumen en lugares santos.
- 1612. China. La realeza china decreta prohibir el uso y cultivo del tabaco.
- 1617. Mongolia. El Emperador prohíbe el uso del tabaco. Los que quebrantaban la ley se enfrentaban a la pena de muerte.
- 1620. Japón veta el uso del tabaco.
- 1632. Estados Unidos [por entonces colonia británica] Se registra el primer veto cuando en Massachusetts se introduce una prohibición de fumar en espacios públicos.
- 1633. Turquía. El sultán turco Murad IV prohibió fumar y fueron ejecutadas muchas personas por contravenir la ley.

- 1634. Rusia. El Zar ruso Alexis prohibió fumar. Los culpados por primera vez eran torturados con una rajadura en la nariz o la oreja y exiliados a Siberia. Los que eran encontrados culpables una segunda vez enfrentaban la pena de muerte.
- 1634. Grecia. La Iglesia Griega prohíbe el uso del tabaco alegando que el humo fue el encargado de intoxicar a Noé.
- 1638. China. El uso y venta del tabaco se vuelven un crimen que se castiga con la decapitación.
- 1639. Estados Unidos. El Gobernador Kieft de Nueva Ámsterdam… [la futura Nueva York] prohíbe fumar…
- 1640. Bután. El fundador del Bután moderno (…) es el primero en introducir una ley en contra del tabaco en edificios públicos.
- 1647. Estados Unidos. A las gentes de las Colonias se les permite fumar una vez al día y se prohíbe fumar en público en Connecticut.
- 1650. Italia. El Papa Inocencio X edita un decreto prohibiendo fumar en San Pedro, Roma.
- 1657. Suiza. Se prohíbe fumar en toda Suiza.
- 1674. Rusia. Se introduce la pena de muerte para todos los fumadores
- 1683. Estados Unidos. Aprueban las primeras leyes prohibiendo fumar en los lugares públicos de Massachusetts. Filadelfia sigue la línea introduciendo multas a los que violen esta ley.
- 1683. Inglaterra. Se registran las primeras leyes antitabaco prohibiendo fumar "en algunos lugares del Parlamento.

Los vetos y prohibiciones tuvieron un destino errático durante los siglos XVIII y XIX. El comercio de tabaco se convirtió en una importante fuente de ingresos para monarcas y líderes y, cambiando la devoción por el negocio, todos los vetos al tabaco fueron revocados. Incluso el Papa no quiso quedar afuera y abrió una fábrica de tabaco en 1779.

La lista continúa pero conviene abreviarla para no cansar a los lectores. En ella se da cuenta de una serie de prohibiciones decretadas en los EE.UU, entre los años 1818 y 1922. Hay prohibiciones no registradas en este recuento.[14]

Por mi parte quiero agregar algunos datos de interés no consignados en el anterior informe. En Irán, no bien llega el producto transmarino, las autoridades lo prohíben. Y tan duras son las penas que los fumadores sufren un suplicio idéntico al de Túpac Amaru. Sus miembros son atados a cuatro caballos que, azotados con fuerza, tironean con tal energía que descuartizan al desgraciado transgresor.

---

[14] todoestarelacionado.wordpress.com

Antes de que terminara el siglo XVI el rey Felipe II exaltó las virtudes del tabaco porque el Estado español era el gran plantador y vendedor del producto. Por su parte Inglaterra, gobernada por la reina Isabel I era, a principios del siglo XVII, la nación más próspera de Europa por su preeminencia en el comercio del tabaco. Otro dato de interés: cuando el Papa Urbano III prohíbe el rapé, o sea el tabaco en polvo que inhalado produce estornudos, reputados como medicinales, lo hace porque los usuarios estaban orillando el "éxtasis sexual".

La historia, no obstante, demuestra que la producción y venta del tabaco por el Estado le proporcionaba a éste ganancias extraordinarias tal cual se señalara en el caso de Luis XIII y el Estanco del Tabaco en el reino de Francia, instaurado en el siglo XVII. De ahí también la frase de Napoleón III, pronunciada en pleno siglo XIX: "Este vicio permite recaudar cien millones de francos anuales en impuestos". Dos siglos después, empresas millonarias siguen enriqueciendo sus arcas con ingentes cantidades de dinero gracias al negocio del tabaco.

EL TALLER DEL ANTROPÓLOGO

Dicho lo anterior, reitero que este libro está sustentado en partes iguales por el trabajo de campo y por la investigación de gabinete. Es preciso, pues, hacer algunas luces sobre la metodología empleada por la antropología para estudiar los rasgos, pautas y complejos culturales de una sociedad o comunidad dadas. Generalmente los autores que investigan o narran la compleja casuística que arrastran tras si la historia y usos del cannabis no incurren en este al parecer, inoportuno prurito. Muestran la piel de las cosas para ayudar a su clara visión y, según las atentas facultades del receptor, para facilitar su claro entendimiento, pero no invitan a ver el esqueleto metodológico que sustenta y sostiene el relato.

Voy a referirme entonces muy brevemente, recurriendo a mi particular heterodoxia, al trabajo de campo y sus modalidades para explicar cómo, cuándo y por qué el antropólogo realiza sus investigaciones à plein air, investigando vivencial y sistemáticamente las culturas, las subculturas o alguno de los rasgos que caracterizan la conducta de sus portadores.

En este caso pondremos en la plaqueta del microscopio a la subcultura de la marihuana, un estilo de vida instalado en múltiples sociedades del planeta en las cuales asume aspectos peculiares, si bien el destino predominante es el uso recreativo del cannabis.

Como la mayoría de los lectores no está familiarizada con el quehacer de la antropología quiero aclarar de antemano algunos equívocos, ignorancias y vaguedades. La antropología se ha definido como la ciencia del hombre y sus obras, pero dicho concepto resulta demasiado amplio. Es preciso afinarlo y al hacerlo se advierte que en esta disciplina existen dos vertientes. Una se refiere al homínido, al hombre físico exteriormente considerado. Ello tiene que ver con lo somático, con lo corporal visible y tangible: color de la piel, ojos y cabellos, aspectos de los componentes del rostro, forma del cráneo y morfología corporal. Últimamente se ha incorporado el estudio de algunos caracteres internos, entre los que se destacan la serología y la genética. Este dominio pertenece a la antropología física y biológica. Todo lo que se halla debajo de la piel - huesos, músculos, órganos, etc.- queda reservado a la que podríamos denominar "estática" de la anatomía, una disciplina complementaria si bien distinta, que posee, junto con la "dinámica" de la fisiología, un universo propio.

La otra vertiente tiene que ver con el humánido, el ser creador de convenciones, de símbolos, de objetivaciones materiales merced a las hilotécnicas, constructoras de una naturaleza artificial, si así puede llamarse a la cultura objetivada, obediente a los mandatos de la cultura intangible. La auténtica Naturaleza es lo dado; la Cultura – así con mayúscula, en cuanto abstracción inducida a partir de las culturas locales o regionales- es lo creado por el hombre. La cultura mal llamada "material" se manifiesta en aquellos mentefactos y artefactos que complementan, se superponen, contaminan o destruyen la Naturaleza primicial, de origen cósmico.

Esta doble orientación , que abarca la tridimensionalidad perceptible de las obras y los mecanismos invisibles de la mente, recibe el nombre de antropología cultural, entendiendo por cultura no la buena educación, el saber ilustrado y las maneras refinadas de las élites intelectuales y económicas de un conglomerado humano determinado, sino "el modo común de pensar organizado de los individuos de una sociedad en orden a producir actividades sociales coherentes, tanto de acción material como espiritual" (Esteva Fabregat). Debe entenderse, en consecuencia, que todos los hombres y los pueblos poseen cultura, que sociedad y cultura son las dos caras de una misma moneda, que no hay personas "cultas" o "incultas" sino culturas ágrafas, tradicionales, populares, de masas, académicas, de élites , híbridas, doctas y espurias, una de las tantas clasificaciones que pueden efectuarse al respecto.

Hay algo más que decir. Las antropologías físicas son, respectivamente, la somatología del cuerpo visible, -denominado también fenotipo pues es "lo que aparece", o sea el fenómeno perceptible por los sentidos- , la paleontología , que estudia los restos óseos fosilizados del lejano pasado, y la osteología forense, que exhuma e identifica los restos humanos contemporáneos. Las ramas correspondientes a los estados en los que pueden presentarse las objetivaciones culturales pretéritas son la arqueología, que analiza los restos tangibles de las culturas del pasado lejano o próximo; la palentologia, que se dedica a la recuperación holística y sistémica de las culturas extinguidas y el folklore, que recoge las supervivencias populares de carácter anónimo, vigentes en las sociedades civilizadas. Debe advertirse, empero, que el folklore tiene dos fuentes; una es arcaizante, ya que se trata de la supervivencia de "fósiles" de un pasado más o menos remoto; otra se remite a los relictos de las viejas culturas urbanas que se perpetuaron, mediante adaptaciones, en los suburbios de las urbes y entre las culturas tradicionales. Ortega y Gasset pone como ejemplo el traje de las lagarteranas de Toledo, España. Se trata de relictos de vestimentas urbanas del siglo XVI que, por un proceso centrífugo se han alveolado y conservado en el seno de las comunidades campesinas.

La costumbre de utilizar las cinco propiedades del cáñamo, estudiadas en este libro, configura un rasgo folklórico del primer tipo: ya las más antiguas sociedades neolíticas, y quizá aún antes, recurrían a los dones de las serviciales plantas de cuyas flores se extrae la materia prima de la marihuana. No obstante, la ciencia contemporánea está ahondando en la investigación de las propiedades terapéuticas, industriales y lúdicras (recreativas) del cannabis. Y antes de terminar con este exordio vaya un apunte, también personal y reñido con el concepto que atribuye valor científico a las investigaciones socioculturales. Ni la sociología, ni la antropología, ni la psicología social, ni la geografía humana son ciencias en el sentido estricto del concepto. Son disciplinas sistematizadoras, son técnicas logísticas, en el sentido simbólico y no militar del término, son miradas heurísticas (que interpretan, que hallan), son investigaciones guiadas por un método, voz que en griego significa camino.

Por su lado, y para finalizar, digamos que la antropología cultural en sí abarca el estudio de varios tipos de sistemas: adaptativos (tecnología, economía), asociativos (parentesco, comunidad, sociedad, política); simbólicos o ideativos (se transmiten por información no verbal, oral, o escrita.

a. Estos últimos engloban a los siguientes subsistemas:
b. Teórico (cosmovisión, filosofía);
c. Expresivo (técnicas ,artes, artesanías);
d. Cognitivo (saber empírico, saber vulgar, saber científico);
e. Normativo (costumbre, moral, derecho, religión).

El anterior es un resumen harto esquemático de una disciplina rica, provocativa, de indispensable inclusión en todo programa de estudios, tanto los elementales como los superiores.

Pero no es este el sitio propicio para proporcionar detalladas explicaciones o entonar entusiastas apologías acerca de una mal llamada "ciencia", pues la antropología, disciplina descriptiva e interpretativa no es una ciencia exacta, ni establece leyes, ni experimenta y previene como lo hacen las ciencias propiamente dichas. La antropología cultural y los sistemas que la caracterizan son los portaestandartes del saber ver y estimar que nos van a acompañar y guiar a lo largo de las páginas de este libro.

Para estudiar la subcultura de los usuarios de la flor del cáñamo, el cogollo de los mil nombres – tan extendida es su implantación planetaria- hube de recurrir a una doble metodología.

Por un lado, si bien ya estaba familiarizado con el tema, lo profundicé consultando una serie de tratados y obras fundamentales publicadas en el Viejo y el Nuevo Mundo. Es enorme la producción bibliográfica y

52

hemerográfica sobre este controvertido vegetal. Se han editado miles de libros sobre el tema. Abundan también los estudios más o menos valiosos que los detractores y defensores del cannabis publican en revistas y periódicos. Hay que distinguir, empero, entre un artículo aparecido en una revista especializada y la hojarasca mediática que repudia o apoya el uso de cogollo del cannabis, planta que no sólo sirve para el recreo y exploración de sensaciones nuevas sino que también se utiliza con otros fines, generalmente no citados, particularmente en las detracciones a su empleo lúdico o recreativo.

Por una especial circunstancia existencial, a partir del año 1965 comencé a familiarizarme, tras algunas instructivas vivencias y experiencias en el desierto del Gobi, Asia Central, con la bibliografía concerniente a las sustancias que activan, sosiegan o cambian la mente. Aclaro lo dicho: a raíz de una sorpresiva experiencia con una seta – la Amanita muscaria u hongo matamoscas- en los rebordes del desierto asiático del Gobi, me dediqué a investigar y escribir acerca de las sustancias alucinógenas (Un vuelo chamànico; La droga, el carnaval del alma). Más tarde, durante mi larga residencia cordillerana en Chile, Colombia y Venezuela publiqué un libro sobre el mambeo o chaccheo (Coca, cocales y coqueros en América andina). Y en México y otros puntos de América y África tuve interesantes encuentros con bayas, vainas, cortezas, enredaderas, semillas, cactus, hongos y flores que complementaron mi aprendizaje acerca de las sustancias dinamógenas, depresoras y alucinógenas de la flora universal. Esas son las modestas credenciales que me permito exhibir para emprender el presente estudio en el momento que el Estado uruguayo regula el uso público de la marihuana mediante una reciente ley aprobada en el parlamento en el año 2013.

LA ANTROPOLOGÍA EN ACCIÓN

Así iniciado en el asunto, pues, no me fue difícil ahondar en el polémico tema de la flor del cáñamo. Mis primeras contribuciones aparecieron durante el año 2013, cuando escribí en el semanario electrónico Bitácora nueve notas tituladas Sobre la marihuana y otras yerbas.

Entonces, atento a una coyuntura nacional propicia, tras nueve meses de convivencia en mi carácter de observador participante con los plantadores y usuarios de marihuana en varios países del Cono Sur, me dediqué a la escritura razonada e intensa de un texto dedicado a los múltiples aspectos de una famosa inflorescencia. Ellos fueron los descriptivos y valorativos, los concernientes a la historia y al presente, a la dialéctica social y a las vicisitudes políticas, los que manejan los pro y a los contra del uso de la marihuana, un producto vegetal que ha desatado innúmeras polémicas, mucho más abundantes que las que corren acerca de la cocaína, los opiáceos o las sustancias visionarias.

Al margen de esta tarea intelectual, pero corroborándola, están los hechos. Y los hechos son tenaces. De espaldas a los que analizan fríamente, aplauden con entusiasmo o rechazan con espíritu terapéutico-policíaco-moral el uso del THC, se advierte la utilización, cada vez más extendida entre los pueblos de la tierra, de un cogollo que cuanto más se demoniza más se demanda por un creciente número de usuarios. Y entonces, en el gran escenario del orbe, va aumentando el contraste entre la creciente cantidad de usuarios que reivindican el uso recreativo y medicinal de la flor del cáñamo y las reiteradas represiones a cargo de gobiernos obedientes a la batuta de la DEA empuñada por su director, el Tío Sam. El actual resultado de este tira y afloja son las grietas que se van abriendo en las legislaciones represivas.

Volviendo a la fase documental digo entonces que, sumado a mi anterior conocimiento - relativo pero a mi juicio suficiente- de la "DROGA", ese fantasma que recorre el mundo, investigué lo necesario como para tener una esencial información sobre el cáñamo en cuanto vegetal de múltiples aplicaciones.

La fase de la lectura razonada constituye sólo el primer paso de la investigación antropológica. No es suficiente, aunque sí necesaria. Pero, bibliotecas aparte, la antropología cultural es hija del trabajo de campo, del directo contacto con las culturas y sus portadores. De aquí que a lo largo de su ya centenaria recepción académica haya recurrido a varios tipos de técnicas, en un principio aplicadas al estudio etnográfico de las comunidades "prealfabetas", también denominadas "salvajes", "primitivas contemporáneas", "arcaizantes", "naturales" (un disparate, pues están dotadas de culturas, a veces muy ricas y sorprendentes) o "iletradas". En efecto, el llamado del exotismo inquisitivo, las tácticas de penetración del colonialismo y el afán de lejanías de los investigadores, ya movidos por un espíritu romántico, ya a sueldo de los imperios para perfeccionar sus conquistas de cuerpos y almas, ya sufragados por instituciones científicas ya profesores e investigadores de solventes Universidades, determinaron que en un principio los antropólogos se dedicaran exclusivamente al conocimiento de las costumbres de los pueblos ágrafos, dejando los civilizados a cargo de los sociólogos. Y al decir salvaje - voz proveniente del portugués selvagem- debe entenderse esta denominación como la apropiada para designar a quienes viven en las selvas y no a brutales e ignorantes criaturas, tal cual las pintara el etnocentrismo de Occidente. Por otra parte el término desbordó su primitiva denotación: se llamaron también salvajes a los pueblos no civilizados que nomadizan en las llanuras empastadas o forman islotes culturales en los valles de las montañas.

En la actualidad el radio de nuestra disciplina se ha ampliado. Cabe una completa investigación antropológica tanto entre los cada vez más asediados yanomami de la Sudamérica tórrida como entre una comunidad campesina suiza o una sociedad urbana-o partes de ella- de cualquier región del planeta.

Como antes dije la investigación antropológica de campo tiene definidas modalidades: la del simple observador, la del observador participante y la del participante observador. Las denominaciones no son del todo felices pero atengámonos a ellas, ya institucionalizadas.

a) El simple observador efectúa el estudio de la cultura del grupo desde afuera. Lo frecuenta, interroga a sus miembros, toma fotografías de los dispositivos de la vida material, realiza observaciones sobre las conductas personales y comunitarias, sobre los trabajos y los trebejos, sobre la presencia de lo sagrado, de las ceremonias y de las fiestas, sobre los conocimientos del más acá o las creencias en el más allá. Busca informantes, los interroga a fondo, profundiza y compara sus observaciones una y otra vez, reiterando las visitas. Pero no convive noche y día ni reside mes tras mes con los portadores de la cultura estudiada. Y, lo que es más grave, generalmente desconoce el universo simbólico que alberga la lengua de la comunidad. En suma, tiene otras tareas y obligaciones foráneas; atiende a su familia y a sus amistades; duerme en su casa.

b) El observador participante - pensemos en quien se traslada a una estancia del interior ganadero rioplatense para estudiar las vidas y obras de los residentes en ese establecimiento pecuario-adopta otra conducta. Vive en el lugar y convive con los integrantes de la comunidad. Participa en todas las actividades laborales y recreativas. Mira y escucha, toma notas, saca fotografías y realiza grabaciones, al igual que el mero observador pero, contrariamente a la ajenidad sociocultural de éste, se convierte en un paisano "en acto", aristotélicamente hablando. Viste las mismas ropas de labor, aprende y ejercita las inflexiones del habla y las peculiaridades de la lengua para utilizarlas en las diarias comunicaciones con los integrantes del grupo, entre otros tipos de voluntaria aculturación. De tal modo logra adquirir y sistematizar pedagógicas vivencias acerca de las visiones del mundo y del estar en el mundo de la comunidad en cuyo seno reside. Participa en el proceso de las técnicas, en los rituales de las comidas y bebidas, en las festividades y los juegos, y estudia las distintas modalidades de las creencias religiosas y las supersticiones, del repertorio material e intangible. No es un mirón, no es un mero interlocutor, no es una otredad que, desde un distinto nivel cultural, contempla "extraños" modos de obrar y de ser. No sólo procura describir con intensidad y prolijidad lo que ve y oye. Trata de de asumir roles sociales alternos, de comparar los distintos status, de incorporarse activa, afectiva e intelectivamente al grupo estudiado.

c) El participante observador, finalmente, desempeña un interesante papel, si bien esta modalidad es escasa en la investigación antropológica.

Propongo un ejemplo. Supongamos que un joven indígena perteneciente a una Reservación Indigena canadiense tiene la oportunidad de ingresar a un instituto de enseñanza superior. Este universitario es, ante todo, el integrante de un grupo tribal que, pese al barniz del idioma, del ropaje y otros rasgos alienígenos impuestos por la cultura dominante, ha comido los frutos locales del "árbol de la cultura", como diría Ralph Linton. El muchacho, desde su más tierna edad, ha internalizado las conductas sociales y las pautas culturales de su comunidad. Ha mamado de la ubre de las viejas tradiciones. Comprende desde adentro el ser y el deber ser de las palabras y de los silencios, de las ideas y de las técnicas. Entonces la academia lo ayudará, una vez graduado, a ofrecer una visión erudita, científica, de su grupo materno, un islote del pasado indígena rodeado por el océano de la civilización industrial y comercial del consumo conspicuo. Si sabe escribir convincentemente y lo ayuda una inteligencia despierta será capaz de redactar una valiosa monografía sobre lossioux, los pueblo, los black foots, u otra tribu de la que es originario.

Dicho lo anterior, y para dar por finalizada esta ya larga introducción, comunico a mis potenciales lectores que para escribir este libro recurrí a la técnica del observador participante. Conversé y confraternicé con la gente; fumé distintas variedades de cogollos de marihuana con grupos de usuarios y cultivadores ("fumetas"y "cultivetas") residentes en el Uruguay, en la Argentina y en Chile. Contemplé y estudié las peculiaridades de las plantas de cannabis que crecen al aire libre y en el interior de las viviendas; pude seguir con atención las fases sucesivas de la elección de semillas, de su plantación, de su crecimiento, de su fertilización, de la matanza de las plagas que disminuyen la calidad y el rendimiento de los cogollos. Participé, tanto en los campos, las islas, las montañas y las ciudades en largas sesiones de "manicurado" de las plantas que una vez cortadas son puestas a secar para que se degrade la clorofila. Posteriormente ayudé a guardarlas en lugares carentes de humedad, para facilitar de tal modo la "cura" de sus inflorescencias. Seguí todos los procesos posteriores para la transformación de los cogollos secos, resplandecientes de resina, en materia desmenuzada. Así preparadas, las tratadas inflorescencias son posteriormente fumadas en porro, pipa seca, pipa de agua o vaporizador, las formas más frecuentes para incorporar el THC al organismo.

Debo aclarar que no tuve experiencias con la extracción, elaboración y consumo de la resina floral con las que se hacen las bolitas de haxix, que así se escribe en árabe para nombrar a la "hierba", una denominación impropia ya que se trata de la resina contenida en los cogollos, sustancia cuyo pegoteo aromático se localiza en ellos y no en las ramas, tallos y hojas del cáñamo, como cree tanta gente desinformada.

Mis vivencias fueron ricas e instructivas. Aprendí mucho acerca de las experiencias personales frecuentando los círculos de usuarios, sociedades secretas en más de un sentido, cuya simbología y jergas varían de país en país. Muchas de estas personas, en buena parte ya incorporados a mis amistades, aparecían tranquilas, lúcidas, cuerdas, bien habladas, saludables- por lo menos en apariencia- cuando el porro pasaba de mano en mano y de boca en boca. Frecuenté las reuniones al aire libre, en pueblos y ciudades, me sumé a las reivindicatorias manifestaciones –las de Buenos Aires llegaron hasta las 100.000 personas- y conversé largamente con entusiastas estudiosos y apologistas del cannabis, plantadores y fumadores todos. Asistí a pequeños cabildos abiertos en las avenidas desbordantes de pancartas y reclamos, en los que estaba ausente todo tipo de gente desaforada y belicosa, que efectuaba sus reclamos sin represión ni cortapisas por parte de la policía, y fui amistosamente recibido en pequeños círculos cerrados en los que voces populares o académicas expresaron los motivos de sus preferencias por el cannabis. No estuvieron ausentes en estas ruedas las narraciones acerca de experiencias desdichadas con las autoridades policiales y legales que más de una vez violaron su intimidad clandestina. Estos consecuentes usuarios, a lo largo de horas aromadas por el humo de los porros, contaron sus tuteos con las flores del cáñamo, sus choques con el cuerpo de costumbres circundantes, y los logros afectivos obtenidos a raíz de la confraternización con sus iguales. Amanecí en las brumas del delta del Paraná, recorrí las islas colmadas de plantaciones y escuché muy atentamente a los noctámbulos "fumetas" que narraban su encuentro y convivencia con la marihuana. Asistí a reuniones cannábicas en una casa levantada en la cordillera de la costa chilena, a mil metros de altura, rodeada por viveros de plantines que en pocos meses más iban a florecer en apretados, pegajosos, macizos y perfumados cogollos. Y en todas partes me hicieron visitar, sobre todo en el corazón de las ciudades, sofisticados cultivos interiores, bajo luces siempre vivas, a tal punto que en Santiago de Chile, en el departamento donde fui cordialmente recibido, un complejo sistema de iluminación y riego funcionaba mientras los dueños de casa se ausentaban por semanas de sus amadas pupilas. Y en el Uruguay visité plantíos, conocí personas y frecuenté pedagógicos círculos de usuarios ubicados desde el vértice a la base de la pirámide social.

Procuré, en todo instante, ser prolijo en el análisis de los datos y el ordenamiento de mis recuerdos. Como recomendaba Spinoza, el judío de "traslúcidos dedos", que pulía diamantes mientras rumiaba "claros pensamientos" (Borges), no aplaudí ni censuré de antemano: solamente traté de entender, de comprender, de viajar piel adentro de las conductas y actitudes humanas, de remontar aguas arriba el río cultural del cáñamo y sus flores.

Mis intensas experiencias como observador participante se extendieron, como ya quedó dicho, desde el mes de enero al mes de octubre del año 2013. Ahora he retornado a mis viejas rutinas al pie del ordenador y consultando a los libros, folletos, revistas y demás documentos de mi hemeroteca-biblioteca. Mi mente está lúcida, mi cuerpo de activo nonagenario goza de plena salud. En ningún momento de mi largo período experimental hubo titubeos o baches ni en mi vitalidad corporal ni en la corriente de mi pensamiento. En carne y mente propias experimenté, junto con fumadores consuetudinarios, los distintos sabores y sensaciones de especies rústicas, procedentes de las plantaciones a la "guerrillera" y de variedades obtenidas mediante refinadas tecnologías botánicas.

El libro que entrego a los lectores, pues, es hijo de la experiencia y del estudio, un bien avenido matrimonio donde la praxis sistemática y la theoria (contemplación) sistémica y sistematizadora fueron - o procuraron ir- de la mano. Fuere lo que fuere, confieso que viví una hermosa aventura física, intelectual y afectiva - esta última continúa- al concebir y escribir el testimonio que entrego a los lectores, esperando que quienes conocen poco o nada del tema cobren conciencia de sus claras avenidas y sus oscuros laberintos.

UNA APELACIÓN A LA DIALÉCTICA

Unas palabras finales: discípulo extemporáneo del joven Marx, el de los Manuscritos de 1844; atento a la concepción hegeliana, si bien con reparos, acerca del Espíritu y sus variedades; interesado siempre en el pensamiento de los presocráticos, entre los cuales brillaba, oh ironía, Heráclito el Oscuro, he recurrido al método dialéctico para ordenar las tres partes de mi obra.

a) En la primera, que puede denominarse tesis, si esto no es forzar las cosas, cuando apunto a los usos del cannabis en la era no represiva me refiero a los milenios de libertad, en los cuales las flores fueron compañeras hedónicas y asistentes medicinales de quienes la utilizaban como juego del alma o terapia para las dolencias del cuerpo, para la magia o para la religión, para el delicado patinaje en el hielo de la conciencia o como removedor y sanador, en su calidad positiva de fármaco terapéutico, de las enfermedades y claudicaciones somáticas. Y ni qué decir de sus empleos industriales, a partir del tejido de las ropas de los protagonistas eurasiáticos de la Revolución Agrícola iniciada hace diez mil años por lo menos en el Viejo Mundo. Durante este dilatado período, como se verá, las prohibiciones fueron mínimas y de corta duración.

b) En la segunda, que figura como antítesis, como negación, evoco las primeras, escasas y fugaces prohibiciones de la flor del cáñamo— la Iglesia, el Islam anti sufista, un gobernante del Imperio Otomano, Napoleón en Egipto y algún caso aislado más— para conceder un amplio desarrollo a la gran conspiración de los señores de la industria quienes, aliados con el gobierno estadounidense, liquidaron la competencia de los productos cannábicos.

c) La tercera parte tiene por escenario a nuestros días. La síntesis obra como la negación de la negación, según el dictado hegeliano. No solamente ha fracasado la guerra contra las drogas en general y contra la marihuana en particular sino que el THC de la flor es la sustancia recreativa más difundida en el planeta y los EE.UU., los más grandes represores, son, paradójicamente, los más grandes productores y consumidores de cannabis.

Por añadidura, crece la cresta de una ola de reclamos, reivindicacioes, de pedidos a voz de cuello para acabar con las legislaciones punitivas, de gentes que quieren romper el círculo perverso del terrorismo de Estado, de países que procuran limar los grilletes de hierro puestos y fiscalizados por la DEA, de multitudes que se atreven a dar la cara en desfiles callejeros, de libros y revistas dedicados al estudio y apología de la marihuana, de casas de comercio que venden artefactos del más variado tipo para el uso recreativo de la planta. Ni la ayahuasca selvática, en manos de oportunistas chamanes de pacotilla que van de país en país, ni la cocaína metropolitana, ni el LSD o la heroína, unos pocos entre otros psicotrópicos lanzan sus adeptos a las calles para reclamar que dichas sustancias se legalicen. Tampoco los usuarios de las drogas de diseño o los psicofármacos atruenan las avenidas o publican encendidas defensas de su derecho al sueño, a la serenidad, al pensamiento lúcido o al esfuerzo sostenido como lo hacen los jóvenes y viejos fumadores del servicial cogollo que despliegan pancartas en el corazón de las ciudades, rogando, pidiendo y exigiendo que no sean considerados como enfermos y/o delincuentes sino como dueños inofensivos de sus propios destinos. Otros usuarios de la marihuana reclaman recuperar la antiquísima fraternidad con la flora, sembrar las semillas, ver crecer a los plantines, conversar delicada y amorosamente de tú a tú con los frondosos arbustos de corta vida, con las erizadas flores, con las hojas abiertas como manos, con los aromas penetrantes de la resina que invaden los patios y perfuman los rincones de las viviendas. Quienes plantan y se sirven de esa flora doméstica procuran ser los festivos jardineros de la serenidad y de los ensueños, ya en los interiores, ya bajo el cielo abierto, rodeados durante unos pocos meses de plantas familiares que dulcifican el rigor de los días y mitigan las angustias de la vida breve. El cultivo propio personal o colectivo –para ello se instituyeron los clubes- a esa hidra de siete cabezas encarnada en el traficante, el abyecto sujeto cuya morralla adulterada, veneno espureo en el caso de los "ladrillos de marihuana" es vendida a precio usurario en las "bocas" sombrías y en los salones iluminados, donde deambulan los navegantes solitarios, aquellos que no quieren o no pueden, disfrutar de la flora de un personal paraíso.

He dicho todo lo anterior, a veces con vehemencia testimonial porque narro puntualmente lo que he visto y vivido, no solamente como antropólogo sino también como hombre que interroga y pide respuestas a la sufriente condición humana repartida entre sus prójimos. Demás está repetir lo que expresé al principio. Miro en mi derredor y veo que existe una cultura cannabica bien establecida, que las realidades sociales no pueden taparse con harnero, que crece como una marea, pese a los castigos legales y a la amenaza de la intervención sanitaria, el número de usuarios. Se trata de hechos descarnados comprobables. El narcotrafico criminal ha crecido de modo alarmante. La solución del problema está a la vista y en marcha. No pasará mucho tiempo para que se despenalice el uso recreativo y terapéutico de aquellas sustancias hoy malditas y maldecidas, como en sus respectivos turnos lo fueron la yerba mate, el tabaco, el café y las bebidas alcoholicas.

Lo más importante de todo ello es que las legislaciones que parecían hechas para siempre, que los espacios tabicados, que los mandatos irresistibles están siendo resistidos por los propios legisladores. Se van abriendo las ventanas y no tardarán mucho en abrirse las puertas. De tal modo aparecen fisuras cada vez más hondas en la rigidez primitiva de las leyes agresivas y las penas iracundas. En el ir y venir de los cambios sociales y los *aggiornamentti* culturales, la marihuana, ya en su aspecto terapéutico, ya en su vertiente recreativa, va instalando de a poco el reino de la legalización, de la intimidad placentera, del derecho a vivir una vida propia sin molestar la del prójimo.

LAS PLANTAS Y EL GÉNERO HUMANO: UNA FRATERNIDAD MILENARIA

El cáñamo es una planta y, como tal, forma parte de ese reino intermedio entre la semoviente y activa vida animal y la piedra maciza y pasiva, ensimismada en la quietud de una materia inerte.

En los libros que se han escrito sobre el cáñamo y su flor, sobre la planta dioica repartida en ejemplares macho y ejemplares hembra, se describen sus características y propiedades que, a un tiempo, atienden los requerimientos humanos del cuerpo y del espíritu en las distintas aplicaciones analizadas en esta contribucion a un discutido tema.

Lo hedónico y lo industrial van juntos en este ser viviente; lo recreativo y lo utilitario biparten su oferta entre la modificación de los estados de conciencia operados por la flor y las demandas de las necesidades de la vida material, abastecidas por la fibra. Pero generalmente se omiten dos aspectos que deben ser tenidos en cuenta: por un lado el de su estudio en el complejo contexto de la flora, un reino natural que los botánicos y los practicones del pueblo -herboristas o yuyeros- han investigado y utilizado, y por el otro, la fraternidad especial que se ha establecido entre esta especie vegetal y aquellos que la cultivan.

No todo es como aparece; no todo resulta ser tal como la inmediatez del fenómeno lo brinda a los sentidos. No se trata solamente de describir las variedades florales o instruir acerca del cultivo y la utilización de las virtudes y poderes del cannabis. Es preciso ir a los principios, a recorrer el camino existente entre el alfa y el omega de una especie enigmática y carismática, encomiada y repudiada a un tiempo.

En la Naturaleza, en lo que el Kosmos – voz griega que a la vez alude a la armonía y a la belleza- ha constituido en escenario planetario de distintos fenómenos físicos y bióticos. En dicho escenario, a partir de los australopitécidos que iniciaron el proceso evolutivo hace cinco millones de años, el autodenominado Rey de la Creación ha perfeccionado su inteligencia y su repertorio de creaciones mentales y materiales. Pero la Naturaleza es más rica y variada, pues lo biótico necesita el sustento de los cuatro elementos presentes en el pensamiento presocrático. En tal sentido, en nuestro hogar planetario se distinguen tres reinos: el mineral, el vegetal y el animal. Estos dos últimos están integrados por organismos vivientes; el reino mineral, en cambio, es un cadáver sólido, un esqueleto yacente sobre el cual prosperó el animado protagonismo de las plantas y los animales.

Cambiando la voz movilidad por la más propia de irritabilidad puede decirse que esta es una de las características más notorias de los seres vivientes, aunque tanto el crecimiento como el movimiento pueden también manifestarse en la materia inanimada. Las estalagmitas y estalactitas de calcio "crecen" en algunas cavernas donde el agua que gotea desde el techo transporta este elemento incorporado a la Tabla de Mendeleiev, a lo largo de los siglos, forma esbeltas columnas. Lo mismo sucede con un trozo de alcanfor en una superficie acuática serena: avanza y retrocede, pero este extraño ballet obedece a reacciones químicas y no a reflejos orgánicos o voluntades vivientes.

Para que exista vida, para que el cogollo de la marihuana, del que estamos trantando, invada huertas, patios y habitaciones con su capitoso aroma se requieren tres condiciones: un organismo constituido por células; la aptitud para efectuar una serie de ya investigadas reacciones químicas y eléctricas,- y aún aquellas que todavía escapan a nuestro conocimiento- sin cuya ocurrencia sería imposible la vida orgánica y organizada, sensible a los estímulos interiores y exteriores; la capacidad reproductiva.

Los anteriores procesos son posibles gracias al metabolismo, es decir, a las complejas operaciones que se producen en el interior de los organismos en constante intercambio con los agentes del medio exterior. La voz metabolismo deriva del griego metabolé que, precisamente, quiere decir "cambio". Y como no está de más hacer luces sobre un término muy utilizado en las ciencias naturales, aunque poco explicado, recurramos a una sencilla definición para aclarar lo que ella significa.

Este motor de los seres vivientes llamado metabolismo es la capacidad que ellos tienen para dar origen a reacciones químicas que permitan sintetizar sustancias complejas, utilizando otras más sencillas (anabolismo), o degradar a las primeras para transformarlas en otras más simples (catabolismo). La palabra metabolismo es un neologismo creado por el profesor alemán Theodor Schwann (1810- 1882) quien recurrió a la voz griega metabolé, cambio, y el sufijo ismo, cualidad, sistema. Es decir, el metabolismo es la cualidad que tienen los seres vivientes de cambiar químicamente la naturaleza de ciertas sustancias. Ello sucede con los procesos fotosintéticos o de síntesis de carbohidratos, característica de las reacciones anabólicas, o los procesos de digestión y fermentación, representativos de los cambios catabólicos.

La fotosíntesis es el proceso más importante en el mundo de la vida. A partir de la fotosíntesis operada en los vegetales se desarrolla la cadena iniciada en la planta autótrofa, que se alimenta a sí misma y se convierte en el alimento de los herbívoros o fitófagos. Estos, a su vez, serán engullidos por los carnívoros fagotrófagos. Dicho ciclo finaliza en el trabajo que las bacterias saprófagas del suelo realizan sobre la materia orgánica en descomposición, cuyos productos son procesados por las raíces.

Estas, al par que se sirven de los desperdicios orgánicos y absorben las sales minerales disueltas en el agua, abastecen el ciclo vital con el auxilio de esas minúsculas obreras que son las raicillas. De tal modo los detritus de una existencia orgánica degradada y la providencia subterránea de la humedad tienden sobre el río de la muerte un puente entre la vida que caduca y la vida que comienza.

La fotosíntesis sería imposible sin la presencia de ese notable pigmento vegetal de color verde denominado clorofila. Gracias a ella se recibe y procesa la luz, ya la natural del sol, ya la eléctrica – pensemos en el cultivo interior de la marihuana- para así sintetizar los alimentos y realizar otros complicados procesos. Los animales no existirían sin el tapiz vegetal que cubre el planeta. Los herbívoros convierten los vegetales en carne y los carnívoros devoran esa carne para subsistir. Directa o indirectamente el mundo animal depende del vegetal, sea en primer grado (una cebra se nutre con los pastos de la sabana), sea en segundo grado (un león devora a la cebra), sea en tercer grado (un buitre picotea los restos del león).

Casi todas las plantas hasta hoy conocidas (unas 350.000 especies, cifra que algunos botánicos aumentan considerablemente) exhiben una armazón de células constituidas por un carbohidrato denominado celulosa. Solamente los animales tunicados también la tienen, como lo ejemplifican las salpas.

Las plantas están fijas, prisioneras de la tierra. No se trasladan, como la mayoría de los animales, de un lado a otro, salvo ciertas especies desérticas, como las rosas de Jericó que, en busca de agua, se desarraigan, se convierten en livianas bolas vegetales, se abandonan a los vientos y cuando las raíces detectan una napa cercana a la superficie, detienen el peregrinaje eólico de la viajera y arraigan nuevamente. El estado general de inmovilidad impide que las plantas "cacen" a sus nutrientes como los animales, sean éstos semovientes o no: las fabrican mediante la función clorofiliana y el trabajo de las raíces. Una excepción a esta regla, entre muy pocas, son las flores de las "atrapamoscas" y demás plantas carnívoras.

Otra característica distintiva: si bien las plantas poseen un ciclo inicial de crecimiento semejante al de los animales, cuando estos llegan a su edad adulta aquel se detiene. En cambio el vegetal, gracias al meristemo, un tejido que jamás pierde su carácter juvenil, crece de continuo. El animal, en consecuencia, registra un sistema cerrado de crecimiento mientras que el de la planta es abierto. Un animal no puede "podarse". De hacerlo perecería. La poda, en cambio, beneficia mucha de las plantas utilizadas por el hombre.

Vamos a ir clausurando el capítulo botánico con algunos apuntes que nos ayuden a ubicar el cannabis en este inmenso paisaje verde, teñido por la servicial clorofila.

El cannabis pertenece al subreino de las embriofitas, en el que se ubican las plantas que generan embriones; éstos, durante algún tiempo, están protegidos por una envoltura pluricelular. En cambio las talofitas – algas, hongos, mohos- no los producen. Dentro del subreino de las embriofitas se hallan las angiospermas, o sea las plantas que florecen. Entre las 200.000 clases de flores catalogadas figuran los cogollos resinosos de la marihuana, a los que voy a referirme cuando describa las características de esta peculiar inflorescencia. Por su lado las gimnospermas, tales como los pinos, los abetos y los cipreses, tienen semillas agrupadas en conglomerados de forma más o menos ovoide, pero no florecen. Mucho más habría que decir – eso se hará en el capítulo correspondiente- para que los lectores tengan una idea cabal de la botánica del cannabis mediante el estudio de sus tres representantes emblemáticas: la sativa, la índica y la ruderalis. Las variedades sativa e índica, gracias a los cruces y cruces de cruces, han dado origen a más de mil variedades, en continuo aumento.

Durante mis visitas a los plantíos de cannabis, pude comprobar que quienes los practicaban describían amorosa y morosamente las virtudes de las variedades, su mayor o menor proporción de THC en los cogollos, sus aromas, sus gustos al ser inhaladas mediante el porro, la pipa o el vaporizador, su humildad proletaria o su señorío aristocrático. Nunca vi, salvo entre los cultivadores colombianos de orquídeas, tamaña dedicación, tanta efusión sentimental, tanta empatía misteriosa entre la condición humana y una hija multifacética de la flora. A este respecto vale recordar unas frases de Baudelaire al referirse a los plantadores de cáñamo y la cosecha de los cogollos; "Durante la recolección del cáñamo se producen extraños fenómenos entre los hombres y mujeres que participan en las labores. Parece como si del cáñamo se elevara algún espíritu desenfrenado que circula alrededor de las piernas y asciende turbio hasta la mente. A veces la cabeza del recolector se llena de torbellinos y otras de ensueños. Las extremidades se relajan, negándose a obedecer las órdenes del cerebro. Lo cual, por otra parte, me recuerda fenómenos similares cuando, en mi infancia, perdía el control de mí mismo mientras jugaba y me revolcaba entre los montones de alfalfa".[15]

¿Será posible develar los ocultos y recíprocos mecanismos que mueven esta humana actitud de reverencia, agradecimiento y cariño? Por su parte

---

[15] BAUDELAIRE, Charles. *op. cit.* p. 66

¿"siente" la planta la presencia, el respeto y el amor de quien la cultiva, protege y procura un afectuoso contacto con ella, hablándole, acariciándola, matando sus parásitos, librándola de insidiosas e invisibles fitopatologías, contemplándola con embeleso? Todo indica que ello parece probable, por lo menos en sentido metafórico, ya que no hay respuestas explícitas del vegetal ante las reverentes actitudes humanas. Pero los invisibles vínculos, como antes advertí, no sólo funcionan en el alma de los cultivadores, a quienes en la jerga ritual se les llama "cultivetas"; también es posible suponer que existe sensibilidad empática, y tal vez algo más, en el reino de las plantas.

Un corto viaje a la antigüedad clásica nos muestra que el mito había establecido, como ha investigado la hierobotánica, una vinculación estrecha entre las divinidades y las plantas. El roble no sólo sembraba bellotas en su derredor: los dioses paternos como Júpiter entre los romanos, Zeus entre los griegos, Perkun entre los pueblos ribereños del Báltico y Thor entre los germánicos, consagraban en la tradición indoeuropea una antiquísima fraternidad entre lo sagrado y la vegetación de los bosques, los primeros templos vivientes de la humanidad. Del roble también brotaron las dríades y las hamadríades (drus significa roble en griego), aquellas ninfas que castigaban a quienes hacían sufrir a los árboles y quemaban la vegetación. El trigo estaba consagrado a Deméter; el laurel a Apolo; Hades, que reinaba en los oscuros espacios subterráneos, donde residían los muertos, tenía al ciprés por insignia. Y el ciprés aún levanta sus melancólicas torrecillas en nuestros cementerios, nombre que en griego significa dormitorio. Hay mucho más que decir sobre los mitos, leyendas y tradiciones que pasean por la historia las hierbas, los arbustos, las enredaderas y los árboles diseminados en los ecosistemas florísticos de nuestro planeta. En tal sentido existen plantas medicinales, ornamentales, mágicas, mensajeras, nupciales, santas y parlantes, según las taxonomías populares.

Allá por el año 1966 un estadounidense familiarizado con el mundo vegetal y presintiendo que existían desconocidos sistemas de comunicación entre sus especies y los seres del reino animal, donde también revista el humano, ideó una ingeniosa y a la vez nunca vista metodología para detectar mentiras en los procesos penales. Cleve Backster se llamaba aquel adelantado que revistaba en la temible CIA. Para experimentar su meditada ocurrencia utilizó unas plantas que se hallaban en su despacho. Las conectó con un oscilógrafo – o sea un galvanómetro- esperando registrar sus "emociones" y reacciones a estímulos exteriores. Así las cosas, observó notorios movimientos en las agujas del aparato en el caso de que alguien golpeara o arrancara una hoja de aquellas. Pero lo curioso, rayano en lo enigmático, fue que si una planta situada en una oficina inmediata era maltratada, también el oscilógrafo daba cuenta de esa injuria. Y si un jardinero, conspicuo podador de vegetales, se acercaba a las plantas tijera en mano, el oscilógrafo se enloquecía.

Eso no fue todo, aunque había resultado asombroso el experimento primario. Tras largas observaciones el desde entonces denominado "efecto Backster", de acuerdo con el suave ritmo oscilatorio de la aguja -que si no se tratara de un vegetal podría considerarse un vaivén de satisfecha complacencia-, "demostró", según el dictamen de su descubridor, que las plantas "poseían sentidos", que exhibían signos de alegría o espanto, que al ser tratadas con delicadeza y colmadas de palabras afectuosas se "emocionaban". Pero, además, tenían "pensamientos".

Lo cierto fue que al hallarse en presencia de ellas, oscilógrafo mediante, un asesino que había cometido un crimen en un jardín donde tales plantas crecían los sensibles vegetales, éstos, al "sentir" su presencia en el despacho policíaco donde se le interrogaba, sufrieron una terrible conmoción. Dicho sobresalto psíquico - ¿de qué otro modo se le podría llamar?- fue registrado por una aguja "loca" que, al oscilar violentamente, revelaba el temor reminiscente padecido por aquellos vegetales al detectar en su proximidad la presencia del asesino.

Mentes razonables y personas sensatas desconfiaban y desconfían de tales experimentos. Yo me remito, sin quitar ni poner rey, a las observaciones de aquel agente, detalladas en el libro La vida secreta de las plantas, escrito por Peter Tompkins junto con Christopher Bird y publicado en México en el año 1973.

Anteriormente a estas experiencias, que en la actualidad se siguen practicando y perfeccionando, dizque con sensacionales resultados en los EE. UU. y otros países del Viejo Mundo mediante complicados artefactos electrónicos, el "efecto Kirlian" había revolucionado a la ciencia soviética. En efecto, hacia el año 1950 Semyonn Kirlian y su mujer Valentina, ambos electricistas y fotógrafos, advirtieron, mediante técnicas apropiadas que, al igual que cualquier criatura viviente, las plantas presentaban un halo coloreado, un resplandor biofotoluminoso en derredor de su perímetro.

Pero hay mucho mas, y lo cuento porque entre la fraternidad de los plantadores de cannabis y sus verdes, florecidas "hijas", si cabe así llamarlas, existe una peculiar ósmosis de "emociones", un intercambio entre las caricias de un ser parlante, pensante y sintiente, y unos tallos, unas hojas y unos cogollos que se estremecen a su paso, que semejan temblar con suave ritmo cuando se les dice palabras cariñosas, que parecen agradecer esos mimos exhalando aromas gratificantes, que permanecen quietos y erguidos cuando se les expurga de plagas, abonan sus pies y riegan sus raíces.

He contemplado estas escenas con particular recogimiento, con sorpresa, porque en vez de la planta era el plantador o la plantadora quienes mimaban, para mí, inadvetidos tropismos en el amado ejemplar de cannabis. Estaban transidos de dulzura cercana al arrobamiento.

No terminan acá las casi misteriosas facultades de la flora, desconocidas por quienes, encerrados en las colmenas urbanas, ya están lejos de la Naturaleza y sus divinidades arcaicas. Los pueblos ágrafos o las comunidades campesinas que conviven con ellas día tras día, entablan coloquios, que nada tienen de ilusorios con una sociedad vegetal cuyas "reacciones" revelan la presencia humana amiga u hostil.

Como han observado algunos investigadores que la ciencia oficial recluye en las buhardillas o los sótanos del saber, pues sus experimentos no figuran en los tratados de Botánica, las plantas captan las radiaciones de energía de todo tipo, ya artificial, ya natural. La influencia de las fases de la Luna es una de ellas. Dichas corrientes energéticas repercuten en su crecimiento y productividad, y es por ello, quizá, que la rosa en ciertos sitios adquiere mayor hermosura y los cogollos del cáñamo, afectados por estas invisibles ondas, contienen más resina y huelen mejor. Intrépidos observadores se han atrevido a decir que también las plantas son sensibles a las ondas sonoras. El jazz y el rock las "espanta" mientras que la música barroca las "complace". El ruido furioso o la plácida armonía, según nos comunican estos espías de recónditas sensibilidades, también repercuten en el crecimiento, floración, fructificación y producción de semillas en los vegetales expuestos a los géneros musicales violentos o apacibles.

Un autor brasileño afirma cosas como la que siguen: "Tienen (las plantas) predilección aún mayor por la rada, la música mística del sur de la India, que revive una leyenda tamil: merced a la música Krishna provocaba el crecimiento y belleza de las plantas, práctica continuada por los sacerdotes músicos".[16]

Las cosas van más lejos aún, y ya que estamos en la tierra indostánica, a la que regresaré cuando exponga la historia del cannabis en la antigüedad, cabe recordar un himno de los Vedas en el cual se afirma que las "hierbas" –la amanita muscaria, madre del soma, y el cannabis, padre de la amrita la bebida de la inmortalidad- fueron creadas tres edades antes que los dioses. Aquella primitiva taxonomía carecía de espíritu científico: la amanita muscaria es un hongo y la marihuana una flor dispuesta en cogollos. También erraron los árabes al designar el haxix -las bolitas de resina procesadas a partir

---

[16] SANGIRARDI, Jr. Botánica fantástica. As plantas da mitología, da religiao e da magia.Editora brasiliense, Sao Paulo, p.13

de los cogollos del cannabis- con un nombre que quiere decir "hierba" o "heno".

Basta con lo dicho. Pero bueno es dar cuenta, para finalizar, del culto a las plantas, puentes hacia las divinidades o divinidades encarnadas ellas mismas, y de las leyendas que giran desde el fondo de los siglos alrededor de su presencia en la magia, en la religión y en la mitología. Tal entronizamiento se produjo a partir de la era de la siembra de las plantas y la cría de los animales, o sea la era neolítica, más propiamente denominada por Gordon Childe como Revolución Agrícola. En este crucial período del desarrollo cultural de la humanidad se domesticaron muchas especies de plantas, tales como las comestibles, las medicinales, las frutales, las maderables, las textiles, etc. y algunos animales: los vacunos, los caprinos, los ovinos, los porcinos, los equinos. El neolítico está caracterizado por los arqueólogos como la edad de la piedra pulida pero este término dice mucho menos del desarrollo humano que la agricultura y la ganadería, los motores de la Revolución Agrícola.

Tal vez interese saber que desde la más remota antigüedad se divinizó a las flores de marihuana, sobre todo en la mitología indostánica. A fines del siglo XIX J.M. Campbell, - a quien no debemos confundir con el estudioso de los mitos nacido en 1904-dedicado a la investigación de los nexos entre las religiones y las plantas sagradas, escribió en el apéndice de un informe redactado por una comisión nombrada por la corona británica, que por ese entonces había incorporado la India a su imperio, unas palabras reveladoras. No solamente se declaraba por parte de los científicos que la utilización de la flor del cáñamo (banghi) no dañaba la salud ni alteraba la personalidad de los usuarios, sino que en el citado apéndice se analizaba su importancia en el culto religioso. "Una planta sagrada como la indian hemp (cáñamo índico) demanda un cultivo apropiado. Cuando se planta la semilla de cáñamo se debe repetir continuamente la expresión "banghi, banghi" para que el sonido del nombre del guardián defensor expulse las malas influencias que provocan la aparición de la cizaña destructora. Una vez sembrada se debe repetir el nombre sagrado, y lo mismo ha de hacerse cuando diariamente se les riegue. Cuando la planta esté florecida los cogollos deben cortarse junto con las hojas y sumergir todo en agua tibia durante un día entero. Al siguiente, mientras se repite cien veces el sagrado nombre banghi se lavan las flores y las hojas en las aguas de un río y se colocan bajo un cobertizo abierto para que el aire las seque. Posteriormente flores y hojas son quemadas mientras se repite un jop, que así se llama el sacramento dicho en voz baja. Acto continuo, evocando mentalmente a Vagdevata, la Diosa de la Lengua, mientras se reza se depositan las hojas y flores en un santo lugar purificado. El bhang, de tal modo preparado, cumplirá con los buenos deseos y esperanzas de su dueño. Tomado en la media mañana protege del pecado; tomado en el amanecer o al mediodía protege de las enfermedades". A esta sacralidad se le debe agregar las virtudes descubiertas en el uso profano de la planta: quienes la utilizaban tenían la mente más clara y los pensamientos más precisos.

Incluyo a continuación, a modo de paréntesis, una evocación que corre por dentro de mi círculo familiar. Un indio de Oaxaca, mientras caminaba a lo largo de una picada abierta en la manigua a fuerza de machete, señalaba ciertas plantas y nombraba sus beneficios o sus maleficios, que iban del alivio o cura de las dolencias hasta la muerte si la proporción de su ingesta no era la debida.

El indígena, mientras discurría por la senda tropical, instruía de tal modo a su circunstancial y asombrado oyente acerca de la historia, las leyendas y las propiedades que distinguían a cada una de las especies diseminadas a lo largo de la picada en la selva. ¿Cómo podía caber en una memoria humana tanto detalle, tal enciclopedia botánica guardada en el archivo mental de aquel analfabeta memorioso que evocaba las tradiciones milenarias? ¿Cuántas neuronas atentas y refinadas requería el minucioso conocimiento de un gigantesco vivero cuyos ejemplares servían para curar las enfermedades, para solazar los ocios, para distenderse en los momentos de tribulación personal o angustia colectiva, para desatar el frenesí en las fiestas, para meditar en los tibios atardeceres, para acentuar la vigilia cuando rondaban las fieras, para dormir serenamente bajo los techos arbóreos, para hablar con los seres numinosos, para trasladarse a comarcas mentales pobladas por plácidos desfiles de sensaciones benéficas? En lo no contado al curioso extranjero se podía intuir la hermandad dialogante existente entre el hombre y las plantas, entre el espíritu razonante del ser humano y el "alma" sintiente de cada uno de esos vegetales utilitarios o mágicos, raros o abundantes, utilizados diariamente desde muchos siglos atrás por los sembradores de milpas y constructores prodigiosos de Mitla y Monte Albán.

Bueno es preguntarlo, porque la era iniciada en Europa a partir de la Ilustración cortó, como Alejando Magno, el nudo gordiano que ataba a la humanidad civilizada de Occidente con las hierofanías (mostraciones de los dioses) y kratofanías (mostraciones de poder) súbitamente encarnadas en ejemplares de la Naturaleza orgánica.

Hoy más que nunca los humanos somos criaturas ciegas guiadas en la oscuridad de nuestras crecientes minusvalías personales por los lazarillos de la técnica; somos huérfanos que se alejan cada vez más de una madre a la vez despiadada y providente, pero madre al fin. Ahora estamos solos de solemnidad, con lo que resta de alma a la intemperie. Formamos parte de la muchedumbre solitaria descrita por Riesman: cada vez más carentes de pensamiento creador y vuelo artístico original. Si nos privan de los esclavos técnicos que paulatinamente, invento tras invento, se han transformado en nuestros amos, ni siquiera atinaremos a ser los dueños de nosotros mismos.

Vuelvo a la botánica tradicional. El ejemplo anteriormente citado acerca de la sabiduría de un Señor de las Plantas no solamente es interesante en sí; permite trasladarse hacia la mentalidad de quienes hallan en los bosques los fármacos para el cuerpo y dialogan con las divinidades escondidas en las ramas, frutos, raíces, troncos, hojas, lianas y flores de esos santuarios donde todavía aletean los espíritus y genios de la vegetación. De tal manera los espacios ricos en especies vegetales arbóreas, arbustivas y/o herbáceas se convierten en extensiones sagradas, en casas de los dioses, en templos naturales donde a las necesidades primarias de la nutrición se las complementa con las del recreo, la fiesta y el culto.

Abro las páginas de un libro editado en el Brasil y leo: "Las plantas advierten, aún a grandes distancias, el pensamiento y las emociones humanas. Pierre Paul Sauvin verificó que cuando una pareja copula las plantas captan la energía sexual, que es registrada en el galvanómetro y capta el clímax en el momento exacto que se produce el orgasmo. De aquí proviene la razón de un rito agrario todavía subsistente en la Europa del siglo XIX y que consistía en la cópula en un campo recién sembrado. Ese ritual se remontaba al mito griego del hieros gamos, el casamiento sagrado en el que Jasón y la diosa Deméter unieron sus cuerpos en un campo labrado recientemente".[17]

Hay un puente ancestral entre los reinos que hoy estudian la botánica, la zoología y la antropología. Las criaturas elementales que salieron por vez primera del mar y que, lentamente, huéspedes de las marismas y los pantanos, se fueron adaptando al aire libre, eran proyectos de plantas. Y estos cuerpos animados, mientras se transformaban, diversificaban y diseminaban en la ecosfera fueron fabricando, evo tras evo y al par de las algas marinas, el oxígeno que respirarían los animales salidos de las aguas que lentamente se adaptaron a la incipiente atmósfera de una gea recién amanecida.

Los elementos que forman las galaxias y las células vivientes son los mismos que figuran en la tabla iniciada por Mendeleiev, un repositorio en perpetuo crecimiento a medida que la ciencia explora el macrocosmos y el microcosmos. Es por ello que vegetales, animales y humanos comparten esas sustancias que, para sorpresa de los investigadores, se encuentran a la vez en las drogas exógenas y en las sustancias endógenas alojadas en nuestros cerebros.

No es este el sitio indicado para incursionar en el mundo parcialmente conocido de la mente humana. Pero no está demás detallar algunas peculiaridades de un universo que aun desafía nuestros conocimientos científicos.

---

[17] Id. Ibid. p.12

Bajo la envoltura ósea que las protege, las neuronas se comunican mediante axones, unas finísimas prolongaciones de sus microscópicos cuerpos. Dichas neuronas se alojan en una portentosa masa encefálica que elabora ideas, promueve sentimientos y deja correr, libremente o a tumbos, el río de la conciencia. Cada axón puede poseer hasta 10.000 ramales y, gracias a ellos, entabla complicados coloquios con los 10.000 millones de neuronas que activan las funciones de nuestros cerebros. Lo interesante, y quizá para muchos desconocido, es que existen encefalinas cuyos efectos son semejantes a los que la morfina, el opio y sus derivados y el THC del cannabis, entre otros psicotrópicos, provocan en nuestro organismo.

El cuerpo humano guarda en su interior un vasto laboratorio farmacéutico, réplica del existente en las sustancias psicomovilizantes que albergan algunos ejemplares de la flora. En el cerebro existen endorfinas, producidas por este órgano tan complejo como todavía desconocido en muchas de sus funciones. Lo comprueba la existencia de la endomorfina y un conjunto de psicofármacos que los científicos han ido develando poco a poco. A ella pueden agregarse la serotonina, la psilocibina de ciertos hongos y la noradrelanina que corresponde a la mescalina del peyote.

Dentro de esa amplia gama figura la anandamida, un neurotransmisor que comunica las neuronas entre sí. ¿Y por qué se recurrió a un nombre tan extraño para denominar a un cannabinoide endógeno? Se trata de la resonancia de una voz exótica, ananda, que en sánscrito significa embriaguez, felicidad, embeleso. Pero lo interesante es que el THC no produce adicción, dado que se degrada muy velozmente en el cerebro.

La existencia de tales endorfinas no solamente se localiza en el cerebro humano. En el año 1990 pudo comprobarse que este neurotransmisor se halla en todos los mamíferos.

La fraternidad entre el hombre y la flor del cáñamo tiene insospechadas raíces. No se trata de una licencia poética ni de un embeleco irracional. Existe una escondida pero cierta hermandad entre el THC y el cerebro del Homo sapiens. Es el producto de la evolución de aquellos iniciales microorganismos que habitaban el mar y traían en el mensaje de sus células el despliegue evolutivo de formas de vida que, por la carencia de una gran mirada sistémica o por holgazana comodidad, la ciencia ha separado en tres reinos: el mineral, el vegetal y el animal. Las esquirlas del Big Bang andan por dentro de nuestros organismos, en los que habitan los mismos elementos que arden en las estrellas.

Con lo dicho procuro que, atentos a lo que informan los últimos descubrimientos acerca de la existencia de puentes entre los tres citados reinos, nos atrevamos a dar un paso más para reconocer que no sólo existe fraternidad entre los seres humanos y la plantas sino que también la hay entre las galaxias y las amibas, ambas partícipes de la riqueza y complejidad insondables del macrocosmos y el microcosmos, donde el principio y el fin, la vida y la muerte son las dos caras de una misma moneda universal.

DROGA

etimología y taxonomía de las sustancias psicotrópicas

Tanto en la opinión pública mundial como en las ideologizadas taxonomías propuestas por la mayoría de los científicos, la marihuana es considerada como una droga.

Droga es un término polisémico, pero al ser aplicado a las sustancias psicotrópicas aparece como una voz denigrante, rodeada, para la gran mayoría de las gentes, por un halo de temor y rechazo. Los usuarios ilustrados de la flor del cáñamo, cuyo discurso se nutre con fechas históricas y citas literarias, no la consideran una droga sino un amable recreativo, una lúdrica escapatoria del diario vivir, un remanso momentáneo en el transcurso de la cotidianidad enojosa, una enramada cuya fresca sombra propicia la ensoñación y el reposo. Y quienes son incapaces de armar un discurso erudito se abandonan a ella, silenciosamente, afectivamente, empáticamente, cual renacidos Ulises navegando en el Mar del Olvido.

Según la definición proporcionada por la Organización Mundial para la Salud (OMS), una agencia de las Naciones Unidas, "con independencia de su finalidad una droga es toda sustancia que introducida en un organismo puede modificar una o más de sus funciones". A pesar de su vaguedad este párrafo no suscita mayores reparos. Pero este otro sí: "Dependencia de la droga es el uso habitual y compulsivo de cualquier droga narcótica, de tal modo que amenace la seguridad y el bienestar del propio dependiente o de terceros". Resulta extraño por demás que los "expertos" redactores de esta definición, que se gira en derredor de un yerro conceptual, encierren a todas las "drogas" en la bolsa de la voz narcótico. Esta tan llevada y traída voz proviene del griego narkotikós, un término derivado de narké, adormecimiento o entumecimiento. El opio y sus derivados o el Valium 10 son efectivamente narcóticos, en tanto emisarios del sueño. Pero no pueden ser así denominados ni la Mama Coca, un dinamógeno que espolea el cuerpo del indio andino montaña arriba, librándolo del cansancio, el hambre y el soroche,mal de las alturas, ni el paricá, un enteógeno manejado por los payés o chamanes amazónicos, cuyos espíritus ascienden a mundos fantásticos para adivinar destinos y curar enfermedades.

El documento de la OMS especifica que existe una real sinonimia entre droga, fármaco y medicamento. La imprecisa definición generalizante exige acotaciones. Y para ello es imperioso introducir, como la propia OMS lo hace, los conceptos de dependencia, tolerancia y síndrome de abstinencia. Vamos a examinar y calificar por separado cada uno de estos conceptos.

Dependencia. Se caracteriza por el irrefrenable deseo de consumir la sustancia y por la dificultad o imposibilidad de controlar o abandonar dicho consumo

Tolerancia. Presenta dos aspectos. Imperiosa necesidad de aumentar la dosis de la sustancia para mantener el nivel de los efectos que se lograban anteriormente con menores dosis.

Disminución de los efectos provocados por la sustancia cuando esta se utiliza con frecuencia.

Síndrome de abstinencia. Cuando se abandona el consumo de una sustancia psicoactivante se produce una serie de reacciones físicas y psíquicas que pueden variar de intensidad aunque todas provocan efectos muy notorios.

Según el Diccionario de la Real Academia Española la droga, desde el punto de vista genérico, es una sustancia de origen vegetal, animal o mineral utilizada en la medicina, en la industria o en las bellas artes. En sentido figurado, entre otras cosas, se designa como droga a un embuste, una trampa, un ardid, una cosa molesta y desagradable. Cuando alguien expresa que tal película sobre alienígenos "es una droga" está botando al cajón de la basura un producto cinematográfico desdeñable.

Al margen de los diccionarios, el imaginario colectivo del mundo globalizado considera a la marihuana como sustancia peligrosa que no solamente daña al usuario sino también a la sociedad en la que vive. De tal modo se descalifica la "droga" representada por el cannabis, ubicado en la primera línea de la peligrosidad, como un veneno maligno, rechazado por la cultura oficial para preservar la salud y la reputación del buen ciudadano. Al satanizarla de tal modo el usuario se convierte en un enfermo en cuanto consumidor y en un delincuente en tanto gustador clandestino de una sustancia prohibida. Sus destinos se perfilan entonces con claridad, de acuerdo con la convención vigente: o el sanatorio o la cárcel.

Si nos encaminamos hacia la fuente de las palabras y sus derivas semánticas obtendremos datos más precisos. Según mi personal interpretación la voz droga proviene de trag, que en griego significa comer y originaría el término tragar en nuestra lengua. Dicha voz se habría trasladado posteriormente al latín y a los idiomas romances. Corominas propone la voz draco, que significa monstruo devorador en latín, de donde proceden el término dragón y Drácula.

Pero la cosa no es tan sencilla como parece. Hay quienes le atribuyen origen persa y también figura una posible fuente árabe andalusí, tal cual se desprende de la palabra hatrúka, que significa "charlatanería". ¿Por qué? Posiblemente porque los charlatanes son sujetos molestos o porque hablar mal de ella – pensemos en el haxix- era cosa de gente de lengua larga y mal informada. En estos casos es conveniente acudir a la epojé o sea, la suspensión del juicio.

En neerlandés, lengua de la que el holandés es un dialecto, droog significa seco, al referirse auna sustancia vegetal. Por su lado el anglosajón drug también menciona lo árido, lo seco, lo privado de humedad. Para la venta al público de sustancias medicinales y venenos - el cianuro, el arsénico, etc.- son habilitadas las droguerías, que así se les llama a las farmacias en muchas naciones de habla hispana, tales como Colombia, país en el que viví casi doce años y tuve la oportunidad de estudiar las sustancias psicotrópicas de su inmenso herbolario. Allí, en medio de la selva, los traficantes fundaron un gigantesco establecimiento, el laboratorio denominado irónicamente Tranquilandia. Se trataba de una camuflada factoría donde se procesaba la coca para fabricar cocaína. El término Tranquilandia hubiera sido más apropiado para designar los terrenos que rodeaban a Macanal, un precioso pueblo andino donde pude ver, acompañado por el ingeniero agrónomo al servicio de los "narcos", los sembrados experimentales de amapola, madre de la morfina (Morfeo era entre los griegos el dios del sueño) y abuela de la heroína, cuyo nombre menta a las sustancias heroicas, las que se administraban en último extremo para calmar el dolor y que hoy, aunque conservan esos objetivos en el área medicinal, se utilizan con fines recreativos.

Droguería y farmacia son voces que podrían considerarse sinónimas si bien el drugstore que pulula en las avenidas urbanas vende otros productos, tales como periódicos, chafalonías, etc. Debe tenerse también en cuenta la voz botica, del griego apothekée, o sea "tienda de víveres". Hoy se entiende que tanto la farmacia como la droguería venden productos provenientes de laboratorios en tanto que en la botica, especie en vías de extinción, se procesan los medicamentos, utilizando las materias primas para su venta al público. La clásica figura del boticario, manejando redomas, tubos de ensayo, frascos, morteros y diferentes sustancias líquidas y sólidas así lo certificaba. Todos estos establecimientos coincidian con lo que de denomina en griego pharmakón, cuyo significado difiere del de la voz phármakos, como veremos de inmediato. Si bien no seria oportuno efectuar en este capitulo una exposición al respecto conviene recordar que para los indígenas la selva es su farmacia y que la figura del "yuyero" o la "yuyera" persiste en muchas comunidades campesinas tradicionalistas.

Si se utiliza la voz phármakos, conviene conocer su sentido simbólico, aplicado a las víctimas propiciatorias en la Grecia arcaica. El término designaba a la víctima del sacrificio ritual, fuera ésta humana o animal. Era el presente o "chivo expiatorio" para aplacar a los dioses y a la vez agasajarlos pues de este modo, ofreciendo una víctima que cargaba con todas las faltas y desmesuras (hybris) de una comunidad, una polis por ejemplo, se purificaba a los habitantes de ella. Según lo dicta el sentido de la voz, Jesús fue un phármakos, una víctima propiciatoria, un ser humano que obró a modo del chivo expiatorio que se sacrificaba en los viejos tiempos del pueblo hebreo con idénticos fines.

La similitud entre los términos pharmakós y phármakon es engañosa. Casi que coincide en la letra pero nada tiene que ver con el espíritu del significado. Una sustancia considerada como un phármakon, ya de uso tópico o externo, ya ingerida o introducida al cuerpo, y consumida mediante una determinada dosis, tenía y tiene la capacidad de obrar sobre el organismo del consumidor, removiendo la patología que lo aquejaba y aún, en los casos extremos, salvando su vida. O acabando con ella si se sobrepasa la proporción adecuada.

En cambio la voz pharmakós trata del sacrificio expiatorio y remite a la idea del toma y daca: para obtener un beneficio se debe pagar un precio. Y ese precio, en muchas culturas de los albores de la civilización, era una víctima humana. Como antes se expresó no había otro modo de aplacar la cólera de los dioses o congraciarse con ellos que ofreciéndoles el cuerpo ensangrentado, o una viscera – el corazón extraido por los aztecas a filo de obsidiana- de una persona joven, útil, plena de vida. Con el tiempo la víctima humana fue sustituida por un animal doméstico, manso, dócil, indefenso. Jesucristo, el pharmakós representativo del cristianismo es el "cordero de Dios" y figura, en el dogma cristiano, como la víctima propiciatoria. Lava "los pecados del mundo". En el ritual eclesiástico su cuerpo está simbolizado por la hostia y su sangre por el vino. Cuando un fiel comulga en la misa incorpora a su carne y su alma las virtudes del crucificado, que se convierte entonces en El Salvador. Se supera así por lo alto, sin perder su valor simbólico, lo que significa para los antropófagos el sacrificio de las víctimas valientes y poderosas, engullidas en un festín colectivo: de tal modo se producía, según arraigadas creencias, la incorporación a sus mentes y a sus cuerpos de aquellos valores que caracterizaban en vida a la víctima.

Retornemos al análisis de la voz droga. En los barcos fleteros del siglo XIX cuando se mencionaba a un cargamento de drogas el parte marítimo se refería a las mercaderías secas. Pero vayamos más atrás aún. Si nos trasladamos al área ocupada por los pueblos célticos, allí se denominaba droga a un comestible de mala calidad: el droch irlandés, el drwg bretón y el drug galés, que transmitió su grafía al inglés, expresan esa idea en los distintos matices dialectales. Pero en inglés el significado cambia: drug designa un remedio. En ese sentido, compartido por el idioma español, una droguería también es denominada farmacia, como se expresa páginas arriba.

Para finalizar complementemos lo ya dicho acerca de estos términos, a los que denominé hermanos, aplicados tanto a ciertas sustancias vendidas en las farmacias como a las víctimas propiciatorias que mueren para que los dioses aplaquen su cólera u otorguen beneficios y, en consecuencia, sus verdugos y los miembros de su comunidad vivan. Phármakon, en griego, significa "lo que tiene el poder de trasladar o remover impurezas". Ya lo expresé líneas arriba: un fármaco, consumido según la dosis apropiada, cura; pero si se traspasan los límites permitidos puede dañar gravemente el organismo y aún matar. Es un alivio, un remedio y un veneno a la vez, según se utilice. La cicuta que mató a Sócrates fue calificada como pharmakon en un famoso diálogo platónico.

Las drogas, tal como las entendemos comúnmente, apuntan a ambos extremos. Por un lado liberan, empujan, entusiasman, sedan, despiertan la imaginación, llaman al sueño, provocan bienestar o abren las puertas que franquean el paso al patio surrealista. Por el otro, algunas enloquecen, enferman, aniquilan el pensamiento, tronchan la salud: pensemos en los nocivos efectos del basuco (pasta base) y el crack.

De tal modo divididas las aguas, ciertas sustancias producen excitación, redoblan la fuerza, son estimulantes, eufóricas, dinamógenas, psicotónicas. Por allí van de la mano el alcohol en su primera etapa, y la cocaína, entre una larga fila de hermanas no tan comunes en la cultura de Occidente. Otras apuntan a la paz, a la analgesia, a la tranquilidad, a la depresión, al olvido. Opio, morfina, heroína: las hijas de la amapola se encargan de cantarles un arrorró a las almas ateridas. Las de más allá ayudan a huir de la cotidiana realidad, son albaceas de las pesadillas, madrinas de la fantasía, hadas del misterio, fabricantes de dioses y potestades, escobas que barren los detritus de la grisalla cotidiana, parteras de transfigurados renacimientos: aquí bailan en ronda el peyote, la ayahuasca, los hongos de Maria Sabina, el floripondio, por nombrar solamente, entre tantos, a cuatro protagonistas del gran carnaval del alma o huéspedes de la tienda fantástica donde combaten, como en la diablada de Oruro, mensajeros del Paraiso y criaturas del Infierno.

Como secuela del uso de sustancias que en dosis redobladas lo aniquilan, el organismo, a la corta o a la larga, pasa también sus facturas: unas leves, llevaderas; otras leoninas, desmesuradas. Pero el sarcasmo corre por cuerda separada: se pena al clandestino fumador de marihuana, so capa de delincuente; en cambio las luces del mercado iluminan, sin apagones, las botellas de alcohol que transforman el hígado del bebedor consuetudinario en una cirrótica madera.

Teofrasto, el filósofo y gran botánico griego expresa lo siguiente en su libro Sobrelas causas de las plantas al referirse a la datura: "Para darle ánimo y satisfacción al paciente se debe emplear un dracma {alrededor de 3 gramos}; doblando esa dosis padece delirios y alucinaciones; para dejarlo loco para siempre se necesita el triple; con la dosis multiplicada por cuatro se le mata".

No hay que remontarse tan lejos en la historia para comprobar lo dicho por aquel sabio de la antigüedad. La sobredosis de heroína, un solo ejemplo entre tantos otros, conduce desde el sueño al coma profundo y desde aquí a la muerte.

¿EN QUÉ EQUIPO JUEGA LA MARIHUANA?

Algunos científicos del siglo XX interesados en el tema se dedicaron a confeccionar clasificaciones de las sustancias que producen estados alterados (¿o alternos?) de conciencia, y de esta labor taxonómica haN brotado una serie de clasificaciones. Unas son sencillas, como las que la dividen en naturales y sintéticas; otras complejas en demasía. Vamos a examinarlas someramente para ver cómo y dónde la marihuana juega en uno de los cuadros que intervienen en este campeonato de almas que, para el vulgo están perdidas. En cambio, para la cofradía de los que ensalzan las virtudes de las sustancias psicotrópicas, se trata de almas gratificadas y aún salvadas. Por lo menos almas que han encontrado los caminos para viajar a los misteriosos prados, ya abiertos al sol tranquilo del atardecer, ya convertidos en sabatinos aquelarres.

Pido al lector que no considere las clasificaciones que a continuación se detallan como una fastidiosa digresión de mi parte. El afán clasificatorio, la necesidad de la mathesis, constituye la entrada metódica al edificio de la ciencia, considerando que método en griego significa "camino", o "a lo largo del camino", y, en su sentido primerizo, "persecución". Algunos científicos, como se verá, no vacilan al ubicar el opio y la coca en diferentes casilleros, pero no sucede lo mismo con la flor del cáñamo, la marihuana, el testarudo cogollo que, pese a las trabas y penalidades interpuestas por los gobiernos, hoy es el que, entre todas las sustancias que producen estados inducidos de conciencia, más psiconautas tiene en el mundo.

En el año 1924 Louis Lewin, recurriendo al latín, un idioma resucitado por la críptica elegancia de los hombres de ciencia, propuso la siguiente clasificación, cuyos detalles específicos abrevio, al enumerar solo unos ejemplares representativos y no toda la lista consignada por aquel madrugador científico.

Euphorica, o productoras de "bienestar" físico y/o psiquico: opio, morfina, cocaína.

Phantastica o alucinatorias: ayahuasca, beleño, mandrágora, belladona.

Inebrantia, o embriagantes: alcohol, éter, benzina.

Hypnótica o somníferas: cloral, veronal, sulfonal, kawa-kawa.

Excitantia o estimulantes: te, chocolate, café, tabaco.

Solamente cabe una observación a este primerizo intento. El opio adormece el ánimo, hasta provocar el sueño; la cocaína, contrariamente, lo exalta. Lewin confunde las propiedades de estos dos ajedrecistas de la conciencia.

En el año 1957, Jean Delay, atento a la cáscara antes que al grano, denominó a la conocida clasificación tripartita del siguiente modo, tomando en cuenta los efectos sobre el "tono mental":

- Psicolépticas o disminuidoras
- Psicoanalépticas o elevadoras
- Psicodislépticas o desviadoras

Muchos años después, en 1979, William Emboden quiso poner al día los conocimientos sobre los fármacos y esquematizó así su cuadro clasificatorio:

- Hipnóticos. Pasionaria, valeriana, kawa kawa.
- Alucinógenos. Hongo matamoscas (amanita muscaria), peyote,teonanacatl, ayahuasca, iboga, chacruna, chamico.
- Estimulantes. Yerba mate, chocolate, café, coca.
- Embriagantes. Vino, cerveza, pulque, bebidas destiladas.
- Narcóticos. Opio y opiáceos, nicotina, etc.

En 1982 Albert Hofmann las divide en "analgésicas" y "eufóricas" (opio, cocaína), tranquilizantes (reserpina), hipnóticas (kawa-kawa) y alucinógenas o psicodélicas (peyote, marihuana y otras).

Una quinta clasificación fue propuesta por Dale Pendel en el año 2005.

Thanathopathia ("Sentimiento de muerte" o "enfermedad mortal", en griego. No sé a cual de ambos sentidos de la voz quiso referirse Pendel con este nombre compuesto) Tabaco, pituri.

Inebriantia. Vinos, cerveza, éter, gasolina.

Rhapsódica. (Rhapsodia en griego significa canto compuesto, canto improvisado) Absintio onirógeno (es decir que tiene efectos semejantes al sueño o a la pesadilla), zacate amarillo de México.

Euphorica. Opiáceos. (La voz euforia en griego significa "fuerza para soportar". En castellano se traduce como"sensación de bienestar".

Pacifica. (Creadores de paz.) kawa kawa.

Existentia. (Manifestadores de la psique personal /prepersonal/ transpersonal) Hierba de la Pastora o de la Virgen, LSD, DMT, hongo teonanacatl, peyote.

Aesthetica. (Creadores de placer.) Marihuana.

Metaphysica. Óxido nitroso y los nombrados en el taxón Excitantia. Cocaína, café.

Emphatogenica (Creadores de sentimiento) Éxtasis, GHB (Éxtasis líquido), efedrina.

Phantastica. (Alucinógenos, psicodélicos) LSD, ayahuasca, peyote, Bufoalvarius (se trata de un sapo, no de un vegetal).

Daimonica. Amanita muscaria, daturas, ketamina.

En el año 1998, procurando escapar de estas complicadas danzas y contradanzas de nombres griegos y latinos entremezclados, que atañen sólo a los que utilizan esas lenguas propias de las ciencias para etiquetar sus personales taxonomías, ensayé una ordenación cuatripartita, apelando a la mitología griega.

He aquí las cuatro divisiones de las sustancias psicotrópicas: dionisíacas, apolíneas, morfeicas y circeanas. Por ese entonces la ubicación de la marihuana quedaba en estado indeciso, como oscilante, pues sus propiedades la hacen pasible de ser incorporada a más de un taxón. Ello me desorientaba porque no tuve en cuenta que, según se manejen las sustancias psicotrópicas, estas pueden producir efectos de signo contrario: las que alteran pueden llegar a la enteogénesis y las que aplacan pueden actuar como psicoactivantes.

Es por tales razones que hoy incorporo un personaje mitológico más que, a mi juicio, resulta adecuado. Como el THC se trata de un psicotrópico reacio a un encasillamiento estricto recurrí a un ser mitológico cuya naturaleza es multívoca. Se trata de Proteo, el dios de las mil formas, quien podía convertirse en animal, en vegetal, en roca, en nube, en agua, en fuego, etc. En efecto, la marihuana puede serenar, puede adormecer suavemente los sentidos, puede elevar el espíritu como un globo aerostático hacia cielos que transforman las nubes en pétalos, puede hacer volar mariposas de oro entre tranquilas estrellas, puede golpear en las puertas del olvido.

Pero antes de ofrecer mi personal clasificación de las sustancias que remueven la parte afectiva y la parte racional de la mente de sus usuarios, comunmente llamados drogadictos, deseo efectuar algunas puntualizaciones relacionadas con tal denominación.

Por poco que se piense se advertirá que al decir drogadicto se recurre a una voz forjada por el desprecio y el temor, a un término que apunta a los albañales de la condición humana. Yo lo rechazo, y no porque sea un miembro vergonzante de la tribu, sino porque a los ayer llamados herejes, hechiceros, nigromantes o brujas o a los que tenían el pelo rojo –el propio de los malditos– y por ello se les achicharraba en la hoguera, hoy caminan en las calles y alternan en las reuniones como personas comunes y corrientes. La lucha contra el prejuicio, la exclusión y la caza de otredades consideradas como malignas ha logrado algunas conquistas. Por lo menos declarativas, ya que no en absoluto vigentes. Pero los brotes de irracionalidad desinformada siguen prosperando en los actuales días.Hablemos entonces, para esquivar a los malintencionados, de "usuarios" llana y simplemente, pero aquellos que quieren intensificar las tintas que se conformen con la denominación de "adictos", y no más.

Dicho lo anterior, que creo necesario reiterar machaconamente, voy a ofrecer una heterodoxa clasificación, en la que dejé de lado a las llamadas "drogas de diseño" ilegales (éxtasis, etc.) y a los psicofármacos recetados a troche y moche por un cuerpo médico que denigra el THC y recomienda las benzodiazepinas o las anfetaminas, entre otros venenos solapados que a la larga o a la corta muerden y hieren los organismos. Alivian por un lado y dañan por el 0tro. El alivio es momentáneo y, con el tiempo, el daño se convierte en permanente.

No confiemos demasiado en la naturaleza pura. Los fármacos provenientes del opio, como la morfina, o la cocaína, extraída de la coca, también sufren un proceso químico por parte de sus fabricantes. En el cáñamo productor de la marihuana sembrado por el usuario o por un club cooperativo se respeta la condición natural de la planta; una vez seco el cogollo y su legión de diminutas florecillas, o extraída la resina para elaborar el haxix, esos productos, en estado de pureza, van directamente a manos de sus usuarios. Pero no todas son flores en estado de gracia y dones inmediatos de la Naturaleza. La porquería elaborada por los "narcos" y "estirada" por sus distribuidores, que se conglomera mediante el prensado en bloques o "ladrillos" compactados, está mezclada con sustancias viles que se agregan para aumentar su peso. He aquí un inventario de algunos de los aditivos y basura de arrastre que suelen detectarse si se les examina en el laboratorio: bosta de animales -de burro preferentemente-, carbón, tierra, arena, aserrín, yuyos, hojas apestadas, hongos, raíces, melaza, cera, desechos de comidas para animales y, lo que es peor, substancias dañinas tales como pesticidas, insecticidas, tolueno, pegamento, raid, solvente y otras inmundicias. Diez toneladas de marihuana salidas de Pedro Juan Caballero, ese enclave de 100.000 hectáreas situado en el Paraguay, lindero con el Mato Grosso, se transforman, a lo largo de cada cambio de mano, en treinta toneladas, por lo bajo, si no más. Los "ladrillos", tratados de tal modo, suelen tener menos de un 3% de THC. Quienes adquieren esta sucia droga - y en este caso el nombre le cae al pelo- no tienen más remedio que comprarla en las "bocas" o en los centros nocturnos de distribución ya que no cultivan ni la logran de los cultivadores caseros. En consecuencia, consumen un producto espurio, manipulado, venenoso y, por añadidura, caro. Dicho lo anterior aquí va la prometida clasificación de las sustancia psicotrópicas.

Dionisíacas

Dionisos era en Grecia el dios del vino, de la vid, de la borrachera, a veces agresiva, y del delirio místico que en determinadas circunstancias es inspirado por la embriaguez excesiva. Estos atributos fueron traspasados al dios romano Baco. Las fiestas dionisíacas y las bacanales daban lugar a ruidosas cuanto escandalosas procesiones en las que los danzantes enmascarados, en particular las mujeres, se sentían poseídos por los espíritus de la Tierra y la Fecundidad. Los excesos sexuales eran el pan y la sal de aquellas locas festividades. A partir de los enmascarados surgieron luego los personajes de la comedia, el drama y la tragedia, pero lo que se debe retener es el carácter orgiástico y la locura ambulante de unas furiosas francachelas, en las que también corría la sangre. Las gentes perdían el dominio de sí mismas y muerte y vida violentas iban entreveradas. De tal modo el coito a cielo abierto, la desenfrenada manera de demostrar sentimientos en los que estaba ausente la alegría y se colaba la inspiración poética, alentada por el vino, incitaba a la algarada y a la danza. Ebrios, fuera del tiempo cotidiano pues el tiempo de la fiesta trasciende la duración bergsoniana y hace caducar al calendario, prisioneros de un ritmo frenético y ritual a un tiempo, aquellos antiguos exaltados, poseídos por una furia sagrada, olvidaban por algunas horas la inevitabilidad de la enfermedad, del dolor y la muerte. Algunos folkrólogos admiten que en las mascaradas de las fiestas dionisíacas y báquicas, a las cuales se debe agregar las saturnales romanas, ya estaba prefigurado el germen del carnaval, esa francachela presidida por Momo, la diosa disfrazada con ropa masculina, icono del mundo al revés que impera en las carnestolendas. Las gentes desinformadas celebran al Dios Momo. Dicen así porque ignoran que se trataba de una diosa, aliada con otra compinche barullenta llamada Como.

Fármacos dionisíacos por excelencia son las bebidas embriagantes. El repertorio es vasto. Pueden ser las fermentadas (vinos, cervezas, chichas, guarapos) o las destiladas: todos los tipos de aguardientes, voz expresiva por sí misma, dado que lo ardiente quema y estraga. La ebriedad alcohólica no solamente estuvo presente en las ceremonias catárticas de los tiempos clásicos, que de tal modo se denomina a los que vieron florecer y languidecer la civilización greco-romana. En efecto, la ingestión personal o colectiva de bebidas alcohólicas viene desde mucho antes, es decir, desde el corazón festivo del neolítico. Se bebe en las borracheras tribales y las cuchipandas de los pueblos civilizados. Se bebe en la mesa familiar y en los despachos de bebidas alcohólicas, las que circulan sin trabas, permitidas y alabadas, cuyos nombres relucen en los avisos comerciales callejeros y televisivos. Se bebe en soledad para mitigar las aflicciones, para llamar al sueño, o por puro vicio. En este caso, examinando bien la cosa, se trata de los verdaderos drogadictos, de esos que pierden la cabeza, castigan a la familia cuando regresan del boliche o del bar, matan a sus mujeres al perder el control de sí mismos, embisten a los transeúntes con su automóvil o chocan con otro matando y muriendo de modo trágico. Ellos no van presos ni son censurados o rechazados socialmente por el hecho de ser bebedores consuetudinarios. Son figuras consentidas por la sociedad clasista en la que vivimos: cuando un pobre se emborracha es un "mamado", un borrachón; cuando un rico se "pasa de copas", le cabe lo que dice un antiguo proverbio español: "que alegrito va el señor".

Pero quien fue sorprendido plantando "maruja", o fumando "maconha", o llevando consigo un cogollo seco de "grifa", o saboreando una pipa de kif – denominaciones locales de la marihuana, cuyo nomenclátor mundial es inmenso- va preso, según determinan las diferentes legislaciones inspiradas en la de los EEUU o impuestas por la mano larga de estos, hasta ayer, policías del mundo. La marihuana de tal modo se ha convertido en una flor maldita y su utilización configura un delito grave, penado con largos años de cárcel. En cambio, quienes se drogan con todo tipo de bebidas alcohólicas en una bacanal elegante son celebrados como payasos risueños. Yo he visto, fuera del Uruguay, mi patria, a señores Ministros tan borrachos que andaban en cuatro patas entre las mesas, ladrando como perros. Callo sus nombres "respetabilísimos", exaltados en deslumbrantes hojas de vida.

A partir del mito bíblico de Noé, patriarca embriagado a más no poder, desnudo y yacente en la lobreguez de su tienda, pasando por el poeta chino Li-Po y el persa Omar Khayyam, en todos los países y en todos los idiomas se celebra a estos inspirados bebedores. La posteridad los aplaude y los manuales de literatura los exaltan. Recuerdo unos versos de Li-Po: "Después de tres copas descubrimos la virtud total; luego de embriagarnos retornamos a la amable Naturaleza". Esto me hace acordar a los ministros perrunos…

Pero si dices en los EE.UU que los padres de la patria Washington y Jefferson eran devotos de la marihuana y poseían grandes plantíos de cannabis, te hacen callar porque insultas la memoria de aquellos ilustres varones.

El alcohol, que incluyo en el taxón de las "drogas" dionisíacas, escapa de su casillero, como sucede con la marihuana. En efecto, consumido en grandes cantidades, o dosis, en cuanto fármaco, suscita tres estados sucesivos en la psiquis y en el organismo humanos.

En el primero provoca un liberador proceso desinhibitorio, una exaltación festiva, parlanchina y orgiástica. Orgía en griego significaba inicialmente "ceremonia religiosa de carácter báquico" que, con el tiempo, dada las características de aquella, pasó a ser sinónimo de "confusión". En el segundo estado se hace más pronunciada la oscuridad mental y comienza a opacarse la percepción de la realidad; el borracho balbucea, vacila, se tambalea, entra en los dominios de la inmotivada tristeza o en las viñas de la ira; es entonces cuando gimotea o atropella, y en ocasiones golpea y mata, tanto al desconocido como al amigo o a miembros de su familia. Basta con leer o escuchar las diarias noticias acerca de los homicidios puertas adentro, en el seno de los hogares, para comprobar la reiteración creciente de estas tragedias. Mientras los fumadores de marihuana conversan o divagan en plácida ronda, cuando no en ensimismada soledad, menudean las riñas de borrachos, los palos de ciego, los balazos o cuchilladas a mansalva, alimentando así el morbo de los mass media y la alarma social reinante.

En el tercer estado de la embriaguez alcohólica, cuando la borrachera arrastra, como un rio desbordado, los restos de una personalidad en ruinas, la mente se obnubila, caducando definitivamente y el "mamado", totalmente "en pedo", vencido por los demonios del alcohol, se derrumba para dormir "la mona", como se dice en la jerga popular rioplatense.

Apolíneas

Apolo era el dios del Sol, de la claridad, de la purificación, de la profecía. De idéntico modo las virtudes apolíneas resplandecen en el equilibrio, las proporciones armoniosas, la luz penetrante de una inteligencia que disipa las tinieblas de la ignorancia y la insensatez.

Las sustancias apolíneas se dividen en estimulantes – té, café, mate, chocolate, tabaco - y eufóricas –coca, betel, cola, entre otras-.

Afinando los conceptos y los efectos podría también incluirse las excitantes - anfetaminas, xantinas-, pero como antes dije, me comprometí a excluir las drogas de diseño y las de síntesis. Tanto las estimulantes como las eufóricas dan lugar a intensas relaciones con la realidad fenoménica, con el aparecer sensible de los seres y las cosas. Las primeras permiten manejar la circunstancia y la "circundancia" -como se me ha ocurrido decir mas de una vez - con fineza precisa, con tino perceptivo, con resuelta disposición de ánimo y, en el caso de la theobromina que contiene el chocolate, con espíritu risueño, propenso a la hilaridad; las segundas acrecientan la sensación de poder, que a veces se convierte en soberbia desmedida, en locura hazañosa. Así dinamizado, el usuario siente acrecentar la potencia y la audacia de su Yo; no teme, en consecuencia, enfrentarse con un cabildo de acechanzas o una coalición de enemigos. Más de uno, seguro de que podía volar abriendo los brazos, se arrojó desde un balcón a la calle o desde un acantilado al pedregal de allá abajo.

En los casos del crack y la pasta base, excrementos del placer y el empuje momentáneos, ya no se trata de la generación de conciencias apolíneas sino de cabildos de genios coléricos, de demonios impulsivos que trastornan las vigilias, convirtiéndolas en antesalas del Infierno. La cocaína - merka la llaman sus adictos, dado que Merk era el nombre de uno de los laboratorios que la elaboraban- no tiene comparación con estos productos malignos, cuya naturaleza estudiaré cuando describa sus notorias diferencias con la flor del cáñamo. Quien está perdido en la jungla de la pasta base jamás puede dar un paso hacia la pradera benévola de la marihuana, que conduce hacia la luz tranquila de la introspección, hacia los espacios íntimos del ensimismamiento o los compartidos de la sociabilidad, hacia las comarcas de una plenitud contemplativa o de un ruisueño y reconfortante tuteo con el Otro, según las diversas experiencias de sus usuarios.

Morfeicas

Morfeo, según la mitología griega, era uno de los mil hijos que había engendrado *Hypnos*, el sueño. La voz *Morfeo* proviene de *morphé,* forma, y de tal modo este dios alado cambiaba continuamente de apariencia al asomarse al alma de los durmientes. Existe una peculiar diferencia entre hipnótico y narcótico, dado que aquel es una sustancia que hace dormir y ésta una sustancia que "entumece". En efecto, dicha voz deriva del griego *narcoym,* entumecer, que a su vez se origina en *narké*, entumecimiento. La narcoína extraída del opio -cuyo alcaloide principal es la *papaverina*-produce este efecto en las extremidades del cuerpo humano. Ciertos narcóticos pueden deprimir en una primera instancia y ser dinamógenos en la recta final. Valgan las anteriores aclaraciones para que se desestime – si bien a esta altura de la pública acepción ya es imposible desterrar- el empleo de la voz narcótico para calificar a todas las sustancias psicotrópicas: el mal llamado narcotraficante que introduce en nuestro país cocaína es sólo un traficante, una alimaña peligrosa que es preciso extirpar de raíz. "Camellos" y "mulas", gentes generalmente empujadas por la pobreza, la necesidad o la desesperación - enfermedad de un hijo, levantamiento de una hipoteca, imposibilidad de solventar los gastos familiares- son víctimas de los traficantes despreciables y no criaturas depravadas.

Entre los narcóticos puros y duros figuran el éter, el cloroformo y el ciclopropano. El narcótico adormece pero no es, como se dice y repite, un estupefaciente. La voz latina que da origen a este vocablo significa aturdimiento. El aturdimiento, el estupor, configuran un estado de ánimo en el que la psiquis se turba, pero bajar la guardia no equivale a la total abolición del estado de vigilia. Lo que aparece a la vista como extraordinario o sorpresivo también aturde, deja sin aliento. El baqueano de la semántica, tan poco requerido, remite al sentido inicial de los términos y a sus transformaciones posteriores. Pero este baqueano no abunda y nuestro lenguaje cotidiano está plagado de errores conceptuales. Se nombra mal y se entiende peor.

Las "drogas" morfeicas provocan el sueño, atenúan o suprimen el dolor, calman el espíritu conturbado, combaten las tensiones, pacifican las inquietudes, obturan las grietas por donde el ser humano contempla las angustias del Yo, los males del mundo y las flaquezas de la especie. O conducen al estado de la nada existencial, tal cual la entendía Heidegger.

Analgésicos, hipnóticos y ciertos estupefacientes caminan hombro a hombro con este tipo de depresores que empalidecen la realidad o logran anularla. El opio, el beleño y las sustancias que contienen atropina pertenecen a esta categoría.

Circeanas

Circe era, según la mitología homérica, una hechicera que reinaba en una isla del mar Mediterráneo. Manejaba las plantas como una experta herbolaria y, a tal punto, que la circea, o sea la mandrágora, era su atributo distintivo. Mediante el suministro de esta raíz, cuya forma recuerda a la humana, Circe instalaba en las mentes transfiguradas de sus víctimas las dimensiones y visiones de otros mundos y sistemas de cosas. Pudo con cuanto hombre se le cruzó al paso, menos con el recursivo y astuto Ulises, el también llamado Odiseo, nombre que otorgó a la Odisea escrita por Homero -o del aedo inspirado que imitó su estilo- la categoría de una extraordinaria novela de aventuras si el término cabe. Sí puede decirse con propiedad que se trata de una epopeya marina que entretiene, emociona y conmueve a un tiempo.

Ulises y los suyos, vagabundos del mar que volvían a sus hogares luego de la guerra de Troya, desembarcaron en la isla de Eea donde imperaba la hechicera Circe quien, en realidad, era una Señora de las Plantas. Después de una comida en la que se sirvieron diversas especies vegetales los compañeros del guerrero que regresaba a Ítaca, la isla de la que era el rey - en realidad se trataba de un señorío – fueron "convertidos en animales" según el relato. Pero no fue así en la realidad. Los que gruñían como cerdos, ladraban como perros o bramaban como leones lo hacían forzados por las sensaciones provocadas por el vegetal alucinógeno. Ulises, "el fecundo en recursos", había ingerido previamente al banquete la hierba moly, un antídoto que contrarrestaba los efectos de la mandrágora. Dicho antídoto había sido proporcionado a Ulises por el avisado Hermes, protector del héroe navegante que, bien examinadas sus acciones, no era otra cosa que un redomado pillo e indirecto asesino de Ifigenia, la hija de Agamenón, su jurado enemigo. El caduceo de Hermes, el

Mercurio romano, equivalía a la varita mágica de las hadas medievales. Pero Hermes era también el dios de los comerciantes, los viajeros y los ladrones.

El mítico relato se refiere a uno de los tantos episodios de la lucha entre fármacos que curan y fármacos que producen alucinación o muerte a quienes los ingieren. Y digo así porque una pequeña dosis de amanita muscaria transporta hacia la Otra Realidad mientras que una porción abundante encamina hacia el dominio de los difuntos.

Estamos ya en la cancha donde juegan su partido las drogas que meten un dios adentro, las enteógenas; o las que introducen en un antro de seres infernales, las satanógenas; o las que al producir estupefacción borran los perfiles del entorno natural y humano; o las que matan la voluntad, como sucede con la escopolamina, la famosa burundanga. La lista de estos fármacos es inmensa. Aquí despliega su abanico el repertorio de la flora selvática sudamericana. En nuestro continente hay por lo menos cien ejemplares conocidos de alucinógenos, un ejército de "fitoalucinogenos" entre los que figuran la jurema, la ayahuasca, el paricá, la virola y tantos otros más. Advertimos que estas plantas tienen nombres distintos de acuerdo con la lengua de los indígenas que las utilizan o las tradiciones locales de los países de habla española. De tal modo el floripondio, una poderosa datura, se conoce también como campanilla, borrachero, yerba de huaca, huacachu, chamico, maicoa, tonga, peji, etc. A la ayahuasca se la conoce también como yagé.

Proteicas

Ya advertí páginas arriba lo que quise expresar al recurrir a este nombre. Se trata de fármacos cuyos efectos dependen del momento en que se ingieren, de las disposiciones del ánimo, de la situación fisiológica del organismo, de las cantidades utilizadas y de la frecuencia de su uso. La incidencia de tales factores provoca distintos estados en la conciencia y efectos en el cuerpo. El tabaco es uno de ellos. La coca, en determinados rituales andinos, produce visiones. También los *tubichá* guaraníes utilizaban de tal modo la yerba mate, o dicho en *abañaée*, el *caá*, hasta llegar al éxtasis chamànico, tal como narran los viejos cronistas españoles. Ya veremos, en los capítulos que siguen, qué son y cómo se comportan los cannabinoides y cannabinoles según las circunstancias y las circundancias.

Pero ello no exime de la transcripción de lo que un especialista dice acerca de esta proteica sustancia. "Como droga el *cannabis,* si hemos de creer en las investigaciones y la literatura sobre el tema, así como en sus defensores y detractores, es a la vez todas las drogas y ninguna de ellas; pertenece a una categoría propia. Según el Informe de la Comisión canadiense LeDain (1972) el *cannabis* se ha comparado con diversas sustancias con las que aparentemente tiene características comunes: estas incluyen el alcohol, el LSD y la mescalina, el óxido nitroso, las anfetaminas, la atropina, los narcóticos opiáceos, los barbitúricos y los tranquilizantes, suaves o fuertes. Bajo determinadas condiciones y dosis se ha demostrado que el *cannabis* tiene propiedades estimulantes, sedantes, analgésicas y psicodélicas. Algunos sostienen que la marihuana tendría que clasificarse como un anestésico, sedante, hipnótico y , como el alcohol y el óxido nitroso; otros creen que se trata de un estimulante – depresor a partes iguales y otros terceros la describen como un alucinógeno suave, sobre todo en dosis altas; muchos piensan que habría que incluirla en una categoría propia".[18]

Dichas dudas, y no de cualquiera sino de especialistas, confirman mi indecisión para ubicar esta sustancia en una definida categoría. Tal labilidad permite considerar a la marihuana como un fármaco proteiforme, ya que Proteo, uno de los dioses del mar – era el pastor de las focas y otros animales del zoo de Poseidón-podía transformarse, como dije al inicio del parágrafo, en cualquier tipo de ser viviente o en un elemento de la naturaleza: aire, agua, tierra o fuego.

---

[18] GREEN, Jonathon. Cannnabis. Integral, Barcelona, 2003, pp.20-21

UNA ESCUETA CLASIFICACIÓN TRIPARTITA

Actualmente, en procura de una simplificación que, por abreviar los matices de las anteriormente expuestas, muy complicadas, solo repara en los contrastes, las sustancias que tienen efectos psicotrópicos son divididas en tres grandes categorías. Los taxónomos conservan la terminología científica en los encabezamientos de cada una de ellas, pero la emplean de modo subsidiario o aclaratorio. Voy a transcribir una entre las tantas que circulan. Trata de hacer más sencillas las cosas y más claro el entendimiento de ellas aunque al orientarse hacia las nociones generalizantes desestima el empleo de los matices casuísticos.

Clasificar supone simplificar, cercenar, reducir. Es lamentable que nuestras facultades no puedan captar la compleja e intercomunicada realidad con una sola operación del conocimiento: solamente nos es posible aislar las partes y enfocar sobre ellas las lupas y los microscopios del saber minucioso, a costa de dejar escapar, como la arena entre los dedos, la completud de los sistemas y los subsistemas conexos. Por ello hemos dividido dicha realidad, o lo que así llamamos, en compartimentos estancos. Pero describir con exactitud las partes del árbol no es abarcar con una sola visión comprensiva, y comprehensiva, al bosque entero.

Debemos conformarnos, pues, con "lo que hay". La cómoda clasificación simplista que a continuación ofrezco obedece a los dictados de un "orden" que, por disciplinar la plenitud fenoménica accesible a los sentidos, a menudo llamado holon, magma, o caos en el peor de los casos, sintetiza o jibariza con desaprensión pedagógica la riqueza no visible de las cosas naturales o las acciones humanas.

a) *Psicolépticos* **o depresores del SNC (Sistema nervioso central).**
Disminuyen la actividad del SNC -induciendo relajación y somnolencia- y el estado de alerta, entorpecen los reflejos y enlentecen la conducta en general. En esta categoría se incluyen sustancias como el alcohol, los ansiolíticos, los barbitúricos y los opiáceos.

b) *Psicoanalépticos* **o estimulantes del SNC.**
Incrementan la actividad del SNC produciendo sensaciones de energía amplificada, aumentan el estado de vigilia, reducen la sensación de cansancio,

a veces potencian la capacidad de concentración y, a dosis altas, pueden producir estados de excitación extrema. En esta categoría se incluyen drogas como el café, las anfetaminas, algunos antidepresivos y la cocaína.

c) *Psicodélicos* o alucinógenos.

Son drogas cuyas propiedades sobresalientes no consisten en excitar ni producir relajación, aunque a veces pueden provocar algunos de estos efectos. Los psicodélicos actúan principalmente alterando el estado de conciencia de tal forma que tanto la realidad como el sentimiento de identidad se pueden percibir de manera distinta a la habitual, induciendo visiones o alucinaciones y alterando el estado de ánimo, pudiéndose a la vez sentir emociones distintas o pasar rápidamente de una emoción a otra. Entre las drogas psicodélicas se encuentran el LSD, la psilocibina, la mescalina y un número importante de compuestos sintéticos y naturales. A la marihuana y a los derivados del *cannabis* también se les suele incluir en este grupo".[19]

En las calles de Montevideo la traviesa y exacta inventiva popular ha difundido esta pintoresca clasificación: "Las que pegan p´arriba, las que pegan p´abajo y las que te cambian la cabeza".

---

[19] BOUSSO SAIZ, José Carlos. Qué son las drogas de síntesis. R.B.A. libros, Barcelona,2002, pp. 18-19

MARIHUANA, CRACK Y PASTA BASE

En páginas anteriores quedó bien establecida la clasificación y descritos ampliamente los efectos de la marihuana dentro del universo de las sustancias que provocan estados alterados o alternos de conciencia. La discutible "teoría de la escalada" establece que la marihuana es el primer escalón que conduce al uso de drogas mas duras, y en tal sentido señala al *crack* y a la pasta base como el próximo paso a dar por el usuario, en procura de nuevas sensaciones. Para desmentir este aserto voy a ofrecer a los lectores una descripción de cada uno de estos derivados "sucios" de la cocaína. Será posible entonces compararlos con los efectos de la marihuana y separar las aguas para disipar unas erróneas o maliciosas confusiones.

Crack

Tanto el crack como la pasta base han sido caracterizados como las drogas de los pobres, dado su poco costo. La voz crack es en inglés un sinónimo de piedra. Los pocos indicios que se han podido rescatar sobre su brumosa historia sitúan su nacimiento, o invención, en la ciudad norteamericana de Los Angeles, allá por los años ochenta del pasado siglo.

El crack se fabrica con una base libre de cocaína y una porción de bicarbonato de sodio. La proporción es 2 a 1, o sea que por una parte de base libre de cocaína se utilizan dos de bicarbonato.

¿Cómo se elabora esta pócima a la que bien le cabe la calificación de infernal?

Los elementos nombrados se introducen en un solvente, el cual permite que la mezcla sea homogénea. Sometida la solución al fuego en un recipiente apropiado se evapora la cocaína en cuanto base y queda el bicarbonato impregnado y aumentado en su volumen por la fijación de la parte sólida de la cocaína. Este proceso produce una serie de estallidos que proviene de las pequeñas masas sólidas que emiten ese ruido especial durante la evaporación.

¿Por qué crack? Hay dos hipótesis acerca del origen de este extraño nombre. El primero proviene de lo dicho anteriormente: se trataría del ruido característico de los pequeños estallidos de la mezcla al ser expuesta al calentamiento producido por la llama. El segundo apunta a lo social. Los ruidos no provendrían de la mezcla sino de los desprendimientos de argamasa y yeso de los miserables cuartos de las pensiones en las que se alojan los usuarios con pocos recursos económicos o sumidos, sin más, en la miseria. En realidad esta divergencia de pareceres no tiene trascendencia alguna.

Hay distintas formas de usar el crack. La más difundida es su mezcla con tabaco o marihuana, que luego se fuma con una pipa de vidrio. La otra, poco común, es la de aspirar mediante una bombilla de pyrex recalentada los cristales resultantes de la preparación.

Los efectos son conocidos. El usuario, de inmediato, es arrebatado por una entusiasta euforia pues el cerebro deja en libertad dopamina en porciones más altas que lo habitual. Pero dicho estado placentero y grato al cuerpo y al espíritu no va más allá de los diez minutos. La subida se produce cuando el neurotransmisor químico que es la dopamina produce sensaciones de gran bienestar y excitación placentera. La desinhibición y la aérea liviandad somática y psíquica que de inmediato se experimenta le da alas a la hiperactividad del usuario a los cinco segundos de ingerido el crack. Se siente audaz, fuerte, arrebatado por una oleada de autoestima.

Pero muy pronto sobreviene el "bajón", que a lo más se produce a los 20 minutos, y entonces vivencian una fuerte depresión, confusión mental y fatiga física. Y tras estos síntomas negativos surge el reclamo de repetir la dosis, y de volver a hacerlo en un sucesivo pasaje de la vitalidad a la agonía, vaivén que puede ser catalogado como siniestro.

Cuando ya no hay más dosis el usuario se convierte en un ser agresivo y peligroso. Sus arrebatos lo ciegan y puede cometer entonces acciones alocadas o atroces.

Los historiadores de la drogadicción no ignoran el crecimiento casi geométrico del uso y abuso del crack. A los jóvenes y a las personas mayores que no tenían recursos para comprar cocaína, mucho más costosa, se les ofreció una sustancia barata y nociva. Y la adoptaron y promovieron. Los pobres, los desocupados y los adolescentes sin recursos han recurrido a toda clase de argucias, maniobras y violencias para conseguir dinero, y muchas veces han llegado hasta el crimen para hacerse de un capital habilitante.

Los efectos sobre el organismo son devastadores. En el sistema psíquico se advierte una progresiva perdida de la memoria, estados de paranoia y, a menudo, alucinaciones. Desde el punto de vista fisiológico abundan el denominado "pulmón de crack", semejante a una neumonía crónica, las hemorragias cerebrales y las patologías hepáticas serias. Es el crack altamente adictivo y puede generar síndromes de abstinencia psicofísica, que a veces se prolongan durante 30 y más días. Una sobredosis lleva a la muerte súbita.

Pasta Base

La pasta base es una hermana por parte de madre del crack, pero su elaboración es distinta. Metafóricamente podría decirse que tiene otro padre. Se la conoce con distintas designaciones según las jergas utilizadas por quienes la consumen. Oficialmente se la llama Pasta Base, Pasta Básica de Cocaína, PBD y Oxi. Esta última voz surge de una mutilación de la palabra oxidado. Popularmente, se le dice basuco, paco, lata, churri, tumba, amén de otras nominaciones locales.

Se fabrica con los restos de la cocaína, el residuo o bagazo que resta luego de elaborarla, y para ello se utilizan las hojas de coca sobrantes a las cuales se las macera y trata con una mezcla de solventes que, sin exagerar el califivativo, puede designarse como macabra. Entre ellos figuran el ácido sulfúrico, el kerosene, el éter, el carbonato de potasio y otras sustancias altamente perjudiciales para la salud. La sumatoria de estos elementos y sus efectos sobre el organismo humano enfrentan al usuario con un sombrío panorama: el ácido sulfúrico destruye los tejidos orgánicos, el hidróxido de sodio ataca las mucosas, el hipoxileno y el tolueno se ensañan con el hígado, los insecticidas cargados de arsénico corroen las mucosas gástricas y respiratorias, y a todo ello se agregan los elementos de un gran pulpo tóxico cuyos tentáculos están saturados de potasio, plomo, soda cáustica, permanganato de potasio, ácido benzoico, acetona, anfetaminas y lidocainas, entre otros elementos altamente perniciosos.

La fabricación de la pasta base transforma a la mezcla citada en clorhidrato de cocaína. Con un gramo de cocaína se elabora un kilo de este producto espurio.

La pasta base no se disuelve en el agua, lo cual impide que se la pueda inyectar. Tampoco es posible aspirarla o esnifarla. Solamente se la puede fumar mediante un sistema de filtrado, en el que a veces se recurre a la viruta de metal. En ocasiones se la mezcla con marihuana obteniendose asi un cigarrillo mixto o freeway.

El precio de la pasta base es considerablemente inferior al de la marihuana o la cocaína. Una porción normal puede adquirirse por dos dólares, pero si el dinero no alcanza hay dosis más pequeñas a bajo y accesible precio. Estas dosis mínimas se denominan pitillos, petardos o chasquis. Ello justifica que al igual que el crack sea tambien considerada la droga de los pobres, aunque en los últimos tiempos tambien ha escalado al nivel de las clases medias.

Los efectos de la pasta base son muy parecidos a los del crack. Una vez apurada la dosis sobreviene un breve período de euforia, de sensación de poderío, al par que el pulso se acelera. No dura mucho esta etapa placentera.

Solamente se prolonga por 10 o 20 minutos el ascenso a regiones donde las inhibiciones y frenos culturales desaparecen y la psiquis transita por regiones de bienestar absoluto. La disforia se hace presente con presteza y la mente chapalea entonces en un pantanal de angustia, de inseguridad, de súbita depresión. Este descenso a los infiernos puede ser conjurado mediante una nueva dosis. Y así comienza a girar una calesita demoníaca. Sobrevienen entonces alucinaciones si el usuario no logra zafar de la espiral desesperante que provoca psicosis, agresividad, agitación interna y movilidad externa. Y a partir de esta etapa el consumidor de pasta base se convierte en un suicida a mediano o largo plazo y en un peligro social. Algunos neurólogos han calculado que el consumo excesivo puede acarrear muerte cerebral en menos de un año. Por otra parte el usuario abandona el cuidado de su cuerpo, siente desgano en el trabajo, se convierte en un deshecho humano que es contemplado con lástima o desdén por los usuarios de la cocaína y la marihuana. Es preciso remarcar que esta reacción confirma una vez más que la supuesta escalada es una invención sin mayor asidero, una especie de carambola igrológica.

Creo que estos breves apuntes acerca de las características que asume el uso, siempre en exigente crescendo, de la pasta base y el crack, son más que suficientes como para señalar las diferencias existentes con los efectos de la marihuana.

Así como el usuario de la marihuana es casi imposible que la use como trampolín para sumergirse en las aguas turbias de la pasta base o basuco (BASUra de COca, como se la llama en Colombia), no existe un descenso del frenesí que provoca dicha pasta base a los universos tranquilos y tranquilizantes de la ensoñación cannabica. Hay gentes interesadas que "certifican" la existencia de ambos procesos de ascenso y descenso pero la realidad tozuda de los hechos les ofrece, día tras día, un mentís rotundo. Hablan desde la posición etic, externa, sin haber incursionado con profundidad estudiosa en la actitud emic, la interna, la de la experiencia personal o la investigación de campo como observador participante, como ha sido mi caso.

EMIC Y ETIC

Mirar desde afuera y Sentir desde adentro

Más de una vez me he referido, al considerar la evaluación que recibe "la droga" en los países centrales y periféricos del mundo contemporáneo, a los juicios de realidad y a los juicios de valor. Los de realidad son explicativos, pues al igual que los juicios analíticos propuestos por Kant, nada agregan a lo que directamente expresa la cosa. "La marihuana es la flor del cáñamo", por ejemplo, es un juicio analítico y a la vez un juicio de realidad.

En los juicios sintéticos, según el mismo filósofo, el predicado se halla fuera del concepto expresado por el sujeto, quien en vez de describir, evalúa, califica, tiñe la neutra tela de la realidad con el colorante de un concepto que "aumenta el conocimiento" o que, por lo menos, procura aumentarlo. En estos casos se revela la falibilidad de aquellos juicios valorativos tironeados por la subjetividad o torcidos por la ignorancia y el prejuicio.

Estamos pisando ya el terreno de los juicios de valor y el etnocentrismo del "emic". En el caso de las "drogas" no existen términos medios. O tabú o tótem, o reprobación temerosa o aprobación decidida. Se ha polarizado de tal modo la calificación de esas sustancias que no hay grises: solamente hay negro o blanco. Pero lo interesante es que cuando al poder le conviene blanquea lo oscuro, y acepta y aún exalta como bueno lo que ayer consideraba malo. Como expresaba Epicuro las cosas son entes neutros: quienes las convierten en buenas o malas no sólo son las experiencias de los hombres - un veneno mata- sino sus opiniones: lo que no es un veneno es convertido en tal, sin que en realidad lo sea, por la ignorancia, el capricho o el interés de los humanos.

Vayan dos ejemplos, y he aquí el primero: "la flor de marihuana, madre del porro, provoca desarreglos en la psiquis y estragos en el cuerpo de quienes la utilizan con fines recreativos." Como se ve se trata de un juicio negativo que circula sin que quienes lo emiten, que son legión, hayan estudiado en profundidad o indagado en fuentes fidedignas los efectos del THC sobre la psiquis y el soma de los usuarios de esta sustancia. El asunto se complica cuando los gobiernos y sus asesores deciden que los usuarios de la marihuana sean delincuentes o enfermos, convirtiéndolos de tal modo en sujetos peligrosos cuyo destino es el presidio, el hospital o el discreto tratamiento curativo y disuasivo, si se trata de un personaje influyente. En todos los casos, esta reprobación explícita, provoca el desprecio de la sociedad por el sujeto que se "droga". Por cierto que no sucede lo mismo con los alcoholistas empedernidos cuya drogadicción, permitida por las autoridades del Estado y exaltada por la publicidad comercial, se ha manifestado, ayer y hoy, como un flagelo altamente destructivo. En el mismo caso se hallan las drogas de "diseño" y el profuso recetario de los médicos.

No obstante, pese al desorden catastrófico impuesto por la embriaguez en la sociedad y en las personas, los bebedores consuetudinarios no son penados y en cambio, el más pacífico e inofensivo ciudadano marcha a la cárcel si tiene en su casa unas pocas plantas de cáñamo.

En el campo opuesto se hallan los apologistas del THC. El tabú negativo es sustituido por el tótem, por la planta mágica que, según ellos, socializa al hombre, le ayuda a vivir con plenitud, fabrica puentes hacia la amistad solidaria o, tratándose del Yo, lo conduce como un amable gurú hacia delicias gratificantes: la contemplación tranquila, la gratificación del ensueño, la palabra alegre, la risa fácil y la euforia serena, cuando no a los prados florecidos de un mundo paralelo, delicadamente distinto al del diario trajinar, pero no a la realidad Otra, salvo el caso de las fuertes dosis de haxix.

A continuación transcribo lo que dice un vocero de quienes ven en estas sustancias, entre las que figura el THC, una alteridad escapista, un camino de salvación para aquellos que padecen las imposiciones de "la matriz cultural hegemónica". Enfrentada al comisariato post victoriano que templa las cuerdas del poder patriarcal, desdeñoso opresor de la mujer e hijo ingrato de la Naturaleza…"toda una historia sumergida, subordinada y alternativa brota nuevamente con la posmodernidad: el retorno de los brujos, la explosión alternativa de neocreencias y rituales y de nuevas creencias rituales; seguimos exorcizando demonios que son simplemente vías de perfección y salvación ancestrales, tan importantes y fundadas como las hegemónicas, simplemente derrotadas en el imaginario actual, pero que en el siglo XX recuperan adeptos permisivos y tolerantes a sus creencias y prácticas, de ahí que sean, aquí y ahora , considerados como peligros".[20]

---

[20] BAYCE, Rafael. Op. cit. pp. 71

CUÁNDO, CÓMO, PARA QUÉ

Y a todo esto, ¿cuáles son los usos de las sustancias psicotrópicas, entre las que figura el THC de la marihuana? ¿Cómo, por qué y cuándo se utilizan? ¿Quiénes las emplean y para qué? En la actualidad existe un uso profano y otro sagrado de dichas substancias. Examinemos, antes de entrar en mayores detalles, los escenarios y protagonistas en donde se dan estas modalidades.

En las sociedades existentes en el mundo pueden distinguirse tres grupos socioculturales:

1. El de los pueblos ágrafos o preletrados, impropiamente llamados salvajes, a los que también se les denomina prealfabetos (en realidad sería más correcto llamarlos prealfabetizados). Estas pequeñas sociedades tribales recluidas en remotos santuarios de continuo profanados por los intereses industriales o comerciales, se hallan en vías de extinción.

2. El de los campesinos y aldeanos de las comunidades de cultura tradicional, que en los países de Occidente perduraron hasta hace algunos decenios. Hoy estas comunidades se han transformado y mecanizado en diversos grados. Aunque no haya desaparecido el analfabetismo la globalización ha invadido, celulares, televisión e internet mediante, estas remotas comarcas.

3. El de las sociedades urbanas alfabetizadas y dotadas de institutos de enseñanza primaria, media y superior.

Debe distinguirse entre el prealfabetismo, que se manifiesta en los pequeños grupos aborígenes que no tienen contactos con la civilización, y el analfabetismo, que tiene que ver con aquellas comunidades campesinas vinculadas social y económicamente con las ciudades letradas pero que no sabían leer ni escribir en su mayoría hasta que la escuela rural hizo su aparición en épocas cercanas a la nuestra. Si bien las jóvenes generaciones que acuden al colegio son alfabetizadas, el analfabetismo persiste en algunas personas mayores. En los países muy pobres o en regiones aisladas subsiste el analfabetismo generalizado. Y hay también un analfabetismo funcional: quienes fueron a la escuela y no practican la lectura y la escritura, se olvidan con el paso del tiempo de ambas habilidades.

El uso ritual, el mágico y el religioso – formas de lo sagrado, voz que, deriva de sacer, separado de las prácticas profanas- se da en los dos primeros grupos de modo orgánico, constitutivo, sustancial. Valga aclarar que profanus era para los romanos todo lo que estaba fuera del fanum, el templo, el lugar donde acudían los "fanáticos" a realizar y reiterar tenazmente sus ceremonias y rituales sagrados.

No obstante dicho estado de profanidad, la práctica colectiva de lo que la vox populi, que no siempre es la de Dios, denomina "drogadicción" en el seno de las ciudades contemporáneas – aparentemente desligadas de lo numinoso, de lo misterioso o de lo místico- conmueve la mente del usuario, la viste con ropajes talares, la invade con viejas alegorías, la transporta al mundo de los símbolos encarnados. O lo desvirtúa como criatura humana, embruteciéndolo, degradándolo, erosionando sus facultades afectivas e intelectuales, lesionando su salud. Estos estados dependen del tipo de fármaco utilizado: en el de sensaciones amables, ya en el plano energético, ya en el placentero, se hallan la cafeína, la mateína , la theobromina del cacao y el THC, entre otros.

Y, especie aparte, aún hay quienes pretenden sentir el canturreo de los chamanes mientras los empapa la lluvia caliente de la selva, todo por obra y gracia de los "viajes" de los espíritus alucinados y las visiones de mundos clausurados o interdictos por la realidad cotidiana. La cosa no termina siempre con el descubrimiento de las Islas Afortunadas o el País de Jauja: muchos salen a la búsqueda de paraísos y encuentran infiernos. Eso pasa con los usuarios de sustancias adulteradas – crack, basuco- o de hongos, lianas, flores y cactus que meten aquelarres cuerpo y alma adentro si bien casi siempre operan como auxiliares catárticos, barredores de desperdicios mentales, desagotadores de cloacas psíquicas, lagares de la comprensión y faros del conocimiento.

He frecuentado, durante mis trabajos de campo, círculos de fumadores de marihuana reunidos en islas deltaicas, en el corazón de las ciudades, en aislados balnearios, en viviendas artesanales escondidas en los bosques, en las vertientes de arboladas montañas. En ellos se advertía un ritualismo infuso, una convenida e implícita "etiqueta", como advierte una especialista en el tema.[21]

Una de las acepciones de lo que significa rito en latín es aquella que se refiere al cumplimiento fiel y permanente de las costumbres, denominadas mores por los romanos.

Mientras pasa de mano en mano y boca en boca el porro o faso, o como quiera que se le llame en el ancho mundo donde se ha difundido profusamente

---

este ejercicio, la conversación es, generalmente, monotemática. Aunque se comenten sucesos del diario vivir ella recae una y otra vez sobre lo que configura el círculo mágico de la marihuana: plantas, fertilizantes, semillas, flores, variedades, relatos risueños o inquietantes vinculados con la "hierba", recuerdos de cárceles y maltratos, etc. Apunto, de paso, que la tal hierba o yerba según el decir rioplatense, es un arbusto de poderoso tallo. No pertenece ni a las gramíneas ni a las leguminosas, pues se trata de un vegetal cuyas escondidas y diminutas flores, dispuestas en cogollos, están empapadas con una olorosa resina. Ni tampoco lo que se fuma son hojas o tallos sino flores o más correctamente dicho, inflorescencias agrupadas en cogollos

Al cabo, si se les contempla desde adentro, con espíritu respetuoso y atento, y no desde afuera, desaprensiva o desdeñosamente, se trata de rituales. Y por más que se recurra a una sinonimia despistadora, estamos mentando, en suma, el uso sagrado de un producto de la flora.

Este uso sagrado disocia al sujeto de la vida rutinaria al practicar un corte en el entramado de las costumbres colectivas y los hábitos personales aceptados por la cultura oficial, es decir por el Poder vestido con la clámide de los valores – o desvalores - que acepta e impone desde la cúspide de la sociedad. Las agrupaciones secretas de todos los tiempos han adoptado estrategias similares para poder medrar en recónditos lugares, tales como los sótanos, los altillos o las cuevas.

De tal modo, en escondites donde se reúnen las pequeñas cofradías de iniciados, o en la soledad del Ego, se procura comulgar con el deslumbramiento sorpresivo y sorprendente de las primeras edades de la humanidad, es decir, con orgiásticos paraísos sexuales distintos al bíblico del mito o al miltoniano de la evocación literaria. El empleo de sustancias que trastornan, expanden o potencian la conciencia es sagrado porque separa a los usuarios de los opacos menesteres de una cotidianidad que aburre, contradice o lastima. Según una clasificación generalmente aceptada existen cinco modos de uso ceremonial o ritual de las sustancias psicotrópicas: el recreativo, el mágico, el chamánico, ceremonial o ritual, el mistérico, el sacerdotal y el medicinal.

1º El modo recreativo no puede evadir el llamado que realizan dichas sustancias a la emotividad intensa, a la afectividad conmovida, a la subjetividad soliviantada, a la ensoñación viajera, al trasfondo irracional de la especie que a voces o susurrando penetran en la mente del usuario. Lo recreativo re-crea, valga la reiteración, aquellos fragmentos de realidad que no pueden ser atrapados por los sentidos. Pero también se aleja de la circunstancia cotidiana, de la escenografía y los actores habituales como si el tiempo vivido derivara como un barco al garete, llevado por los vientos y las corrientes de un psiquismo entre lúdicro y onírico. No se trata del recreo ocioso, del bullicio semejante al del patio de la escuela, sino de un sutil trabajo de las sustancias alienígenas que llaman a sus hermanas escondidas en las neuronas. Hay una recatada solemnidad en este acto de ir más allá de lo que el organismo por sí solo niega u otorga. Es como saltar sobre la zanja que separa lo dado por lo cósmico – nuestro hogar terrestre y sus reinos naturales- gracias a la garrocha de sustancias demiúrgicas. No es cosa baladí encaminarse por senderos secretos hacia la Gran Calma o a la Gran Tormenta, es decir, a esos cambios tanto mentales como corporales que acrecientan la capacidad de mirar, ver y sentir psiquis adentro y entorno afuera. Pero conservemos la denominación "recreativo" sin menospreciar las arcaicas deidades que subyacen debajo de la banalidad de una conmoción o aquietamiento de los sentidos que, desde las edades prehistóricas, ha experimentado la humanidad, guiada por los Señores de las Plantas Maestras, antesalas de las Plantas de Poder. El descubrimiento de esa potencialidad vegetal, que corresponde a sustancias semejantes escondidas en nuestras neuronas, se remite a estados de conciencia que serenan o sobresaltan, que aplacan o enardecen, que se escapan de los límites impuestos por la sensación y la percepción o recurren a facultades dormidas que, de tal modo convocadas, encaminan hacia una playa de arenas doradas o a un mar incendiado por el resplandor de las noctilucas.

Hay usuarios ilustrados o avisados que así lo entienden, que se aventuran en la selva de las metáforas para calificar sus sensaciones , y otros que, a puro instinto, sienten, aunque no lo sepan explicar, que están caminando por sendas que se apartan y que por ello, y no por la intervención de lo divino, adquieren la condición sacer, separada de lo que se considera parte de la cultura tradicional imperante en las comunidades donde se adormece la tradición o en el escenario del constante cambio civilizatorio que dinamiza las urbes. En ambos hemisferios nada ni nadie escapa al emparejador metacultural que homologa con su resero a las etnias y a las naciones del mundo.

No obstante la argumentación anterior, y a título clasificatorio, aceptemos que existe un uso recreativo de la droga sin conexión explícita con lo religioso o lo mágico. En los centros civilizados de hoy en día, esos cementerios de la religión donde imperan el carpe diem y el cientificismo, tutor de las tecnologías de punta, trabajan las maquinarias sociales del desencanto mentado por Max Weber. En tales ambientes predominan las múltiples sustancias psicotrópicas interdictas y una turba de psicofármacos sedantes, calmantes, ansiolíticos, somníferos, o del diablo a cuatro, con los que comulgan los millones y millones de usuarios no perseguidos ni penados por la legislación oficial y sí favorecidos por el recetario de una medicina comercializada.

El medio urbano no es el exclusivo habitáculo de la marihuana, consumida también por las comunidades iletradas y campesinas. El cannabis y sus variedades juegan a las escondidas con las clasificaciones rigurosas. Según como se la utilice, la cantidad y calidad de THC ingerido, el ánimo de quien la emplea y el estado vital en que lo hace – el cuerpo y la mente son dos metrónomos cotidianos-, los efectos de la marihuana oscilan desde un extremo al otro de un espectro lábil, variable, imprevisible. Podría decirse que el THC, esa sustancia aparentemente bonachona y gentil cuando empuña la varita de un hada, de pronto, mediante un sorpresivo salto, cabalga en la escoba de una bruja que transporta a los reinos de la fantasía y, en el caso del haxix, a jardines poblados por seres fabulosos y sensaciones estremecedoras.

2º. El segundo uso de las drogas es el mágico. La magia es aquella práctica ritual que procura dominar la realidad y modificarla mediante ensalmos y operaciones hechiceriles. Entre las que desde el fondo de los siglos se han ido utilizando figuran pases de manos, golpeteos con haces de hierbas empapadas con húmedos elixires y humeantes ollas donde hierven trozos de animales inmundos y vegetales psicotrópicos con poderes theógenos o satanógenos. El mago pretende ser un pequeño dios sin que ello suponga que la magia sea una forma de religión. No obstante, en el principio de los tiempos humanos y entre los pueblos ágrafos el límite entre magia y religión era y es muy tenue. No existe una marcada diferencia entre las relaciones verticales con la divinidad o seres espirituales (religión) y las relaciones horizontales con el mundo de los seres humanos y las cosas provocadas por especialistas en la hechicería, en hacer cosas como la palabra lo establece (magia).

La magia se utiliza en los cultos de posesión colectiva o individual, en la fiesta tribal que apunta al trasmundo de los espíritus, en la apelación a las potestades que súbitamente se encarnan en los hombres o en las cosas (orenda, mana, manitú), en los rituales de la caza, como lo enseñan algunas pinturas paleolíticas o las ceremonias de los pigmeos, que dibujan un elefante en la tierra y lo lancean para lograr el hallazgo y la muerte del viviente paquidermo alimenticio.

La marihuana y otras hierbas eran utilizadas por las "yuyeras" o herboristas del Medioevo para preparar sus pócimas curativas. La Iglesia consideró a esas mujeres serviciales como súbditas del Demonio y por ello las achicharró en la hoguera. Estas "peligrosas brujas" al cabo eran diestras conocedoras de los fármacos vegetales, humildes emisarias de la salud, benefactoras populares de los enfermos del pueblo llano. Su saber venía desde la más remota antigüedad, cuando las mujeres del paleolítico, al explorar las propiedades de la flora que rodeaba los campamentos, dieron con las plantas alimenticias, las curativas, las utilitarias, las psicotrópicas y las venenosas.

En los candombes de los descendientes de africanos residentes en el sur montevideano figura un personaje tembleque, desacompasado que, para conservar el equilibrio, en una mano lleva un bastón y en la otra agita un maletín, semejante al de los médicos de antaño, rebosante de yuyos. Se trata de una evocación del brujo de la tribu africana, avezado en operaciones mágicas puestas en marcha por un remendón de almas o sepulturero de cuerpos – hay magia blanca y magia negra-, por un hacedor o destructor de seres y de cosas. Su nombre, acriollado, es toda una revelación. Le llaman "gramillero" -se le dice gramilla en el Rio de la Plata a una especie de pasto tierno - al poseído por el poder de las hierbas que curan, de las que amadrinan prodigios y de las que ponen en marcha - manes de Bradbury, el maravilloso hechicero intelectual recientemente fallecido- "las maquinarias de la alegría".

3º. El tercer uso es el chamánico. No hay viaje chamánico que no sea impulsado por un hongo, un cactus, una raíz, una semilla, un tallo de enredadera o una flor solitaria. Un consejo a los lectores acerca de lo que es y no es el chamanismo: consulten lo que dice Eliade en un libro fundamental, El chamanismo y las técnicas arcaicas del éxtasis[22], lo que cuenta Benítez de María Sabina, en Los hongos alucinantes[23], los casos coleccionados en el notable trabajo The Way of Shaman de Harner, [24] y, entre nosotros los uruguayos, un sucinto pero incisivo estudio de Bayce titulado El mundo chamánico en el libro Enteogénesis[25] y Un vuelo chamánico[26] de mi autoría, en el que me refiero a una experiencia personal con un chamán mongol en los rebordes del desierto del Gobi.

Las técnicas del éxtasis de los chamanes son diversas. Una de ellas es el redoble monótono del tambor siberiano. Eliade las describe. Otras recurren a estados alterados de conciencia provocados por sustancias vegetales psicotrópicas.

El chamán es un personaje que, entre otros, desempeña a un tiempo tres oficios fundamentales: el oracular, el terapéutico y el sacerdotal. En su papel de auxiliar psicopompo conduce como un Buen Pastor las almas de su consultante, también maleadas por el enteógeno, a las comarcas de la Otra Realidad.

Como se desprende de las enseñanzas de antropólogos de campo, el chamán actúa generalmente bajo los efectos de una sustancia que modifica intensamente sus estados de conciencia. Su nombre, proveniente del tungús –

[22] ELIADE, Mircea. El chamanismo y las técnicas del éxtasis. F.C.E. México
[23] BENITEZ, Fernando. Los hongos alucinantes. Editorial Era, México, 1972
[24] HARNER, Michael, J. The way of the shaman. Harper & Row Publishers, New York, 1960
[25] BAYCE, Rafael. El mundo chamánico. in Enteogénesis. Las búsque-das de los Estados Alterados de Conciencia. Ediciones Multiplicidades, Montevideo, 1997,pp. 49-55
[26] VIDART, Daniel. Un vuelo chamánico. Editorial Fin de Siglo, Montevideo, 1999

una etnia paleosiberiana- es muy significativo. Chamán significa "exaltación convulsiva". Según algunos lingüistas esta voz desciende del sánscrito *samana*, que quiere decir "esfuerzo agotador". Ambos estados conviven cuando este sastre remendón de almas, anticipador de destinos y cura-cuerpos gratuito, realiza su trabajo. En los diccionarios de antropología puede leerse que el chamán es a un tiempo adivino, profeta, visionario, mago, cantante, predictor del clima y la suerte en la cacería, preservador de tradiciones y sanador de enfermedades, ya de la carne, ya las del espíritu. El chamán, una criatura a la que se le atribuyen patologías identificadas y nominadas por la medicina occidental, aparece a los ojos de un extraño como un histérico, un epiléptico, un homosexual a veces. Este personaje típico de Siberia y Mongolia, cuyas tácticas difieren de los mal denominados chamanes de otras etnias, alcanza la plena sabiduría y dominio de su oficio luego de un penoso aprendizaje. A lo largo de duras pruebas debe morir lo que hay de viejo en la mentalidad y corporeidad consustanciales al hombre común, que al cabo se trata de la borra de la imperfección humana depositada en el fondo de la vasija de la especie. Una vez cumplida la ceremonia de paso configurada por un laborioso aprendizaje irrumpe lo nuevo, es decir, los poderes de un ser renacido de sus cenizas y de tal modo ese mutante, esa criatura elevada sobre las impotencias de nuestra criatura falible y perecedera, inaugura un acrecentamiento de facultades psíquicas que lo sustraen de lo telúrico y lo transportan a lo cósmico.

4º. El cuarto uso es el mistérico. Hubo cultos, como los eleusinos de la antigua Grecia, separados de la religión oficial de los eupátridas que honraba los dioses de la ciudad. Contrariamente al frío ceremonial de los ritos oficiales, estos cultos dispensaban a los iniciados, entre los que abundaban las gentes desposeídas y marginalizadas, amparo, felicidad, fortaleza moral y cura de todos los temores, incluyendo el temor a la muerte. Misterio, del griego *mysterion*, significa "guardar el secreto" y el *mystes*, el iniciado, no debía mencionar nunca ni a nadie lo sucedido durante aquellas ceremonias de paso. En las profundidades de las grutas, en medio de cerradas malezas, en los oscuros rincones de los templos se llevaban a cabo, utilizando fármacos vegetales y bebidas embriagantes que transportaban los espíritus a submundos o trasmundos desconocidos, los rituales eleusinos, órficos, pitagóricos, dionisíacos y samotracios. Tanto los sacerdotes iniciadores como los neófitos iniciados, gracias a las serviciales sustancias psicotrópicas, abandonaban el reino de la vida cotidiana durante horas que parecían años, pues el tiempo se distorsionaba por efecto de ciertas propiedades albergadas particularmente en el cornezuelo del centeno, famoso en Eleusis y llamado ergot por los campesinos franceses. Entonces desnudaban y lavaban con aguas benefactoras sus conciencias, recibían seguridades de protección, estaban en condiciones de soportar serenamente las ofensas del prójimo y los errores del

Yo. Luego de realizados los rituales iniciáticos se sentían distintos, más dueños de sí mismos, más confortados, y a veces en estado de beatitud.A quienes le interese este atrayente tema los remito al libro de Robert Gordon Wasson, Albert Hofmann y Carl Ruck, El camino a Eleusis, F.C.E. 1980.

5°. El quinto de los usos de estas sustancias es el sacerdotal. Hay que distinguir entre el chamán, el brujo, el mago y el sacerdote. Sus roles son distintos. El sacerdote es el ministro de un dios o de una sociedad de dioses cuyo manejo de lo sagrado tiene carácter institucional. La religión orgánica y organizada consta de una asamblea de creyentes (ecclesia), de un dogma y de una pirámide jerárquica cuyas autoridades tienen mayor o menor poder. También existe en la gran mayoría de los casos un local, un templo, donde se reúnen los fieles para honrar a sus dioses con sacrificios y oraciones. El cristianismo, religión imperante en nuestra cultura, ofrece claros ejemplos al respecto. Y es en la ceremonia de la misa cuando, simbólicamente, el sacerdote bebe en el vino la sangre de Cristo y el fiel, al comer la hostia, incorpora la carne del pharmakos a la suya. En otras religiones los sacerdotes recurren o recurrían a sustancias embriagantes o alucinantes. Oficiaban en trance, en estado de gracia, poseídos por el dios.

6°. El sexto uso es el medicinal. El hechicero, el chamán o el médico prescriben todo un universo de drogas, entre las cuales, como veremos en su momento, figura el THC de la flor del cáñamo. En la actualidad la farmacopea científica es inmensa: calmantes, somníferos, ansiolíticos, sedantes, analgésicos, eufóricos y estimulantes conforman toda una artillería de apoyo para combatir las psicosis, las neurosis, las noches insomnes y las enfermedades del sistema nervioso. Este farmacológico y costoso ejército de drogas que provocan adicciones, que desencadena efectos secundarios perversos, que, contrariamente a los productos de la farmacopea natural, relegada al desdeñado cajón de medicinas folklóricas o alternativas, son dañinas a corto o largo plazo, se ha adueñado de la publicidad comercial. Así promocionadas, estas drogas funcionan mediante un recetario médico diligente, a veces inescrupuloso, y un programado saqueo de los bolsillos a cargo de esa internacional de laboratorios tanto o más rapaz que las redes del narcotráfico. Nadie pena a un médico que prescriba un somnífero cuya sobredosis puede ser mortal, pero quien planta y fuma marihuana es un delincuente o un enfermo, como mas de una vez lo he dicho, pero algunos pensadores, y aún médicos, opuestos al culto de la clínica, a las exacciones monetarias y al circo comercial que asedia a los enfermos de la sociedad de Occidente, han levantado voces, poco escuchadas aún, censurando esas conductas reñidas con la moral hipocrática.

UN RETABLO DE MOTIVACIONES

¿Por qué la gente del mundo civilizado, en solitario o en grupo fraternal, consume, y casi se podría decir que en una progresión que de aritmética se está convirtiendo en geométrica, sustancias de raíz folklórica y de fabricación científica – el laboratorio de los nuevos y diplomados brujos con patente de corso al que me referí páginas arriba- para alterar su percepción, para disfrazar su conciencia, para experimentar conmovedores, extraños o amables estados de espíritu? ¿Qué deseos, necesidades o caprichos mueven a utilizar las a la vez alabadas y condenadas "drogas" que, al alterar las facultades sustraen de la cotidianidad, conducen a plácidos o dramáticos territorios, y alivian dolores, angustias y frustraciones?

Dejemos de lado la directa coacción social, el imperativo mágico-religioso y el impacto del impulso imitativo, tan bien estudiado por Gabriel Tarde: "Juan, mi amigo a quien tanto admiro, fuma marihuana; yo también quiero hacerlo".

Para entender estos procesos debemos asomarnos a la intimidad desnuda, al querer, al sentir, al pensar de ese átomo de la humanidad que es el solitario representante del *Homo sapiens*.

El ser humano es un aventurero, un nómada espacial y espiritual. Le gusta entrometerse con las cosas y vidas del contorno, descubrir lo oculto, vencer los peligros que voluntariamente se propone superar o que intempestivamente le salen al paso, asomarse a las mentes del prójimo y/o contemplar las aguas profundas que se corrompen en el pozo de su intimidad. Es el único animal – se supone - que sondea su espíritu, que trata de comprender su lugar en el cosmos, que se pregunta quiénes somos, de dónde venimos y adónde vamos, y no solo en esta vida terrena sino después de perderla.

1. - He aquí entonces la primera motivación: el afán de probar, de experimentar, de explorar lo desconocido. En este sentido, dadas las condiciones antedichas, personajes famosos y criaturas humildes, civilizadas o no, se han internado en los iluminados o sombríos caminos de los fármacos que cambian los estados de conciencia. A partir de las lejanas edades del Homo erectus, aquellos primitivos entenados de la Naturaleza padecieron o disfrutaron los extraños efectos producidos por la ingesta de semillas, frutos, raíces, flores, hojas, cactáceas, hongos o lianas recolectados en derredor del

campamento. Y me atrevo a pensar que fueron las mujeres y no los hombres, quienes pisaron por vez primera los umbrales de la fantasía, la sorpresa y el misterio. Los machos salían de caza, a veces por semanas enteras. Las hembras, ya en camino de ser las mujeres que un día representarían en sus cuadros Velázquez o Goya, quedaban en el campamento atendiendo los niños, los viejos y los enfermos, cuidando que el fuego no se apagara, recolectando especies vegetales y animales, preparando la comida, tal vez pintando las paredes de las cavernas y esculpiendo estatuillas de las llamadas Venus paleolíticas del gravetiense (31.000-20.000 antes de nuestra era.). Al probar las sustancias que cambiaban la mente no solamente las compartieron con sus compañeros junto a las fogatas nocturnas, en lo profundo de las cavernas, o en las cabañas de las estepas abiertas al viento, sino que comenzaron a inventar deidades, a esbozar mitologías, a poblar de seres suprahumanos los bosques y los ríos, los árboles y las montañas. Comenzó el culto a los animales, la adoración de las plantas milagrosas. La magia y la religión en pañales, alentadas por las sustancias *psicotónicas* y *psicodélicas* formaron posiblemente un trío inseparable en aquellas lejanas edades de privaciones e intemperies, en las que se curtían los cuerpos y crecía el tamaño de la masa encefálica, y las industrias de la madera, del hueso, del cuero y de la piedra inauguraban las técnicas que, por entonces hijas artesanales del hombre, hoy se han convertido en nuestras madrastras electrónicas.

2. - Una segunda motivación se cifra en el placer, en el uso juguetón y recreativo del fármaco. Antes de utilizarlo ya el sujeto posee información sobre los efectos del producto psicotrópico. Por decisión propia, por imitación o por persuasión del amigo, de la pareja o del "aire del tiempo" – si mis contemporáneos lo hacen también debo hacerlo yo- se fuma el primer porro, y llegan la risa, la locuacidad, la "buena onda", la languidez soñadora. Por su parte y en distintos continentes, un muchacho sudafricano, ajeno a la composición química de la metacualona, descubre un minúsculo, ameno y personal paraíso en el cuerpo del *mandrax,* que allí se llama *geluk tablette*; una adolescente que se hizo la "rabona" al liceo se siente con renovadas fuerzas y enérgico entusiasmo al aspirar una "fila" de cocaína; el espíritu y el cuerpo de un huichol fatigado por la caminata, que duró semanas, vuelan abrazados a partir de la ingesta del *peyote,* un potente cactus rastrero.

Esos experimentos son pródigos y prodigiosos, sorpresivos y removedores. Los inductores *psicodélicos* (manifestadores de la mente), los *megatopáticos* (acrecentadores del sentimiento) y los *psicomiméticos* (creadores de otras dimensiones, mente adentro), han entrado en acción. El neófito, por su parte, ha experimentado un nuevo tipo de placer, ha sentido que en su conciencia hay más cosas que las entregadas o reprimidas por el Yo cotidiano. Sorprendido, entusiasmado, querrá repetir la experiencia y compartirla con los suyos. Ya está "colocado", en el amplio sentido del término.

3°.- La tercera motivación obedece a una escapatoria de los azotes que la vida impone al alma y al cuerpo. Se trata de expulsar el sufrimiento físico y/o mental provocado por la enfermedad, el dolor, el insomnio, la depresión o la angustia. La oferta también es generosa para atender esta demanda. Se busca paz, alivio, serenidad, equilibrio, buen descanso nocturno. Para ello hay una multitud de servidores químicos y unos pocos naturales. Los opiáceos, los tranquilizantes, los somníferos, los ansiolíticos, los analgésicos, todos ellos son discretos servidores, todos ellos acuden puntualmente merced a la receta del médico o a la automedicación del paciente. Algunas de las drogas, -y aquí si conviene el nombre – membretadas en el enorme repositorio de productos que en crecientes oleadas inundan las farmacias del mundo y los cajones de los dormitorios, son adictivas. Como lapas, como rémoras, se adhieren a las rutinas de sus consecuentes consumidores. Otras drogas no lo son: obedecen al mandato del "minuto fugaz" alabado por Goethe, sacan del mal paso, asesoran la mente, ayudan a sonreír. Pero en casi todos los casos, por allá adentro, el hígado, el riñón, el corazón, el estómago y otras vísceras entablan sus querellas, presentan sus memoriales de agravios, pasan sus facturas.

En ambos casos, sin detenerse o a saltos, el usuario persiste, acude a los silenciosos auxilios de una Cruz Roja clandestina (el amigo, el prójimo servicial) si es que le falla – cosa que pocas veces sucede- el médico bonachón y desaprensivo que firma la receta y luego palmea al paciente agradecido.

El mundo entero sufre la invasión, mucho más difundida y difusa que la de las sustancias demonizadas, llevada cabo, silenciosamente, por estas langostas de probeta, estas drogas de inocente apariencia que han dejado de ser heroicas para convertirse en condescendientes al par que peligrosas ayudas de cámara, cuando no en sigilosas asesinas.

4°.- El cuarto motivo apunta a las facultades heurísticas y gnoseológicas del sujeto, acrecentando los poderes de la *psiquis* y del *soma* al multiplicar la claridad de la mente, la dinámica de los músculos y la energía física general. De tal modo se procura el afinamiento de las percepciones, el aumento del poder imaginativo, una mayor facilidad para crear y comunicar, un rendimiento superior del cuerpo y sus habilidades.

Los escritores, los músicos, los pintores, los cantantes del rock -cultores del aullido y la gesticulación frenética-, los actores y los deportistas reclaman mayor excelencia, mayor aguante, mayor rendimiento, mayor aplauso. En muchos más casos que los conocidos su musa y su *manager*, su confidente y cómplice no confeso, se mancomunan en un ente totalizador y totalitario representado por los estimulantes de todo tipo, es decir, por el concubinato con la droga. Esta señora de la excelencia es, a la chita callando, consentida por el Gran Censor. Es posible que éste aplauda o tolere al cantante que, gesticulando como un poseído, se pasea por el escenario, donde actúa la banda contagiada por el baile de San Vito. Pero ello no impide que cuando sorprenda fuera del escenario a alguno de sus componentes, súbditos de la *merka*, lo atrape con la mano larga que encarcela al celebrado drogadicto. Ese Poder es el mismo que rebaja al pacífico usuario de marihuana a la categoría de mequetrefe social, de criatura despreciable. Repito, al decir así, no como defensor de una sustancia sino como testigo de mi tiempo, un sabido y promocionado acontecimiento: una banda de muchachos musicantes "colocados" a más no poder hace rugir a las multitudes que, entre saltos y gritos, se drogan a mansalva. Al mismo tiempo, esos frenéticos componentes de las bandas son aplaudidos por una buena parte de las autoridades que se deleitan con el estridente espectáculo. Se les alaba en el escenario y se les aprisiona cuando, al ser revisados en el aeropuerto, se les descubre una personal provisión de alcaloides energéticos. De idéntico modo la "insolencia viciosa" de unos adolescentes sentados en el cordón de la vereda, al ser sorprendidos por la policía repartiéndose unos gramos de la flor del cáñamo, molesta a los propietarios del Poder que los apresa como criminales o los interna como enfermos. De tal modo esos pacíficos "fumetas" son descalificados por un fiscal y condenados por un juez que de pronto se emborrachan diariamente, ya en soledad, ya en compañía de beodos. La sinrazón nuevamente triunfa: las bebidas fermentadas y destiladas, que llevan al desatino, a la golpiza, a la autodestrucción o al asesinato, están permitidas, publicitadas y consumidas para regocijo de las gentes y no como los efectivos venenos que son, al alcance de todos.

Ofrezco al lector, extraídos de una lista inmensa unos pocos hombres famosos adictos a los psicotropicos. ¿De donde salían las estremecedoras pinturas de la Casa del Sordo y los Caprichos de Goya, que pintaba sus cuadros y labraba sus aguafuertes en horas nocturnas, con el ala del sombrero oficiando de candelero múltiple donde ardía una decena de velas? En pocas biografías se dice que era tan grande la dosis de láudano que consumía cotidianamente, que habría matado a quien la bebiera por primera vez. El láudano, aclaro, es una tintura alcohólica derivada del opio. Pero a Goya se suman, entre tantos más, Walter Scott, Lord Byron, Goethe, Keats, Novalis, Coleridge, Shelley, de Quincey, Poe, Baudelaire, Flaubert, Cocteau, Picaso y un muy largo etcétera. Sigo espigando: famosos actores y actrices de cine - Judy Garland y su hija Liza Minelli-, actrices de fama – Sarah Bernhardt- , científicos e inventores – Freud y Edison- abusaron sin límites de la cocaína y otras sustancias removedoras de la conciencia. En el universo de los pintores contemporáneo de fama, Warhol es uno entre centenares de ejemplos. ¿Y qué decir de los deportistas de toda laya que a veces sí, y muchas más no, son denunciados como consumidores de energizantes que figuran en la lista negra? Una jugada inspirada de un brillante futbolista 10 puede ser el regalo artístico de una droga oportuna. Pero en el caso de la marihuana, a la que se le atribuyen efectos enervantes, hay realidades deportivas que demuestran que quienes la usan pueden tener excelentes rendimientos físicos. El campeón de los 100 metros, el más veloz corredor del mundo, el jamaiquino Usain Bolt, consume marihuana, y lo dice sin sonrojarse. El nadador mas rápido entre los más rápidos, el estadounidense Michel Phels también es un usuario habitual del THC. Ambos atletas son adictos a un vegetal que nada tiene de *psico* ni de *somatotónico*. Que no enloquece ni inhibe. Se trata, en consecuencia, de un producto que no influye en la salud corporal, como lo demuestran ambos ejemplos, que sin duda no son los únicos pero si muy expresivos.

5°.-El quinto motivo es el acceso de un estado convivial de simposio entre amigos que celebran una grata compañía convocada por el "manjar de los dioses". Hay sustancias que llaman a la fraternidad, al abandono cordial de las preocupaciones del diario vivir. Y ello sucede en una rueda fraternal donde no hay salidas de tono, y la paz, la tranquilidad subrayan el disfrute de horas fuera del tiempo, en una suerte de ludismo interior que protege de la vulgaridad lacerante, de las lástimas y lastimadura de la convivencia cotidiana. He visto, durante mis investigaciones de observador participante, como la marihuana, usada en suaves dosis, facilita ese puente a la risa delicada, al bienestar del alma (léase mente, *inpetto*) y la placidez del cuerpo. O al silencio por donde caminan los sentimientos que cobran luz y vuelan con alas de mariposa hacia las flores de un monólogo interior, reposado y elocuente. Recurro a estas expresiones poéticas para traducir lo que contemplé como reiterado testigo y se escribió por parte de usuarios en el cuestionario que distribuí entre ellos.

Años atrás había descubierto pequeños cabildos de ensimismados fumadores de marihuana, formando ruedas en la selva lacandona donde sobreviven, vestidas de verde, las ruinas mayas de Palenque; luego volví a verlos, acuclillados, quietos como estatuas, envueltos en azules volutas de humo, en el caucano San Agustín, al pie de las escoradas estatuas de fantasmas; desde siempre los encontré en las ramblas vespertinas de Montevideo y hace pocos meses retorné a descubrirlos, monte adentro, en las islas del Delta del Paraná o a mil metros de altura en la cordillera de la costa chilena. Se trataba de mujeres u hombres solitarios, metidos en sí mismos, reflexionando como los ascetas eremitas, como los sacerdotes budistas, como las meditabundas esfinges humanas que orillan los *suqim* de los oasis del Sahara. Pero, como antes dije, también la marihuana concita la rueda, el grupo fraterno, locuaz y sonriente. Cogollo triturado o resina endurecida en el haxix: ese era el camino real por donde transitaban aquellas criaturas anónimas, ensimismadas o en apacible diálogo con la otredad del semejante, con el microcosmos interior o el macrocosmos de las estrellas que empezaban a brillar sobre las islas de lo que Marcos Sastre llamara el Tempe argentino.

6.- Hay un sexto motivo. Es el de los rebeldes con causa que rechazan las mentiras, las hipocresías burguesas y las injusticias de la sociedad capitalista Este orden fundamentado en la plutocracia y los brillantes escaparates del *status* quiere fagocitar a los herejes, a los *undergrounds*, a los que huyen de la manada. La protesta juvenil va dirigida contra las cortapisas legales y culturales que encasillan, que clasifican, que fabrican pirámides sociales, que asfixian, que matan la espontaneidad insurgente de lo que resta de aquella época que se llamó Renacimiento. Entre estas guillotinas odiadas y castradoras figuran mentiras convencionales y el miedo misoneísta al cambio social no obstante los apegados a las volteretas de la moda fugaz, a los prejuicios convertidos en aserciones categóricas, al peso opresivo de la etiqueta, los gendarmes del orden constituído, los sicofantes del "no a la alegría", los represores de quienes crean nuevos mundos y se atreven a visitarlos sin pedir permiso a sus guardianes.

Las sustancias suaves, blandas, amicales, las que se filtran como el agua de la lluvia en la tierra sedienta, acompañan y estimulan estas manifestaciones del tercero excluído, del extranjero en su patria, del tachado por el "que dirán" Estos seres, se han refugiado en el único arrecife que emerge de un océano tormentoso, en pos de la ansiada escapatoria de la gran ratonera social.

Dije todo lo anterior, quizá con aire metafórico, ya que otro no había, porque asistí más de una vez a estas apoteosis de lo pequeño, a estas casi inaudibles fanfarrias de la identidad, cuando la mente se evade a otras latitudes de la *psiquis* y se empapa con el rocío de la aventura al par que adquiere agilidad de pájaro, liviandad de nube, brillo de luciérnaga.

A partir de mediados del pasado siglo, los coletazos sociales de la posguerra generaron en el mundo autodenominado Occidental, y particularmente en los EE.UU, una serie de movimientos juveniles contraculturales. Dichos rebeldes fueron fecundados por el esplendor de los Beatles que, desde el otro lado del Atlántico, iluminó a medio mundo, disipando las oscuridades victorianas y limando las oxidadas cadenas del prejuicio. Aquellos movimientos, que se habían atrevido a romper la vidriera del *Establishment,* merecen un tratamiento especial pues estuvieron estrechamente vinculados con el uso de sustancias psicotrópicas. Ayuda a comprender las características de la sociedad contemporánea el estudio de los rasgos y las influencias de estos grupos contraculturales que a partir de los *beatniks, hippies y punk*s de los años 50, 60 y 70, hasta los *emos,* los *ni ni y* los *indignados* de la actualidad han hecho saltar los candados que cerraban las puertas de las libertades utópicas, a las que deseaban ingresar dando las espaldas a la sociedad civil. Un tropismo retroactivo encaminó a ciertos

112

grupos, los *hippies* por ejemplo, hacia la benévola naturaleza que aún latía en los resquicios de los paisajes tecnificados o en lejanas playas donde era posible una existencia autárquica. El viaje era doble, el de los cuerpos y el de los sentidos. Y si el primero no era posible, si la pobreza los maneaba, estos prisioneros de las cárceles de vidrio, hierro y hormigón, gracias a los servicios psicopompo*s* de la "hierba" y los *enteógenos,* volaban hacia los floridos jardines del Paraíso Terrenal, al País de Jauja, a las Islas Afortunadas, a los "no lugares" donde reinaban la paz, la armonía y el amor sin fronteras.

Todo este ejército, disperso en islotes contestatarios, recurrió a dos expedientes materiales: por un lado a vestimentas desmañadas y atuendos estrafalarios, a peinados exóticos y a pies descalzos, a músicas no convencionales y a poetas malditos, y por el otro, emancipado el *soma* y manumitida la *psiquis*, a los fármacos blandos y duros. Los rebeldes con causa, al procurar liberarse del (des) orden burgués, del desprecio y la incomprensión familiares, de los poderes divinos y humanos, no encontraron otro recurso que la huida de la sociedad civil para salir al encuentro de los parques urbanos, de la Gea incontaminada y de los paraísos artificiales. Merced a las sustancias sedantes estos fugitivos de las urbes transformaron los infiernos citadinos en apacibles prados; gracias a los psicotónicos hicieron regresar a los cuerpos la alegría lozana del "vive como quieras" y un tipo de convivencia que los extraños a estas comunidades libertarias consideraron como licenciosa; por obra de los estimulantes inundaron con las mareas de la alegría las islas del desencanto; merced a los *enteógenos* conversaron con los personajes de los cuentos de Perrault, con los grifos de las Mil y una Noches, con el Dragón de Oro de las leyendas chinas; por obra del *grass*, la solícita *Mary Jane*, abrieron las ventanas de un palacio de cristal y volaron hacia un cielo de cantáridas.

FILIACIÓN BOTÁNICA DE LA MARIHUANA

Cuando decidí llamar a este libro Marihuana, la flor del cáñamo, lo hice para disipar, de antemano, una ignorancia generalizada. La voz cannabis, de cuño científico, ha desplazado la más conocida y corriente de cáñamo, un vegetal benéfico utilizado por la humanidad desde sus más lejanos comienzos.

El cáñamo figuraba entre las plantas silvestres que los recolectores, las mujeres y niños de la aurora, hallaban en los alrededores de las viviendas elementales de las planicies o las cuevas de las montañas del Viejo Mundo. Se transportaba a los campamentos las partes útiles de los vegetales: sus frutos, sus raíces, sus bulbos, sus troncos, sus hojas, sus fibras. Cosa que no se dice en los tratados de arqueología: la madera y el cuero se utilizaron, sin duda, con mayor profusión que la piedra. Pero a este perecedero material los devoraron el desgaste, el fuego y la podredumbre, es decir, el paso de tiempo. La piedra, en cambio, desafió victoriosamente el desfile de los milenios. Habría que incorporar a la historia de los orígenes de la cultura una perdida edad paleofítica, contemporánea a la paleolítica y tan servicial como fuera aquel universo geológico de rocas volcánicas y metamórficas del cual brotaron las hachas de mano, las raederas, los raspadores y todo un tosco pero imprescindible repertorio de instrumentos.

A la madera, al cuero y a la piedra se le sumaron otros materiales. Nuestros más lejanos antepasados, los australopitécidos africanos, echaron mano al hueso, al diente y al cuerno. Dart, al citar dichas prolongaciones externas de la mano y el brazo, halladas junto con los restos humanos, hizo hincapié en la existencia de una primigenia "cultura osteodontoquerática" es decir del hueso, del diente y del cuerno. Y donde las había, aquellos homínidos recurrieron también a las conchas de los moluscos y a los caparazones de los animales terrestres. Lo dado por la naturaleza fue transformado por la necesidad y el ingenio humanos. De tal modo "el soplo del Espíritu", como hubiera dicho Hegel, los incorporó a las objetivaciones de la cultura que, a partir de ese entonces, se fueron sumando y potenciando de tal modo que generaron una nueva natura naturata, pero esta vez de origen humano y no divino, como fuera, según la teología cristiana, la natura naturans representada por Dios, el Creador por antonomasia.

Entre las plantas recolectadas, según las latitudes, también figuraba el cáñamo. Durante los interglaciares cálidos de la era cuaternaria tal vez se hallaba más extendido que en épocas posteriores en las que las condiciones climáticas aptas para su crecimiento lo conservaron en zonas favorables del Asia correspondientes a la India, Afganistán y China.

El cáñamo por ese entonces obraba como alimento: sus cañamones o semillas eran gustosos y nutritivos. También, una vez secos los tallos quedaban al descubierto las fibras que se utilizaron, durante el paleolítico, para trenzar sogas y en el neolítico, una vez inventados los telares, para hacer tejidos destinados a la confección de prendas de vestir, techumbres para viviendas portátiles y recipientes para transportar todo tipo de materiales sólidos. Mediante el trabajo manual esas largas y muy resistentes fibras fueron convertidas en un material apto para para ser hilado, elaborar rústicas sandalias y fabricar una serie de objetos domésticos cuyo uso ignoramos.

Es muy posible que aquellas primitivas y rústicas plantas contuvieran muy poco THC en sus cogollos. Pero es posible también que hubieran sucedido dos significativos hechos: primero, que tales cogollos ricos en resina fueran ingeridos como alimento, provocando así sorpresivas alteraciones en los estados de conciencia; segundo, que la planta seca, entera, fuera echada en una hoguera para avivar el fuego y el humo provocara efectos psicotrópicos atenuados entre quienes se hallaban alrededor de la fogata. Tal vez los efectos de aquellas quemazones fueron similares a lo narrado por Herodoto sobre los escitas.

Es preciso aclarar algo desde ya. Es cierto que la marihuana es la flor del cáñamo, pero se debe tener en cuenta que los cogollos de distinta estructura florística y contenido de resina, asi como de la más o menos alta proporción de THC que hoy se conocen, son fruto de la cultura y no de la naturaleza.

La especie humana ha manipulado los reinos animal y vegetal a partir de la Revolución Agrícola, que así, con mejor puntería conceptual, llamó Gordon Childe al Neolítico. Hoy se le denomina a esas técnicas, hijas de la empiria, del experimento y de la observación inteligente, con los respectivos nombres de zootecnia y fitotecnia. En estas disciplinas ha intervenido la ciencia para modificarlas y acelerar el mejoramiento utilitario de las especies, según los distintos requerimientos.

Hay que advertir, pues, que una misma planta - en este caso el cáñamo- de acuerdo con los tratamientos recibidos, conservó su estado primitivo de vegetal textil, apto para ser industrializado, en el caso de ser macho, mientras que otros ejemplares fueron sometidos a refinados procesos para convertirlos en productores de cogollos ricos en THC, en el caso de ser hembra. Al ser sembrada y no recolectada la planta, si cabe así decirlo, se humanizó, se domesticó, ingresó al domus, a la casa, a lo elaborado a partir de lo dado, a lo que el hombre tomó de la naturaleza adaptándololo a sus necesidades o recreaciones. Estos cogollos, manipulados por cultivadores diestros para ir mejorando su estructura, cualidades, rendimientos, aromas y poderes psicotrópicos, se utilizaron con distintos propósitos y finalidades como se verá en los sucesivos capítulos de este libro.

Es posible que, conjuntamente con la utilización del trigo y otros cereales alimenticios, el cáñamo fuese el primer textil cultivado con fines industriales.

Pero hay algo más. Si ya en Shanidar los fósiles de neandertaless estaban rodeados por restos de flores pertenecientes a vegetales alucinógenos, el TCH de los cultivos neolíticos de cáñamo pudo haber sido también un pórtico por donde las divinidades entraron al dominio de la humanidad. No hay que descartar la presencia de sustancias psicotrópicas en el origen de la magia y de las religiones. Más de un estudioso ha señalado esta posibilidad.

El cáñamo, como toda planta, ha sido estudiado y clasificado por los botánicos, esos naturalistas especializados en el estudio del reino vegetal. Se advirtió entonces que se trataba de un arbusto dioico, es decir, que la fecundación se realizaba mediante flores macho y flores hembra, correspondientes a distintas plantas. No obstante había algunos ejemplares que eran hermafroditas, esto es, que en una misma flor convivían el pistilo o gineceo con los estambres, integrantes del androceo. En este caso la fecundación se operaba directamente, in situ, mientras que las plantas hembra, más o menos alejadas de las plantas macho, eran fecundadas por el polen transportado por el viento o los insectos. Se observó también que tal fecundación rendía buenas semillas, abatiendo grandemente o haciendo desaparecer los valores del THC.

En páginas anteriores se dio cuenta que el sueco Carl Linneo, en sus estudios realizados en el año 1753 (Species Plantarum), había denominado Cannabis sativa, esto es, cultivado, al ejemplar del cáñamo que analizó en su laboratorio. Ya el nombre cannabis venía desde atrás pues Dioscórides, muy sumariamente, lo había descrito en el siglo primero de nuestra era. Jean Baptiste Lamarck en el año 1783 dio cuenta de otra variedad, que denominó Cannabis sativa indica. Finalmente en el año 1924 Dimitri Janiszewski agregó a la lista otra variedad, cannabis sativa ruderalis, entendiendo, al utilizar este último término, que se trataba de una variedad ordinaria, situada al borde de los caminos, puesto que ruderalis, en latín, significa escombros, trozos, deshechos. La vegetación ruderal es la que crece en los rastrojos, en las cunetas, en los sitios donde el labriego ha plantado y cosechado. Rudera es el plural de rudus, el escombro propiamente dicho.

No interesa demasiado pero bueno es decir, para confirmar el halo de indeterminación que rodea a esta planta, que la especie fue ubicada inicialmente en la familia de las Urticaceae (ortigas) y luego en la de las

116

Moraceae (higueras) para llegar, actualmente, a la conclusión de que se trata de una familia propia, específica, no vinculada con las anteriores. Dicha familia sería la de las Cannabaceae integrada por los géneros Cannabis y Humulus, o sea el lúpulo.

Desde el punto de vista genérico puede decirse que el cáñamo no es una hierba ni un árbol sino un arbusto que, de acuerdo con las distintas variedades, puede ir desde un metro (ruderalis) a tres o más de altura (sativa),según las condiciones climáticas, los tipos de suelo y el tratamiento agronómico recibido.

A partir de semillas o esquejes, según los modos de plantarlo, fecundarlo y preservarlo de las plagas, el cannabis reviste las siguientes características.

1° Tallo. No es exactamente redondeado y a veces su corte muestra un perímetro casi cuadrangular, ligeramente hueco y con nudos laterales, desde donde arranca el pecíolo de las hojas. En la variedad ruderalis es muy fibroso. Está rematado por una yema terminal o apical.

2° Ramas laterales. Se disponen a lo largo del tallo a intervalos regulares. Brotan de cada uno de los nudos en forma opuesta. Algunos botánicos destacan la semejanza de la planta entera con un pino de navidad, no por ser una conífera sino por su aspecto cónico.

3° Hojas. De estructura palmaticompuesta, constan de siete a nueve foliolos. En ocasiones llegan hasta once. Ello significa que son imparipinnadas o sea que el número de foliolos es impar. Tienen forma lanceolada y bordes aserrados. El haz, o parte superior, es intensamente verde. En él se realiza la función sintética o clorofiliana mediante los cloroplastos. El envés, o parte inferior, es más claro y exhibe una alta concentración de estomas, orificios con los que la planta hace intercambio de gases con el medio ambiente. El limbo central tiene un largo que va desde 5 a 15 cmts. y un ancho de 1 a 3 cmts. Los de la sativa son más gráciles que los de la índica.

4° Flores. Como quedó dicho el cáñamo es un vegetal dioico: hay plantas macho y plantas hembra. Sus hojas y flores difieren levemente. No obstante, esas morfologías son claramente perceptibles. Hay también, en mínima cantidad, como antes señalé, flores hermafroditas, que presentan los dos sexos en un receptáculo monoico. El cáñamo macho tiene menor envergadura, menos resistencia a los agentes exteriores y vida más corta.

En cuanto a los caracteres de la flor hembra voy a recurrir a una muy completa y pedagógica descripción realizada por un especialista: "Cada flor hembra es un pequeño capullo verde, solitario y sin tallo. Se compone del cáliz - una delgada bolsa verde, puntiaguda, y con una abertura a un lado- y de la vaina prácticamente cerrada alrededor del ovario, salvo por los dos estigmas blancos que se proyectan por el ápice para atrapar el polen. Los estigmas semejan hilos blancos y almidonados que asoman y a veces adquieren color óxido a medida que la flor madura. Una vez desarrolladas las flores se apiñan tanto que semejan una porra gruesa y cubierta de púas o una densa maraña de piel enredada. Por ese motivo en algunos casos se llama cola - como si el rabo de un animal se tratase- a las ramas superiores florecidas del cannabis. Reunidas en la base de las hojas pequeñas, cerca de la punta de las ramas, las flores forman grupos cerrados que reciben el nombre de capullos o cogollos. De todas maneras no son capullos tradicionales en el sentido que se le suele dar a la palabra: es la flor que aún no ha madurado plenamente ni se ha abierto. Si las flores atrapan el polen y los ovarios se fertilizan, el desarrollo de las semillas se convierte en el principal centro de actividad de la planta. Dicha actividad desvía la energía de la producción de resina y añaden peso sin incrementar el contenido de la droga [....] El cannabis que se cultiva por la flor sin simientes se denomina sinsemilla [....] Puesto que no produce semillas es la variable más potente de marihuana con relación al peso y la que suele alcanzar el valor de mercado mas alto siempre y cuando esté correctamente cortada y secada".[27]

5º Cogollos resinosos. Ya ha quedado descrita la arquitectura de las sumidades floridas. Lo que importa, empero, es la resina, concentrada en ella. En dicha sustancia se alojan los cannabinoides, alguno de los cuales se detallan de inmediato. Como ya vimos sus correspondientes biológicos se encuentran en el sistema cerebral endógeno integrado por los endocannabinoides. planta y su concentración allí es tan alta que llega a constituir el 25% de la masa de aquella. El THC (tetrahidrocannabinol-delta-9) fue descubierto en el año 1964 por un científico israelí, Rafael Mechoulam, de la Universidad de Tel-Aviv. Los efectos del THC producen estados de la mente y el cuerpo que no llegan a la ebriedad y sí a un tenue, fluctuante mareo.

b) THC delta 8. Los efectos en el organismo humano son semejantes al delta 9, pero su concentración es mucho menor que aquel y no provoca sensaciones definidas. Podría decirse que no "pega" por lo alto sino por lo bajo, lo indeterminado, lo inefable.

c) THCV (tetrahidrocannavibarin). De lo poco que se ha adelantado en la investigación sobre este componente se sabe que interviene en la producción del aroma propio de la planta, sedante y atractivo, que regocija el sentido del olfato con un delicado y agradable perfume.

d) CBN (cannabinol). Para que este lazarillo de la mente haga su aparición es preciso que previamente se produzca una degradación del THC, hecho que

---

[27] CONRAD, Chris. *Cannabis para la salud. Sus aplicaciones en medicina y nutrición.* Ediciones Martínez Roca, Barcelona, 1998, pp. 23-24

ocurre durante el oreado de la planta, previamente "manicurada". Provoca una leve desorientación que finaliza con un tranquilo adormecimiento de las facultades vigilantes. Sin embargo, no puede calificarse dicho estado como una claudicación de la vigilia. No hay que buscarlo en las flores recientemente cortadas sino en los cogollos convenientemente "curados".

e) CBC (cannababicromena) Poco se sabe aún de este componente. Se sigue investigando. A lo que se ha llegado no es despreciable: refuerza los efectos del THC.

f) CBD (cannabidiol) Frena y posterga, para que no "peguen" de inmediato, los efectos del THC. Por otro lado actúa como un relajante y sedante. Tranquiliza, produce un amable estado de bienestar.

Le toca ahora a la caracterización de las tres variedades del cáñamo que, como ya dije, adquiere el título de nobleza otorgado por el cannabis cuando intervienen la mente y la mano del hombre, la experiencia y la ciencia, la tradición sensata y la innovación audaz.

1.- Cannabis sativa sativa

Esta variedad, que quizá fue la madre de la indica y la ruderalis, generadas por la adaptación a distintos ambientes, por técnicas agronómicas locales y por tipos específicos de demanda, prospera generosamente en las zonas equinocciales. Son particularmente destacables las plantas cultivadas en Jamaica, Thailandia, Camboya, México, Colombia, Brasil, Paraguay (el segundo productor mundial de marihuana después de los EE.UU.) y otros países de la zona tórrida.

Es más alta y esbelta que la indica pero tiene menos peso y menos frondosidad. De acuerdo con las condiciones ambientales y los fertilizantes empleados puede sobrepasar los cuatro metros de altura. Sus hojas son de un verde más apagado que el de la índica y el aroma de los brotes, ya los de la planta viva, ya los secos y procesados, es menos intenso que el de ésta variedad. Por su parte los foliolos son más alargados y estrechos que los de las indica y ruderalis. Florece con retardo si se la compara con su hermana índica, variedad más baja, espesa, robusta y de estructura cónica. El proceso de la inflorescencia insume entre nueve y doce semanas. Crece con rapidez: se puede registrar diariamente este heliotropismo positivo, o geotropismo negativo, como dicen los botánicos.

Apuntando a promedios, no a casos particulares, su efecto "levanta" el ánimo. "Pega" directamente en la mente; crea fuentes de serena y persistente placidez; accede, desde los umbrales de la euforia, al corredor que conduce al jardín psicodélico, sin entrar en él.

2. Cannabis indica

La planta es originaria de la parte central de la India, y su área de difusión abarcaba en un principio al actual Pakistán, Afganistán, las partes menos elevadas del Tíbet, Nepal y el sur de la China.

Como quedó dicho al describir la *sativa* este macizo arbusto exhibe una estructura cónica, frondosa, compacta y ancha en la base. Es la más rica en resina de todas las variedades. El THC se orienta hacia el cuerpo antes que a la mente. Produce una suave languidez, una complaciente relajación de los miembros que asciende al dominio de la conciencia. *Psiquis* y *soma* entablan entonces un diálogo reposado pero persistente.

3. Cannabis ruderalis

Esta especie ruda, silvestre, está adaptada a los climas fríos y aún nivosos de Rusia y zonas aledañas del Asia Central. Su altura no alcanza a un metro y abundan los ejemplares de 30 a 50 cm. Las hojas son anchas, como las de la *indica*, y los limbos, gruesos. Al margen del fotoperíodo, del cual dependen las otras variedades, esta planta atiende más lo cronológico, es decir, al tiempo que insume su desarrollo para florecer. Dicha particular característica se denomina autofloración. Como corre contra la brevedad del clima propicio, desarrolla su ciclo vital antes de que sobrevengan los grandes fríos. Lo hace en menos de catorce semanas y se han dado casos de solamente diez semanas. Cruzada con la *indica* produce buenos híbridos. Originariamente es pobre en THC pero abunda en CBD. Los campesinos la utilizan con fines terapéuticos. Fue y sigue siendo la medicina de los pobres. Su nombre, "al lado del camino" habla de su humildad rastrojera. Su fibra constituía una rendidora fuente de ganancias para Rusia y la U.R.S.S.

LOS DIVERSOS USOS DE LA MARIHUANA

En los libros escritos sobre el *cannabis* y sus aplicaciones se destaca un largo capítulo dedicado a la historia de este famoso arbusto a partir de una muy remota antigüedad. Pero, por lo que he advertido, se ordena cronológicamente la aparición de sus diversos usos, mezclando lo sagrado con lo profano, lo ritual con lo medicinal, lo recreativo con lo utilitario.

Opté por una metodología distinta. Voy a presentar, por separado, los usos ceremoniales, recreativos, terapéuticos, alimenticios e industriales del cáñamo a partir de los datos de la arqueología, la crónica y la historia. Procuro que, al realizar el tratamiento separado los parágrafos sean más ricos en informaciones y más coherentes desde el punto de vista taxonómico. Pero es indispensable también, tratar a la planta y sus propiedades como un todo significativo que la distingue de otras especies.

Usos rituales, mágicos y religiosos

No abundan las noticias acerca de los primitivos usos de la marihuana en los rituales de la magia y la religión. Hay que aguardar los inicios de la escritura para obtener datos ciertos sobre los lazos existentes entre la planta de cáñamo y sus múltiples empleos en los dominios de lo sagrado.

En páginas anteriores me referí a la diferencia existente entre la magia y la religión. La magia es, según Frazer, el lejano antecedente de la ciencia pues apela a la relación entre causa y efecto en la que el mago, hechicero o chamán, cuyas funciones no son idénticas, desarrollan sus poderes. El mago, el brujo (de bruscus, rana de matorral), el hechicero, utilizando sus artes, es decir, sus técnicas, obliga a entes sobrenaturales para que intervengan y produzcan los resultados apetecidos. Recurre a los mecanismos de una causalidad horizontal. En cambio, el sacerdote ruega, en un acto de invocación a los dioses, para que la voluntad divina, ejercida verticalmente, desde lo alto a lo bajo, realice el milagro solicitado: curación dé enfermedades, buena suerte en un emprendimiento, felicidad familiar, preservación de la vida en la guerra, salvación de las almas, etc. Es un mediador, no un productor.

Los orientalistas están de acuerdo, dados los testimonios arqueológicos existentes, en que hace más de 3.500 años antes de nuestra era surgió la civilización. Los sumerios, al parecer llegados desde el Cáucaso, se establecieron en la Mesopotamia, zona donde corrían las aguas del Eufrates y el Tigris. En el curso inferior de estos ríos se levantaron las ciudades de Uruk, Ur y Sumer, las primeras muestras de la revolución urbana. La voz kanabu aparece entonces para designar a una planta que tenía, entre muchas propiedades, la de comunicarse con los dioses si se recurría a sus flores sagradas, convenientemente preparadas.

Atrahasis, rey – sacerdote, utiliza el cannabis para establecer relaciones de poder con Enki, uno de los integrantes de la tríada formada por él, Enlil y Anu. Son significativas las atribuciones de estos seres divinos: Anu es el dios del cielo y padre de los dioses; Enlil es el dios de la Tierra y Enki el dios de los mares, padre de la civilización y patrono de las artes. Se le llamaba "Señor de la humanidad, de cuyas manos surgió el hombre". Y bien, mediante el uso del kanabu el citado rey-sacerdote adquiría los necesarios poderes para gobernar a sus súbditos.

Los rituales curativos en la China antigua mezclaban la magia con la medicina. Es decir, se trataba de sanar mediante maniobras con las que se echaban afuera los demonios, portadores de las enfermedades que afligían al género humano. El curandero tomaba un haz de tallos de cannabis en los que previamente había hecho unas incisiones para figurar serpientes. Cada tallo era una serpiente y todas juntas constituían un ejército dotado de poderoso veneno para conjurar a los seres maléficos que se habían apoderado de la salud del enfermo yacente en su cama. El hechicero rodeaba el lecho golpeando sus bordes y murmurando ensalmos. A veces la operación resultaba, cuando se vencía (en portugués se sigue hablando de benzeduras) el poder malsano de los demonios ya que la mente puede actuar sobre el cuerpo, somatizando los mensajes del cerebro. Destaco que la serpiente, que a veces era verdadera, aunque muerta claro está, se disponía envolviendo su cuerpo alrededor del haz de tallos de la planta milagrosa. La serpiente representaba la sabiduría. Dicho ejemplo puede trasladarse al parágrafo donde se tratan las virtudes terapéuticas del cannabis en la China ancestral, si bien, en este caso, lo que predomina es la maniobra mágica y no el uso del vegetal como sustancia terapéutica.

En la India Védica el cáñamo era una planta sagrada, un don de los dioses y un vehículo para obtener la inmortalidad. No otra cosa significaba la palabra amrita o sea el "néctar divino". Dicha sustancia fue obtenida por los dioses mediante el batido de un océano de leche y ella fue ofrecida a los hombres en el bhang o ganja, que así se le llamó a la marihuana en sánscrito. La historia completa de este mito cuenta que Los Devas, o sea los dioses, y los Asuras, los demonios, de acuerdo con un consejo de Visnú, en vez de combatir entre sí, arrancaron de su sitio al monte Mandara y con este inmenso gigante de piedra batieron el Mar de Leche para elaborar la bebida de la inmortalidad, a la que llamaron amrita. Transformado en una colosal tortuga Visnú cargó con el monte y comenzó a batir la leche con sus grandes patas. A raíz de este movimiento se le cayeron muchos pelos, que la corriente llevó hasta las orillas del mar lácteo. Innúmeras plantas brotaron de estos pelos y entre ellas estaba el cáñamo. Cuando los hombres probaron este don de los dioses lo denominaron "excitador de la risa", y "fuente de felicidad".

Los Vedas, libros sagrados cuyo nombre significa sabiduría divina, dicen en uno de ellos que "los dioses tuvieron piedad y le regalaron a los hombres la ganja para que, al utilizarla, lograran la inspiración, ya no tuvieran más miedo y aumentara su potencia sexual".

En el Atharvaveda, que trata de las prácticas mágicas, se considera al cáñamo como una Planta de Poder. Quien recurre a su flor preparada convenientemente, con unción y respeto, le otorga a los siddhis, facultades extraordinarias, entre las cuales se destaca la que procura serenidad, la que sofrena la angustia, la que mata la ansiedad propia de los seres humanos.

El dios Shiva, luego de romper con su familia, emprendió, desde los Himalayas, el camino hacia el sur. Cansado de tanto andar se acostó debajo de una mata que le provocó un sueño apacible. Luego de dormir, al levantarse, comprobó que tenía más agilidad y renovada fuerza corporal. Maravillado por lo que consideró un milagro comió los cogollos de esa planta y se sintió invadido por una desconocida sensación de frescura. El dios, entonces, recomendó a los hombres que la utilizaran para refrescar el cuerpo y serenar el alma. Un himno nepalí dedicado a Shiva dice así:

"Yo te saludo a Ti, que sembraste la primera semilla de ganja, de la que brota mi conocimiento de Ti. He dejado atrás al mundo engañoso y, escrutando mi ser interno con ojos enrojecidos, la embriaguez me hace vivir en Ti".

En muchos de los escritos de la India antigua se celebran las píldoras de la felicidad, preparadas con el bhang mezclado con azúcar. Esta felicidad es un don divino, no una virtud botánica. Bhang significa "cambio de la rutina sensorial".En libros escritos por representantes de la civilización de Occidente se dice que el bhang, la ganja y el charas son la misma cosa. No es así. Dos especialistas en el tema ponen las cosas en su sitio. "El preparado menos potente y mas barato, bhang, se obtiene por trituración de hojas, semillas y tallos secos. La ganja se obtiene de las extremidades florales de las plantas cultivadas femeninas y es dos o tres veces más fuerte que el bhang; la diferencia es semejante a la que pueda haber entre la cerveza y un buen whisky escocés. Charas es la resina pura, conocida también como hachís en Oriente

Medio. Cualquiera de estos tres preparados puede ser fumado, comido o mezclado en las bebidas".[28]

Caben algunas puntualizaciones acerca de lo expresado por estos autores. El (y no "la") ganja era comercializado en la India durante la ocupación británica bajo dos denominaciones, que expresaban sus distintas cualidades y calidades: Large-flat twig y Small-flat

twig. Hoy se les nombra con las lenguas propias del país independiente. Las distintas clases de ganja tienen un potente aroma, que llega a ser embriagador. El charas o churus designa a la resina del cannabis cultivado al pie del Himalaya y en el Turquestán chino. Para obtenerlo se utilizaban técnicas arcaicas, ya en el caso de las plantas en pie, ya en el de las cortadas. Para recoger la resina de las plantas en pie los recolectores se vestían con una especie de ponchos de cuero, de tal modo que al circular con rapidez entre las inflorescencias, embistiéndolas suavemente, la resina quedara pegada en la superficie de aquellos. Cuando las vestimentas de cuero estaban muy pegoteadas de resina las raspaban con un cuchillo y guardaban lo recogido en un recipiente que llevaban colgando a su costado. Un estudioso del tema expresa: "Cuando se utilizan las plantas cortadas , como en las comarcas del norte del Himalaya, se extienden sobre groseros paños, o se dejan secar primeramente a la sombra, estrujando después la punta de los tallos entre las manos hasta que los tallos, las flores y las hojas hayan soltado toda su resina. Frecuentemente, como, por ejemplo, en Persia, se amasa también la resina con un poco de agua, formando bolitas, tortas o pequeñas barras. La calidad del Charas es juzgada por su proporción de sustancias resinosas solubles en el alcohol: esta proporción, según D. Hooper, tratándose de un buen charas, es aproximadamente de 40%.[29]

Fuera del brahmanismo, religión a la que me he venido refiriendo hasta ahora, también el budismo en sus ramas hinayana una doctrina moral sin dios- y mahayana - Buda deificado- ha recurrido y recurre al cáñamo para lograr estados de beatitud. Lo mismo sucede con el budismo tántrico, que posee una fuerte acentuación sexual.

En su marcha hacia el Occidente, el cannabis fecunda culturas y religiones y, a veces, las condiciona o corrobora. Y no es solamente el THC el demiurgo de serenos y contemplativos estados de conciencia. Los estados visionarios, que abren las puertas de la Realidad Otra son provocados mediante el uso de los alucinógenos fuertes. Y tan es así que imagineros medievales esculpieron

---

[28] GRINSPOON, Lester; BAKALAR, James B. Marihuana. La medicina prohibida. Paidós, Buenos Aires, p.26

[29] PERALTA, F. Acerca de la historia del consumo del haxix.in Actas Ciba 1-2, S/E, Buenos Aires 1942, pp.12-13

en una catedral europea un gigantesco hongo, una amanita muscaria, representando de este modo el paradisíaco Árbol del Conocimiento del Bien y del Mal. En todas las religiones han intervenido en mayor o menor grado, ya en sus orígenes, ya en sus rituales, las drogas duras o las blandas, de acuerdo con el tipo de relación entablado con los seres numinosos. El vino, por ejemplo, que es una droga suave, está presente en la misa de la iglesia cristiana católica, y digo así porque el cristianismo tiene varias vertientes: la iglesia romana, la ortodoxa oriental, la etiópica, la copta, la bautista, la congregacionista , la luterana, la metodista, la presbiteriana, etc.

Las religiones, por otra parte, no nacen por generación espontánea. Se interrelacionan, crean precipitados sincréticos, emigran y al encontrarse con distintos credos los influyen o los eliminan, aunque no sin antes incorporar parte de los dogmas rechazados al cuerpo de creencias.

La ruta del cannabis va señalando las etapas culturales de su viaje hacia el Occidente. Para llegar al Mediterráneo antes tuvo que transitar por el Medio y Cercano Oriente. En el Medio Oriente dejó sus huellas en el mazdeísmo, una religión fundada por Zaratustra, personaje nacido en Irán en época incierta, dado que los diversos historiadores de las religiones le atribuyen diversas fechas de nacimiento: 1000, 900 y 600 años antes de nuestra era. Parece que esta última es la más verosímil. A Zaratustra los griegos denominaron Zoroastro.

Como las religiones padecen los procesos de aculturación, transculturación y deculturación propios de la dinámica de las culturas, el mazdeísmo recoge en el Zend Avesta algunos rasgos existentes en los Vedas indostánicos. En los Gathas, libros que constituyen la parte más antigua del zoroastrismo o mazdeísmo, Zoroastro es considerado como un profeta que anuncia a los mortales una nueva concepción de lo divino. Y digo así pues este fumador de bhang, consideraba que los portadores supremos de los poderes numinosos son dos dioses. Esta concepción dualista reconoce un dios creador bueno, Ahura Mazda u Ormuz y un dios perverso, Angra Mainyu o Ahriman. A lo largo del Zend Avesta resuenan los ecos de una batalla entre la bondad, la belleza y la pureza de Ormuz y la maldad, la fealdad y la corrupción de Ahriman. Vida y muerte, luz y sombras combaten perpetuamente y el alma del hombre es el campo donde se dirime esta pelea. "Los tres mandamientos de Zoroastro son: buenos pensamientos, buenas palabras y buenas obras. Al llevar una vida virtuosa el hombre fortalece el poder del Bien y disminuye el del Mal. En el Más Allá el ser humano será llamado a dar cuenta de sus pecados de acción y de omisión. Todo lo que haya dicho, pensado o hecho será anotado en los archivos y su destino se decidirá de acuerdo con los principios de una contabilidad estricta. El alma tiene que atravesar un puente, el Puente del Contador, y si merece ir al cielo hallará el paso libre y lo atravesará fácilmente, pero si se trata del caso contrario el puente le parecerá delgado como un cabello y el alma será precipitada a los abismos infernales, donde padecerá tormento eterno. Si el mal y el bien están más o menos equilibrados, el alma irá a una especie de purgatorio. Cuando Ormuz con la ayuda del hombre haya ganado la batalla final se establecerá el reino de Dios sobre la tierra y las almas de los bienaventurados vivirán, bajo la perpetua luz del sol, en feliz y eterna comunión con el Dios bueno".[30]

El Vendidad, donde se establece la Ley contra los Demonios, es uno de los libros que forman parte del Zend Avesta. En él afirma que el bhanga - véase que la voz indostánica está modificada apenas por el agregado de una a final, un preciado medio para contemplar a los dioses, tal cual lo practicaba Zoroastro. Permite elevar el alma a las alturas donde el bhanga, bien administrado, revelará los secretos de la Creación y todo lo que concierne al destino de los hombres.

Nos vamos acercando a los dominios de Occidente. Los árabes, cuyas conquistas llegaron desde Iberia hasta la India, conocieron los efectos del cannabis. El Corán prohíbe la ingestión de alcohol, pero nada dice acerca de las flores del cáñamo.

La secta de los sufíes sí lo hizo, para celebrar y consagrar sus estados alterados de conciencia que los ponían - y ponen- en directo contacto con la divinidad de los semitas: Elhoim, El, Eli, entre los hebreos y arameos, Alá entre los árabes islámicos.

Los sufíes deben su nombre a sus toscas vestimentas de lana, suf en árabe. Otras versiones señalan una voz persa, que significa puro. Sea cual fuere el origen y sentido de la voz lo cierto es que aquellos marginales del islam, como llama Ken Goffman a los portadores de "una contracultura"[31] iban apenas recubiertos con toscas túnicas de lana. Pero eran mucho más que gentes humildemente vestidas. En el comienzo fueron ascetas y no místicos, santones y no iluminados, puesto que el misticismo no tuvo su patria en Arabia pétrea o Arabia deserta sino en Irán, donde habían acampado y mutado las divinidades indostánicas. Cuando los árabes conquistan el territorio de los persas algunos integrantes del islamismo, como sucedió con los sufíes, que habían renunciado a los placeres mundanos ,emprenden su viaje espiritual por las sendas del misticismo, y es ahí, entonces, que se recurre a los servicios del cannabis. El sufismo recogió en su red sincrética de arrastre, que había distribuido desde el barco del unitarismo panteísta, múltiples influencias.

---

[30] PIKE, Edgar Royston. Diccionario de Religiones. F.C.E. México, 1986, articulo Zoroastrismo

[31] GOFFMAN, Ken; JOY, Dan. La contracultura a través de los tiempos. De Abraham al acid-house. Anagrama, Barcelona, 2004

Entre ellas figuraban las cristianas, gnósticas, neoplatónicas, mandeanas, maniqueas y de otras sectas que ahora no vienen a cuento. Sí interesa decir que el impacto del budismo no se limitó a las sartas de cuentas. Fue mucho más importante, dado que la concepción del Nirvana aparece en al-fama, la inmersión de la conciencia personal en el Supremo Ser Universal. Auxiliado por el cannabis el místico sufí se sumerge en "el gozo y contemplación" de la Divina Belleza, en un éxtasis que lo sustrae del mundo y lo lleva a confundirse con el inmarcesible poder y la inmensa misericordia de Alá. Pero para llegar al último escalón, allá en lo alto, debía subir por los inferiores, correspondientes al arrepentimiento, la abstinencia, la renuncia, la pobreza, la paciencia, la confianza en Alá y la sumisión a su poderío. La Ley, el Camino y la Verdad son los tres grandes tramos de esa escalera que permite la ascensión definitiva a un estado de suprema gracia. No les fue bien a ciertos sufíes que le dijeron a sus hermanos muslimes que eran una sola cosa con Dios. Fueron maltratados, separados del mundo de los creyentes, tratados como blasfemos.

Trasladémonos ahora al África, donde se encuentra la tierra de Angola. Allá por el 1870 un jefe tribal, Kalamba Mukenge, luego de una campaña victoriosa que sosegó las revueltas de enconados grupos rivales – mal endémico en un continente colonizado y fragmentado interiormente por fronteras trazadas desde oficinas europeas- recurrió a un drástico procedimiento. Como uno de los motivos de los choques entre nativos eran las diversas creencias animístas sus guerreros, armados hasta los dientes, recorrieron las aldeas, confiscaron los ídolos de los eternos rivales y luego los quemaron en un acto inquisitorial celebrado a cielo abierto, a la vista de todos. Buen político, el reyezuelo recurrió a un procedimiento mágico-religioso para que al unir a los pueblos en conflicto con un ritual común, adquirieran los contendientes el sentido del nosotros, sellando de tal modo un pacto fraterno. No encontró entonces nada mejor que hacer fumar riamba, o sea marihuana, en una ceremonia colectiva, donde lo ritual y lo lúdicro se confundían.

"Los seguidores del nuevo culto se llaman Bena-riamba (hijos del cáñamo) y forman una gran secta regida socialmente por una suerte de comunismo agrícola. Cuando entran a los pueblos no llevan armas; por el contrario llevan siempre la pipa consigo. En los viajes y en la guerra se dan hospitalidad entre sí y se saludan con la palabra moio, vida. Al atardecer se reagrupan en la plaza principal del poblado, la riota, y aspiran por turnos algunas bocanadas de humo de cáñamo de una enorme pipa situada en el centro. Así inician manifestaciones extraordinariamente análogas a las orgías antiguas, y más tarde la quietud de la noche es interrumpida por los ataques de tos de los fumadores más apasionados. Los hermanos Reclus lo describieron en 1888: 'Es un espectáculo que da miedo. Todos los hombres, completamente desnudos, después de haber respirado de un gran recipiente el humo del cáñamo, tosen de una manera espasmódica, profetizan o permanecen postrados, estupefactos, a causa de los efectos del narcótico. Siendo de esta forma, se puede comprender que aquel que cometía una fechoría era condenado a fumar un determinado número de pipas hasta perder el conocimiento. Y se reintegraba a la comunidad después de haber sido marcado con arcilla blanca sobre la frente y en el pecho".[32]

---

[32] SALVAT, Jordi. Érase una vez el cannabis en la historia, in Ajoblanco, Número Especial. Barcelona, 1996

RASTAFARIS

Demos ahora un salto en el espacio y vengamos al Caribe, donde se halla la isla de Jamaica. En ella nacerá un movimiento singular, el rastafarismo, que tiene todos los rasgos de una religión en diálogo con un estilo de vida, en el que se utiliza la marihuana con fines rituales y recreativos.

Este extraño y complejo movimiento surge en América pero mira hacia el África. Su fecha fundacional es el año 1930. Por ello es que debemos remontarnos a lo que sucedía en el mundo en el año que se eligió la figura del emperador de Etiopía Haile Selassie, a la que los rastafaris consideraron como la tercera reencarnación de Yahvé, ya que las primera y segunda habían sido las de Melquisedec en la Antigua Alianza y la de Jesús en la Nueva.

Los sincronismos mundiales son significativos. Los turcos y los griegos firman el Tratado de Ankara, para poner fin a sus reiterados desencuentros; en España deja el poder Primo de Rivera; en el Brasil el presidente Getulio Vargas inicia un período dictatorial que se mantendría por quince años; Rafael Trujillo hace lo mismo en la República Dominicana; Uruguay gana el primer campeonato mundial de fútbol; miles de hindúes son encarcelados en la India a raíz de las campañas de desobediencia civil desencadenadas por el Gandhi ; en Egipto se consolida el gobierno autoritario del rey Fuad luego de la suspensión de la conferencia anglo-egipcia, dado que no hubo acuerdo sobre los problemas, posteriormente repetidos, y agravados, que afectaban al Sudán. Hay muchos más importantes acontecimientos en este tiempo crítico, ya que el hundimiento económico de los EE. UU. repercute en el escenario mundial, donde se vislumbra el advenimiento de regímenes totalitarios, sobre todo en los países europeos. Tres libros aparecidos en el 1930 pautan este gran sismo económico y político mundial: La rebelión de las masas, de José Ortega y Gasset, El malestar en la Cultura, de Sigmund Freud y El mito del siglo XX de Alfred Rosenberg quien, después de la caída del nazismo, fue ejecutado a raíz de los Juicios de Nuremberg.

Regresemos al África donde, sobre la oscura y callada secuela del imperialismo europeo, que desde fines del siglo XIX condenó a la humillación, el hambre y el dolor a millones de africanos, se destaca por la prensa mundial un suceso singular. En efecto, el príncipe tribal Ras Tafari Makonnenn, nacido en el 1890, que había sido proclamado rey en el 1928, es coronado como emperador de Abisinia. Tras su ascenso, muy lentamente, un soplo de modernidad comienza a desmantelar las viejas estructuras tribales y la tradición cede el paso a tímidas reformas culturales, económicas y militares que procuran cambiar la fisonomía política del único país africano libre del dominio colonial europeo. La historia va a frenar, de la mano de Benito Mussolini y su afán imperial, este despertar progresista.

Pero es preciso ampliar las noticias sobre el famoso personaje que se transformó, sin pedirlo, en la insignia teológica del movimiento rastafari. Quien fuera coronado como el Emperador Haile Selassie era hijo del Gobernador de Harar y se llamaba Tafari Makonnen. Cuando es reconocido como Gobernador de Harar ese cargo le valió la denominación de Ras, o sea Jefe. El nombre Tafari designa a "quien merece respeto o temor", de modo que Ras Tafari significaría, mas allá de los términos puntuales, algo semejante a Príncipe. Cuando es coronado Emperador en 1930 se convierte en Negus, o sea, Rey de Reyes y León Conquistador de la Tribu de Judá. Se declaraba descendiente de Salomón y de la Reina de Saba. Entonces cambió su nombre por de Haile Selassie I.

En las etnocéntricas culturas de Occidente, cuyas miradas hacia lo que guarda el corazón histórico del África solo contemplan lo pintoresco y superficial de las tribus "salvajes", no existe un conocimiento acabado de las otras iglesias cristianas, fuera de la católica y las protestantes. En consecuencia, una aureola de sombras circunda la estructura y funciones de la iglesia abisinia.

Hacia el 330 de nuestra era se introdujo el cristianismo en Etiopía. Al frente de esta iglesia africana se encuentra el Abuma quien, hasta hace algunos decenios, no era un etíope sino un egipcio nombrado por el patriarca copto residente en Alejandría. Hoy la iglesia abisinia tiene completa autonomía. El Tewahdo, o cristianismo etíope le concede fundamental importancia teológica y moral a las Diez Palabras (Ashram Qalat), que así se les denomina a los Diez Mandamientos mosaicos. Aclaro que a Moisés no se le llama entre los cristianos etíopes por su nombre - que no es hebreo sino egipcio-: se le conoce y reverencia como Igziabeher.

No ha escapado la iglesia etíope a los dictados del sincretismo. Esta voz fue introducida por Plutarco para caracterizar las interrelaciones o fusiones religiosas operadas durante la época helenística (300-200 años antes de nuestra era). De tal modo ha retenido la iglesia abisinia - Abisinia deriva del árabe habach, mezcla de pueblos - algunos rasgos hebraicos como la celebración del sábado (día que han convertido en una persona santa) en lugar del domingo, la circuncisión de los niños y la distinción mosaica entre alimentos puros e impuros. Se respetó también la prescripción árabe que prohibía las esculturas en los templos si bien en ellos abundan los iconos. Desde el punto de vista teológico impera el monofisismo, es decir, aquella herejía, según la iglesia católica, que atribuye a Cristo una sola naturaleza, humana y divina a la vez.

Para comprender el movimiento rastafari nacido en Jamaica es preciso tener en cuenta los antecedentes antes anotados acerca de la personalidad, el nombre del Negus Haile Selassie (Ras Tafari) y algunos rasgos de la iglesia abisinia.

El movimiento religioso rastafari constituye una religión sincrética profesada por los pobres, los excluidos, los negros siempre explotados y ayer esclavizados que hacinaban sus viviendas en los miserables arrabales de Kingston, capital de Jamaica.

Líneas antes se había señalado que es en el año 1930, simultáneamente a la coronación del Negus Haile Selassie, cuando nace este movimiento. Lo impulsó un autoproclamado profeta, Marcus Garvey, que sus seguidores consideraron como San Juan Bautista reencarnado. El santo y seña de Garvey era "mirar hacia el África" para encaminar hacia ella todos los negros postergados y escarnecidos, y no sólo de Jamaica sino de todas las Américas: la del norte, la del sur, la ístmica y la insular caribeña. Garvey, naturalmente, era también negro. Ya por los años 20 había profetizado: "Miremos hacia el África; un rey negro será coronado; está cercano el día de la liberación".

El grupo de creyentes que fue formando con su prédica abrazó una religión en la que hay rasgos del cristianismo y el judaísmo. Su dios se llama Jah, una abreviatura de Yahveh, y la mítica Sion se ubicó en Etiopía. Debo aclarar que Sion llaman tanto los judíos como los cristianos a Jerusalen. Pero los rastafaris, que escribían Zion, se referían a la Nueva Jerusalen de los apocalipsis cristianos, la cual será la capital del reino de Cristo después del Milenario, es decir, de los mil años de su reinado en la Tierra.

Zion es la contrapartida santa de la impura Babilonia (Babylon) que así denominaron a la civilización occidental, industrializada y disoluta, culpable del cautiverio esclavista y explotadora de los pueblos africanos.

La de los rastafaris jamaiquinos configura toda una cultura o, si se quiere ser más exactos, una contracultura, opuesta a la de los dominadores blancos de Jamaica y todos los sitios de América poblados por negros. Posee una serie interesante de rasgos, ya en el culto, ya en la disposición del peinado en trenzas e indumentaria de sus seguidores, ya en su discurso anticapitalista y anticomunista, ya en su lenguaje, ya en su música, ya en el consumo ritual de marihuana durante sus ceremonias. Y se destacan también figuras representativas, como las de Marcus Garvey, Bob Marley y Leonard Howel, además de otros líderes de menos fama pero de poderosa influencia en los barrios pobres de las ciudades de Jamaica y de algunas otras islas caribeñas.

Por otra parte, el rastafarismo ganó espacios entre los fumadores de cannabis dispersos por el mundo, incluso en Etiopía.

Marcus Mosiah Garvey nació en una pobre aldea jamaiquina, de padre albañil, un buen lector que, a fuerza de sacrificios, se había hecho de una nutrida biblioteca. Era el menor de 11 hermanos, de los cuales solamente dos llegaron a la mayoría de edad. No cabía otra alternativa: eran hijos de negros amamantados por la miseria y devorados tempranamente por la enfermedad.

Trabajó en una imprenta y luego se hizo periodista. Luchó ardientemente contra la discriminación racial. Fundó la Asociación Universal para la mejora del hombre negro (UNIA), en el año 1914. Un dios, un objetivo, un destino, era el lema que la distinguía. Su bandera tenía los significativos colores rojo, negro y verde. Viajó a los EE.UU. donde estuvo preso durante dos años. Había creado una compañía de barcos para llevar los negros al África, la Black Star Line.

De regreso a Jamaica, donde sus ideas incendiaron la mente de los desposeídos afrocaribeños, fundó en el año 1929 el PPP, Partido Político del Pueblo. Sus miradas y pensamientos estaban puestos en el África y cuando Haile Selassie asciende al trono anunció que su profecía se había cumplido. El panafricanismo iniciaba su marcha. Se fué de Jamaica en el año 1935 y murió en Londres en el 1940.

Otro personaje digno de tomarse en cuenta en la gestación y crecimiento del movimiento rastafari es Leonard Howell. Este predicador y difusor del culto rastafari era conocido por sus seguidores como el Gurú Gong. Comenzó a predicar en el año 1933 la Buena Nueva para la gente negra: el etíope Ras Tafari Makkonen había sido coronado Emperador, convirtiéndose así en el Negus, el Rey de Reyes y el León de Judá. Pero, fuera de toda duda, Haile Selassie era El Mesías de regreso a la Tierra.El nombre Haile Selassie significa, traducido al español, "Poder de la Santísima Trinidad".

Fue Howell un incansable y valeroso predicador, muy mal mirado por los gobernantes ingleses de la isla. Escribió un libro ponderando las virtudes de la nueva religión, estuvo dos años preso por revoltoso y lo detuvieron medio centenar de veces. Sin embargo su prestigio creció entre los rastafaris y también lo hizo esa contracultura, enfrentada al Establecimiento. Este activista que jamás llevó trenzas al estilo rastafari, fundó una comuna llamada Pinnade, la que se convertiría algo así como en la ciudad santa de los devotos de la nueva religión. En el año 1934 comienza la persecución emprendida por el gobierno de Jamaica contra aquellos rastafaris que no quisieron jurar lealtad al rey de Inglaterra Jorge V. No obstante los castigos y la exclusión aumentó el número de adeptos, quienes proclamaron al África como la patria de origen y que, como lo expresaban sus líderes, era preciso retornar a ella para recuperar la antigua grandeza, pisoteada por la esclavitud y el colonialismo.

Los rastafaris se singularizan por su aspecto. Disponen el cabello en una gran cantidad de largas trenzas para imitar así la melena del León de Judá. Estos cabellos de tal modo trenzados (Dreadlooks) le confieren a la cabeza un aire inconfundible. En cuanto al atuendo usan gorros tejidos con forma de bolsones para guardar en ellos la abundante y leonina cabellera, ropas tejidas con fibras de cáñamo, amplias camisetas, remeras con los colores de la tierra madre -en el lado derecho para los hombres e izquierdo para las mujeres - y anchos pantalones. Las mujeres en vez de gorros coronan su cabeza con turbantes, los cuales se colocan también los asistentes a las ceremonias donde esta presente el aliento y magnificencia de Dios. En cuanto a los colores citados, ellos expresan valores simbólicos que remiten a los de la madre tierra etiópica. Dichos colores son el verde - el de la naturaleza vegetal que debe preservarse celosamente-, el amarillo - el oro que hace rica a la tierra- y el rojo - la sangre de los mártires muertos o heridos por declararse rastafaris y no abjurar de sus creencias-.También se recurre al color negro, que si bien no figura en la bandera de Etiopía simboliza la epidermis de los melanoafricanos. No olvidar que hay africanos blancos, como los berberiscos y con rasgos caucásicos - nariz y labios finos, carencia de mota, epidermis más clara que la de los sudaneses y bantúes- tal cual sucede con los etíopes.

Los rastafaris jamaiquinos hablan un inglés mezclado con voces propias de un patois que considera como un valioso signo de identidad. Su música es el reggae que si bien por los años 70 del siglo pasado constituyó una música de protesta de los oprimidos hoy se ha transformado en la música caribeña con mayor aceptación y difusión mundiales.

En Jamaica el reggae, música considerada profana, se mezcla con el nyahbinghi, ritmo sagrado que incorpora el redoble profundo y paroxístico de tres tambores con distintos sonidos y toques. Bob Marley guitarrista y compositor muerto tempranamente - tenía 36 años- fue una figura ayer venerada, y hoy casi mítica, que trascendía lo artístico para transformarse en un símbolo del estilo de vida y concepción del mundo rastafari. En sus canciones hacía la apología de la marihuana, pedía su despenalización, exaltaba los valores de una planta mágica que liberaba interiormente al usuario y ayudaba a los negros sojuzgados a liberarse del antiguo yugo de los señores blancos.

Mucho más podría agregarse, pero lo que importa es que en sus ceremonias se fuma ganja, la sagrada marihuana grata al Jah Rastafari, el dios viviente, creador del cannabis para que los condenados de la tierra soporten sus humillaciones y tengan fuerza para reivindicar sus derechos. La ganja orienta el paso del hombre por la vida, cura las enfermedades, es un místico sacramento. Lo que vale es el uso ritual, no recreativo del cannabis. Ayuda a comulgar con el Dios Todopoderoso. Quien fuma en estado de gracia escapa del ejercicio lúdicro, utiliza un medio para la santificación de su espíritu. La ganja está presente en todos los rituales. Se cantan himnos y se lee la Biblia. Todo el ceremonial tiene como telón de fondo sonoro la música nyahbinghi y no el reegae. En las ceremonia resuena el trueno de los tambores, que laten como el corazón de lo numinoso, como las sienes de lo sagrado. Y el humo azulado de la marihuana, de la ganja, reemplaza el incienso que aroma los cultos en otras iglesias. Fumar lleva dulcemente hacia la paz del alma, hacia la sabiduría de la mente, hacia la identificación de lo humano con lo divino. Complementando este ceremonial se realizan "razonamientos", es decir, que los fieles expresan en discursos personales, escuchados con mucho recogimiento por los asistentes, sus ideas acerca del espíritu rastafari, de la grandeza del Universo y sus elementos constitutivos, de las bondades de la ganja, de lo importante que es la solidaridad entre los oprimidos y marginados.Todos los creyentes se sienten hermanos y como tales se tratan.

Dejemos el Caribe y trasladémonos a América del Norte. El movimiento estadounidense Christian for cannabis, exalta en su Manifiesto las bondades de la marihuana: "Los Cristianos por el Cannabis creemos que las leyes que prohíben la posesión, el uso y el cultivo de la marihuana/cannabis son inmorales e injustas, y que el apoyo cristiano a éstas va en contra de la palabra de Dios. Basamos nuestra posición en la infalibilidad de la Biblia: la creación de la Tierra por Dios y todo lo que está en ella, incluída la semilla de la planta que llamamos marihuana. Las órdenes de Jesús fueron las de no juzgar nada antes del tiempo establecido para eso, y amar tal cual él amó, y como el amor no daña a ninguno de sus vecinos.

Nuestra misión es educar a toda la comunidad cristiana en lo concerniente a la invalidez detectada en las Escrituras acerca de la guerra contra las drogas, proveer recursos confiables de información para explorar la decisión y conocer los hechos, dar coraje a los usuarios del cannabis para tornarse más activos en el tema de repeler estas leyes, y para dar ese coraje, rezar y apoyar a la subcultura como un todo y a aquellos que trabajan en su nombre".[33]

Usos terapéuticos

Las plantas constituyeron, y lo siguen siendo hoy, la medicina de los pueblos ágrafos y tradicionales en contacto permanente con la naturaleza. Las curanderas medievales ayer y hoy las "yuyerías" que se esconden en los recovecos de las ciudades, despreciadas por la medicina oficial, preservan las viejas tradiciones y conocimientos empíricos de quienes tenían su farmacia

---

[33] CASTILLA, Alicia. Óp. cit. p.47

en la selva , el matorral o la pradera. Quien esto escribe, que nació con una hernia hiatal hereditaria, ha hecho desaparecer las molestias producidas en el esófago por un Barret mediante la ingestión de un preparado de semillas de cannabis y aceite de oliva. Dicho medicamento "casero"- a esta categoría lo rebaja la Academia Científica - no solamente alivió aquellas molestas sino que regeneró los tejidos epiteliales de la parte afectada de ese órgano. Es importante traer a cuento um apunte, que no es anedóctico, por cierto, para dar un mentís a quienes suponen que los preparados hechos con marihuana son meros placebos. Ya veremos que no es así a lo largo de este parágrafo.

La marihuana figura con firmes caracteres en la farmacopea popular y también en la científica, si bien las leyes que penan el uso de fármacos han perseguido a quienes, desde sus laboratorios, convierten las flores y las semillas en bálsamos salutíferos, en emisarios terapéuticos de múltiples aplicaciones para curar la enfermedad y restaurar la salud.

La historia conocida de las propiedades medicinales del cáñamo comienza en la China antigua. Casi tes mil años antes de nuestra era se publicó en China un herbolario en el que se encomiaban las virtudes curativas del cannabis. Dicho texto, denominado Pen-Tsao, se redactó cuando reinaba el emperador Shen Nung y hay quienes afirman que por él fue escrito. Se destacaba allí sus buenos efectos para tratar el estreñimiento, la gota y otras molestias provocadas por el reumatismo, el beriberi, los dolores menstruales de las mujeres, la malaria, la disentería y, en el plano psíquico, "las distracciones"o "ausencias mentales". No era este el único libro, aunque sí el más antiguo dedicado a los efectos curativos del cannabis. Fue sucedido por una serie de importantes tratados. En el libro de las odas (Shih-Ching) se le encomia como una planta múltiple, cuyas propiedades curativas son dignas de ser exaltadas poéticamente. Dados los usos y el amplio cultivo de la planta fueron apareciendo numerosos nombres para identificarla. El nombre básico del cáñamo es ma, según las entonaciones esta voz también significa amigo y caballo. Estas variaciones las escuché en la propia China, donde tuve que aprender, para entenderme con la gente de la calle, palabras del Mandarín, el Guanhuà o lengua oficial también denominada Beifanghuà, lengua del norte, y Putonghuà, habla del común de las gentes, que se compone de dos símbolos, los cuales representan gráficamente la planta [No son símbolos, sino signos]. La parte inferior y a la derecha de las líneas rectas se representan las fibras de cáñamo que penden de una viga. Las líneas horizontales y verticales representan el hogar en que se estaban secando. El nombre suele ampliarse a ta ma o da ma, el gran cáñamo, pero hay otros nombres, como por ejemplo huo ma, cáñamo de fuego, xian ma, cáñamo de lino, y huang ma, cáñamo amarillo. Las semillas de cáñamo se llaman ma zi y huo ma ren, semilla de cáñamo de fuego. Las flores hembras se denominan ma fe, rama fragante de cáñamo [….] Los farmacéuticos tradicionales chinos suelen usar huo ma para describir las semillas limpias del cáñamo que se añaden a los remedios locales para solventar problemas del estómago.[34]

Agrega dicho autor que la importancia del cáñamo fue tal que los chinos llamaron a su país "la tierra de la moral y del cáñamo". Es de suponer, por otra parte, que el cáñamo de fuego era el que tenía propiedades recreativas, que le proporcionaba ardimiento al shi (fuerza) del espíritu. Pero no terminan aquí las aplicaciones. Cuenta la historia que hacia el año 220 de nuestra era el cirujano Hoa tó, de larga fama, lo utilizaba como anestésico en sus operaciones. Por su parte en el manuscrito chino del Pen tsao kung mu, que data del siglo XVI de nuestra era, su autor, Li zhe chen, estudia a fondo las propiedades del cañamón o semilla del cáñamo y destaca que aumenta el shi interior de las personas, estimula la circulación de la sangre, detiene el envejecimiento, concede fuerzas a los paralíticos y mejora la secreción de la leche materna. Si se prepara con los cañamones triturados y tratados una especie de champú, dicho medicamento provoca el rápido crecimiento del pelo.

Pasemos a la India, donde también se la utilizó intensamente en diversas aplicaciones. En el libro cuarto de los Vedas, el Atharva Veda, se citan las virtudes del soma que ya no se le identifica con una bebida cuyo principal componente no es la amanita muscaria sino el bhang. Y digo así porque quienes suponían que era el hongo alucinógeno la base del soma no debían estar informados de algo que es fácil comprobar por el viajero. La ingestión de amanita muscaria causante del "vuelo" que junto con un chamán realicé enla pradera mongola circundante del desierto del Gobi o de las piedras, respondió a la ingesta de un hongo que crece en terrenos donde abundan las coníferas, cuyos ejemplares prosperan en las zonas septentrionales del Asia. Allí se extienden las tierras frías de la taigá, un bosque de árboles con hoja perenne que atraviesa llanuras y montañas con su ejército de pinos, alerces y abetos, inexistentes en la llanura gangética o el Punjab por razones climáticas. La "pinocha" caída de estas coníferas al renovarse las finas hojas de las ramas produce suelos ácidos, los podzoles- que en ruso significa "debajo de las cenizas" aptos para la existencia de este hongo "matamoscas". El soma era celebrado como la bebida de los dioses, pero también como un dispensador de salud: tenía propiedades antiansiolíticas y antipiréticas, curaba la disentería y acrecentaba la agilidad y creatividad de la mente. Posteriores tratados brahmánicos recomiendan los preparados del bhang para acabar con la tuberculosis, las enfermedades venéreas, la seborrea y la caspa. Según informan dos especialistas "la evidencia arqueológica más antigua del uso médico del cannabis data del descubrimiento, en 1944, de una tumba egipcia del tercer siglo d.c. En la tumba se hallaron los restos de una joven que había

---

[34] GREEN, Johnaton. Op. cit. p. 36

muerto de parto, acompañado por pequeñas cantidades de hachís, o resina concentrada de cannabis, que, aparentemente, se habían utilizado para facilitar dicho parto".

En el siglo IX antes de nuestra era los asirios, que junto con los babilonios habían heredado la sabiduría con que los sumerios manejaban el cannabis con fines terapéuticos, fabricaban una especie de cerveza a partir de los cañamones para evitar los dolores en la menstruación femenina. Recurrían también a baños de pies y enjuague de manos con líquidos hechos a partir del tratamiento de los cogollos para conjurar una serie de enfermedades relacionadas con la piel y los órganos internos.

Si nos trasladamos al mundo clásico podemos comprobar que los famosos médicos Dioscórides (año 80 de nuestra era) y Galeno (129- 201 de nuestra era) prescriben el uso del jugo de granos de cannabis para combatir la flatulencia y los dolores de oídos. En cuanto al ardor sexual no coinciden ambos sabios. Dioscórides afirmaba que era antiafrodisíaco mientras que Galeno decía lo contrario. Este agregaba que además de los efectos carminativos si se utilizaban a menudo los granos luego de las comidas sobrevenían molestias gástricas y dolores de cabeza. Pero lo peor era que provocaba impotencia.

Se le utilizaba también como anestésico. Es curiosa la mención al jugo de granos - se supone que así denominaban a las semillas- y no a los cogollos, los cuales son más seguros candidatos que aquellas para producir alivio a los males descritos y provocar insensibilidad durante las operaciones quirúrgicas. Aben al-Batar, en el siglo XIII destacó las propiedades del haxix para conjurar el mareo de los marinos árabes, que sistemáticamente recurrían a este producto elaborado con la resina de las inflorescencias del cannabis para realizar sin contratiempos sus largas singladuras por mares tempestuosos.

En la medicina árabe y en la de la India musulmana se recurre al haxix y al benji para tratar la gonorrea, la diarrea y el asma. Se les encomia, además, como analgésicos y estimulantes del apetito. La medicina folklórica indostánica proponía el empleo del bhang y la ganja como estimulantes cuando era preciso conjurar la fatiga provocada por trabajos muy pesados. Por otra parte se recomendaba que en forma de cataplasmas ambos ayudaban a la curación de las llagas y heridas, y que las inflamaciones de las mucosas y las hemorroides se aliviaban grandemente si se les colocaba como emplastos. El extracto de ganja provocaba un sueño tranquilo al par que calmaba las neuralgias, migrañas y dolores menstruales. En la actualidad los campesinos preparan bebidas con extracto de cannabis mezclado con hierbas medicinales para la cura dedispepsias, las diarreas, la disentería, la fiebre, el cólico renal, la dismenorrea, la tos y el asma. A los tónicos elaborados a partir de extractos de cannabis se les atribuye propiedades afrodisíacas.

El uso medicinal del cáñamo se expandió por todo el mundo. Las tribus bantú que habitaban el sur africano, en Rhodesia especialmente, utilizaban una mezcla de hierbas, entre las cuales prevalecía el cannabis, para tratar el tan temido ántrax, la fiebre intermitente biliosa hemoglobinúrica, la malaria, la disentería y el envenenamiento de la sangre. Por su lado los hotentotes recurrían a preparados con las flores del cáñamo para cosas tan distintas como infundir energía valerosa al espíritu y conjurar los efectos del veneno de las serpientes.

En el Medioevo europeo los campesinos utilizaban el cáñamo, que le proporcionaba fibras para hacer sus vestidos, con fines medicinales ya que sus flores formaban parte de bebidas y ungüentos cuyas propiedades curativas figuran en los herbarios recopilados posteriormente por Mattioli, Turner y otros investigadores que, atentos al saber del pueblo, lo consagraban en obras de carácter precientífico. García de Orta, un médico portugués, se trasladó a la India para ejercer allí su profesión pero de maestro se convirtió en discípulo al interesarse en las propiedades medicinales del cannabis y aplicarlas en sus tratamientos curativos. Se dedicó a cultivar variedades locales de los ejemplares índicos, ricos en resina, y luego de numerosos experimentos con las propiedades de los cogollos resultantes de las hibridaciones escribió en el año 1563 un tratado sobre el valor medicinal de los productos elaborados con el cannabis. Un siglo después, en Europa, se edita el Complete Herbal donde se da cuenta de los usos terapéuticos de los remedios preparados con la flor del cáñamo en la cura de la ictericia, los cólicos, los flujos, la fiebre intermitente [malaria], las lombrices, la tos seca o "caliente", las quemaduras, los dolores de cadera, las "articulaciones nudosas"[artritis], las inflamaciones en general, la gota y, como cosa para nosotros extraña, "la picadura de tijereta". Las tijeretas son insectos dermápteros (con alas en la piel, o piel con alas) también llamados cortapichas, cuyo aspecto temible – presentan en la parte trasera de su abdomen dos formaciones triangulares que semejan las hojas de una tijera de podar abierta- ha dado lugar a muchas leyendas en el folklore europeo. Se dice que son peligrosas porque se introducen en los oídos y ahí desovan. Pero no son venenosas, como a veces se ha sostenido.

En un completo trabajo de investigación, que incluía un recetario de medicamentos compuestos a partir de distintas hierbas, Nicolás Culpeper recomendaba hacia mediados del siglo XVII beber "una emulsión de decocción de la semilla [de cannabis] para aliviar el cólico y los siempre molestos humores de los intestinos y las hemorragias de la boca y nariz....".

Las propiedades curativas del cannabis se expanden a los círculos de herboristas y médicos. En el Edinburgh New Dispensatory publicado en el 1794 se comentan los efectos curativos del cannabis en las enfermedades venéreas ("calor de orina"), la incontinencia urinaria y la tos, cuando ésta es tratada con leche caliente en la cual se vierte aceite de semillas de cáñamo. Dice que si bien emplea en sus preparados semillas de cáñamo, sospecha que la flor puede tener también poderosos efectos curativos.

Es interesante seguir los pasos dados por la medicina europea para perfeccionar los conocimientos acerca de los valores curativos del cannabis. Los médicos que acompañaron a Napoleón en la conquista de Egipto, advirtieron como la gente del pueblo lo utilizaba como una múltiple medicina, y esta preocupación se fue acentuando en los círculos científicos. "El médico Louis Aubert- Roche fue uno de los primeros en investigar el cannabis con un libro del 1840 sobre el empleo del hachís para tratar la peste, la fiebre tifoidea y otros trastornos físicos. Los curiosos efectos subjetivos producidos por esta planta – como la extensión del tiempo, el diálogo interior, y la sensación de atemorizado respeto- causaron un gran revuelo en el recién nacido campo de la psicoterapia. El psicólogo Jacques- Joseph Moreau de Tours se interesó por la influencia del hachís en la mente en una época en la que, por fin, la psique humana se abordó desde una perspectiva natural y humanista más que como el reino sobrenatural e incontrolable de los ángeles y los diablos. Gracias a las minuciosas observaciones de las reacciones de las personas, incluídas las propias, al hachis, - sobre todo su disposición positiva a las sugerencias y a evaluar nuevas posibilidades-, Moreau planteó la hipótesis de que las sustancias psicoactivas podían servir para tratar o reproducir la enfermedad mental y contribuir a la curación de los enfermos. Sus estudios de 1845 sobre la datura y el hachís pretendían ser un tratado que documentaba los beneficios físicos y mentales y que, en última instancia, sentaron las bases de la psicofarmacología moderna y el empleo de numerosos tratamientos con drogas psicomiméticas".[35]

La irrupción masiva de las terapias fundamentadas en el uso del cannabis debe ser atribuida a William O'Shaughnessey, un médico irlandés que, recién graduado, viajó a la India para integrarse al Servicio Médico Bengalí. No bien se familiarizó con las prácticas medicinales indostánicas pudo advertir el relevante uso del cannabis.

Antes de recurrir a los distintos preparados de la farmacopea tradicional experimentó con ratas y conejos y los auspiciosos resultados obtenidos lo animaron a utilizarlos con enfermos de reumatismo, convulsiones, rabia y tétanos. Los efectos curativos confirmaron la bondad de las terapias tradicionales y ello lo animó a traspasar los límites que separan el folklore de la ciencia. Los éxitos obtenidos lo convencieron de que los distintos preparados de cannabis mitigaban el dolor, relajaban los músculos y eran anticonvulsivos. "En 1842 llevó una pequeña cantidad de cannabis a

---

[35] CONRAD, Chris. *Op. cit.* pp.42-43

Inglaterra y Peter Squire, en Oxford Street, Londres, se encargó de convertir la resina en extracto medicinal y de distribuirlo entre un gran número de médicos, que lo utilizaron…."[36]

Se prefería los medicamentos elaborados con cannabis ya que no provocaban los efectos secundarios consustanciales a los opiáceos. Si bien no existía un corpus de datos científicos que probaran las excelencias terapéuticas del cannabis, las farmacias lo incorporaron con prontitud y abundancia al repertorio de medicamentos.

(que también contenía morfina, Squibb Cº), las Pastillas Sedantes del Dr.Brown, y La Cura de la Tos en un día. (Eli Lilly Cº). La Compañía Grimault e Hijos lanzó al mercado cigarrillos de cannabis como remedio contra el asma. Cuando en el 1937 el cannabis fue retirado del uso terapéutico en los Estados Unidos, unos veintiocho medicamentos distintos contenían esta sustancia entre sus ingredientes, y en muchos de ellos no aparecía indicación alguna de su presencia".[37]

Se ha confirmado que la utilización de la marihuana a partir de la entrada de los beatniks y los hippies en la escena cultural de los EE.UU. Este auge en el terreno recreativo impactó en el terapéutico. Aparecieron manuales, folletos, artículos en revistas especializadas y en los periódicos divulgando recetas para combatir diferentes enfermedades. En un informe divulgado en el año 1997 la Asociación Médica británica afirmó que "…la mayoría de los buenos ciudadanos cumplidores de sus deberes cívicos y probablemente miles en el mundo desarrollado consumen cannabis de forma ilegal por razones terapéuticas".

Se han escrito libros minuciosos acerca de las propiedades medicinales de esta planta que de mágica se ha convertido en el trampolín de una medicina alternativa que es adoptada por un número creciente de personas. He consultado varias de estas publicaciones. Están escritas por médicos y estudiosos usuarios bien asesorados, no por practicones. Quienes recomiendan su utilización en diferentes enfermedades lo hacen con lujo de detalles y convicción razonable, fundamentada en experiencias efectuadas con enfermos de distintas clases sociales y diversos tipos de dolencias, desde las gravísimas hasta las de poca monta, aunque pertinaces y molestas. Como no es mi intención extenderme en este campo, que día tras día despierta tempestades de desconfianza en el bando oficial y demostraciones de positivos resultados entre quienes recetan y utilizan el cannabis, voy a

---

[36] IVERSEN, Leslie L. Marihuana. Conocimiento científico actual. Editorial Ariel, Barcelona, 2001, p. 165
[37] *Id. Ibíd.* p. 173

transcribir los títulos de capítulos y parágrafos de un libro escrito por tres autores de renombre.

USOS MÉDICOS DE LA MARIHUANA

- Antiemético y estimulante del apetito
- Síndrome de consunción por Sida
- Otros usos como antiemético
- Efectos anticonvulsivos
- Epilepsia
- Esclerosis múltiple
- Lesiones de la médula espinal, paraplejia y tetrapléjica
- Otros trastornos del movimiento y espasmos musculares
- Calambres menstruales y dolores del parto, calambres intestinales
- Síndrome de Tourette
- Distonías
- Envenenamiento causado por la araña viuda negra.
- Reductor de la presión intraocular
- Glaucoma
- Otros efectos oculares
- Bronquio dilatador para el asma
- Analgésico y antiinflamatorio
- Artritis y reumatismo
- Aplicaciones psicológicas
- Depresión clínica
- Contra la ansiedad
- Insomnio
- Alcoholismo y dependencia de las drogas.

Otras enfermedades inflamatorias autoinmunes, músculo-esqueléticas , de los sistemas central y periférico, del sistema gastrointestinal, genitourinarias, endócrinas, de la piel, otorrinolaringológicas, cardiopulmonares.

Tal es la lista que figura en las páginas del Manual Médico de la Marihuana escrito por Rosenthal, Gieringer y Mikuriya, al que me remito.[38]

Un estudio detallado y preciso de las aplicaciones medicinales del cannabis se encuentra en un libro de Alicia Castilla, renombrada estudiosa de

---

[38] *Id. Ibid.* pp. 44-45

este tema, cuyas publicaciones han circulado profusamente en América latina y en España.[39]

Otros temas requieren un tratamiento amplio en estas páginas. De tal modo desarrollaré de inmediato lo que, en más de un sentido, constituye la médula del presente libro.

Usos recreativos

En capítulos anteriores ubiqué a la marihuana en el neblinoso sitio al que la remiten sus propiedades. Los efectos de la cocaína son tan claramente perceptibles, firmes y reiterados como los del opio o la *ayahuasca*. Pero no sucede lo mismo con el THC y demás integrantes de las 400 sustancias químicas que contienen los resinosos cogollos.

No encontré más expresivos conceptos acerca de los contradictorios efectos de la marihuana fumada de diversas maneras, inhalada o ingerida que en excelente tratado de Rosenthal, Gieringer y Micuriya. En él sus autores dicen lo siguiente:

"La marihuana tiene la capacidad paradójica de producir reacciones opuestas en circunstancias diferentes [...] Una vez más hemos de decir que la marihuana puede producir euforia, placer o relajación, en una ocasión, y malestar, depresión o ansiedad en otra. La naturaleza paradójica del *cannabis* procede del hecho de que sus efectos son filtrados a través de los centros superiores de la conciencia humana. Por ello, el poeta francés Baudelaire llamó al *hachís* el espejo de aumento, enfatizando la importancia de la personalidad, además del *set and setting*.

La marihuana tiene resultados diferentes en gente diferente. La gente que la aprecia la usa a menudo para aumentar la intensidad de sus sensaciones. Pueden fumar antes de comer, escuchando música, presenciando partidos o películas, o dando un paseo o una excursión, o de charla con los amigos, o simplemente reflexionando. Muchos consumidores advierten sentimientos subjetivos de creatividad e inspiración, aunque esto no siempre soporta un sobrio análisis posterior. Muchos consumidores devotos comunican sentimientos de euforia, alegría, buenos deseos, empatía y sentimientos religiosos. Dicen que la marihuana los ayuda a pensar en cosas serias, en ponerse introspectivos y espirituales, a captar la esencia de las cosas.

La persona a la que no le gusta la marihuana se queja de ansiedad, inseguridad, paranoia, timidez, irritabilidad, disforia y pérdida del autocontrol. Pueden también percibir que interfiere en su capacidad laboral,

---

[39] Castilla Alicia *Op.cit* p 79

concentración y funciones. Los efectos de la marihuana son especialmente dependientes de las variaciones en el decorado y las situaciones individuales (*set and setting*) El *set* (escenario, decorado) se define como lo que el consumidor aporta a la droga: su propia situación médica, psicológica, fisiológica, estado mental, etc. [...] El *setting* (colocación, situación) es la situación externa en la cual el consumidor toma la droga: el entorno físico, sensorial y social. Las personas que habitualmente disfrutan de la marihuana, a menudo reaccionan desfavorablemente en circunstancias negativas, si están presionados por las obligaciones, desconcertados por una compañía que no les resulta agradable o si se encuentra en entornos desagradables".[40]

El método escogido en este libro para el estudio de los diversos usos del *cannabis,* me ha obligado a separar, como antes quedó expresado, lo que muchas veces iba junto.

En los países de Oriente mencionados al estudiar los aspectos rituales y los terapéuticos del uso del cáñamo ya estaban presentes los recreativos. A ellos voy a referirme de inmediato, comenzando por la China y la India.

En la China antigua dominada por el taoísmo no era mirado con buenos ojos el uso de la marihuana con fines recreativos. El taoísmo perseguía la felicidad perfecta del hombre y su longevidad virtuosa. El *tao,* o camino, debía estar intensamente vinculado con el *u-wei* o sea pasividad, inactividad, quietud del cuerpo y del alma, indiferencia a lo que sucede alrededor de la persona y rechazo a la guerra y todo tipo de violencia. De espaldas al mundo, el practicante de esta disciplina debía ser humilde con respecto a los terceros pero perseverar en el orgullo y el amor a sí mismo para lograr un beato estado de felicidad, lo que suponía también una larga vida, exenta de inquietudes y preocupaciones. Como se podrá comprobar, mediante el ejercicio de un perfecto egotismo, se tendía a dignificar la conciencia del Yo. Para lograr la tan buscada inmortalidad el taoísmo recurrió a una serie de medios auxiliares: ascetismo, alimentación apropiada, magia, alquimia y plegarias en honor de los dioses más importantes. Se trata de una práctica solo accesible a quienes están liberados del trabajo manual. Y digo así porque el desprecio al pueblo está presente en las enseñanzas de Lao Tse: si la gente del común recibe buena ("demasiada") educación, sufre y está ganada por el descontento. No obstante se mantienen los Cinco Preceptos confucianos: no matar, no mentir, no robar, no cometer adulterio, no beber alcohol ni consumir sustancias que alteren la conciencia. Y se procura cumplir con las Diez Virtudes: "piedad filial, lealtad a Emperadores y Maestros, bondad hacia todas las criaturas, paciencia y reprobación de la mala conducta, sacrificio de uno mismo a fin de ayudar a los pobres y dar libertad a los esclavos, plantar árboles, abrir pozos y caminos,

---

[40] ROSENTHAL, Ed; GIERINGER, Dale; MIKURIYA, Tod. Manual Médico de la marihuana. Guía para su uso terapéutico. Castellarte, Barcelona 2003.

144

enseñar al ignorante y promover el bienestar, estudiar las Escrituras y hacer las debidas ofrendas a los dioses".

El motivo de la prohibición de las bebidas alcohólicas y otras sustancias psicotrópicas estaba fundado en uno de los dos grandes principios de la cosmovisión china. Estos principios eran, y son, el *yin* y el *yang*. El *yin* representa la tierra, lo frío, lo femenino, lo pasivo, lo negativo, los números pares, lo oscuro, lo destructor. El *yang* representa el cielo, lo masculino, lo cálido, lo activo, lo positivo, los números impares, lo constructivo, lo luminoso. La lucha y complementación entre estos "alientos" opuestos presiden el orden cósmico y la vida humana. El taoísmo exaltó los valores del *yang*, el gran organizador de las fuerzas positivas de la naturaleza y le dio la espalda al *yin*, donde figuraban las sustancias psicoactivantes que hacía languidecer los cuerpos de quienes las utilizaban.

Pero el taoísmo inicial evolucionó y hacia el siglo I de nuestra era sus fieles arrojaban cogollos secos de *cannabis* al incensario y el humo operaba sobre sus conciencias, a tal punto que había quienes sufrían alucinaciones. Estos efectos, según su creencia, no solamente perfeccionaban las almas sino que tendían vías hacia la inmortalidad, tan deseada por los taoístas.

En cuanto a los usos recreativos del *cannabis* en la cultura hebraica durante los tiempos bíblicos, la investigadora residente en Jerusalen, Sula Benet, afirma que no hay que trasladarse a Mesopotamia para dar con el origen y la etimología del nombre. En efecto, según su criterio *cannabis* derivaría de las voces hebreas *kaneh* (junco) y *bosm* (aromático). En diversos libros del *Tanaj* – la Antigua Alianza que impropiamente se denomina Viejo Testamento- aparece este nombre. Así, en Exodo 20, 23, Dios, que de Elhoim se transformó en Yahwéh, a partir del oasis de Maidan, camino a la Tierra Prometida, ordena a Moisés preparar un ungüento para los reyes y los sacerdotes utilizando mirra, canela dulce, cassia y *kanet bosm*. Anoto de paso que el sagrado e inefable nombre deYHWH – sólo compuesto por consonantes- no se podía pronunciar y se le sustituía por el de Adonai, o sea Señor. La voz *kanet bosm* aparece en el Cantar de los Cantares, 4, 14, donde se encomian las delicias del Paraíso y se repite en Ezequiel 27, 19, cuando se citan los productos introducidos por los comerciantes fenicios. El tema, por la relación que tiene con las raíces judeocristianas de la civilización de Occidente - las otras son las greco romanas- merece un más amplio desarrollo.

Una ceremonia semejante a la de los taoístas chinos celebraban los escitas, muy lejos del Celeste Imperio. En los libros que tratan la historia del *cannabis* se recurre a una famosa descripción de Herodoto acerca de sus rituales vinculados con la "quema de semillas", un error una y otra vez repetido por quienes transcriben lo expresado por el viajero e historiador griego. Ante lo que cuenta Herodoto adoptan una actitud pasiva, reproduciendo lo expresado por el testigo griego sin recurrir a una mirada crítica. Las semillas no podían producir los efectos narrados por Herodoto. Eran los cogollos secos empapados de resina los causantes de aquellos "aullidos de regocijo". Tampoco se aclara mucho con decir que los escitas pertenecían a la gran familia indoeuropea, término que se refiere a su lengua y no a su filiación étnica. Los escitas eran nómadas. Los datos acerca de su cultura y sobre todo, su arte tan celebrado, indican que provenían del Asia Central y estaban asentados en el siglo V antes de nuestra era en un territorio situado entre el río Danubio, el Mar Negro, las montañas del Cáucaso y el río Volga. Venían del Asia Central, lo que supone posibles contactos con los chinos y los indostánicos, operados allá por los siglos VII y VI antes de nuestra era. Al llegar a las puertas de Europa derrotaron a los cimerios y se asentaron en la región antes señalada. Desde allí se proyectaron al Asia Menor, donde fueron rechazados por los medos. Se refugiaron en Crimea y dos siglos antes de nuestra era los sármatas acabaron con ellos.

Se han efectuado, como antes expresé, intentos para descubrir, en ciertos libros del *Tanaj* hebreo, menciones al uso recreativo del *cannabis*. Pero mucho más ricos son los testimonios que nos ha legado la vieja Europa.

Hay pruebas que señalan el uso del *cannabis* entre los celtas y los pictos, ambos del mismo origen. Los celtas de cabellos rubios, ojos azules y lengua indoeuropea nomadizaban por las estepas rusas tres mil años antes de nuestra era. Galos y celtas eran la misma cosa, y por donde pasó esta etnia quedaron los nombres de Galitzia, Galicia y país de Gales. La raíz indoeuropea *gal* significa fuerza, energía. Otra etimología se remite a la voz griega *gala*, leche, dado que era muy blanca la epidermis de estos pueblos.

Los celtas ya conocían el cáñamo y en sus peregrinaciones llevaban consigo las semillas. Llegaron así a las islas Británicas donde las tribus de escotos y pictos – llamados estos últimos así por los romanos pues pintaban sus cuerpos antes de entrar en batalla- nos han legado pipas de bronce, halladas por los arqueólogos en las tumbas de aquellos pueblos que hablaban en lenguas gaélicas. Intriga la existencia de estas pipas. El tabaco, oriundo de América, llegó a Europa luego del hallazgo del Nuevo Mundo, donde se produjo un mutuo "descubrimiento" entre los invasores españoles y los invadidos indígenas. Este contacto resultó grato para los que se apoderaron del oro y la plata, y desdichado para los pueblos conquistados.

No se han encontrado, que yo sepa, rastros de ceniza en esas pipas, pues de este modo podría asegurarse que se trataba de instrumentos para fumar *cannabis*. Las pipas se depositaban en las tumbas, como sucede con los honores que tantas culturas hacen al difunto, para que disfrutaran en el más allá lo que los satisfacía durante su residencia en la Tierra. Se suponía que en el más allá el alma de los muertos estaría provista de todo aquello que les hacía grata la vida en este mundo.

El paso de los pueblos bárbaros por Europa central nos proporciona algunas pistas para confirmar la marcha del *cannabis* del este hacia el oeste. En una urna funeraria del siglo V antes de nuestra era, desenterrada en el sitio de Wilmersdorf, Alemania, los

arqueólogos encontraron semillas, tallos, hojas y cogollos reconocibles de plantas de cáñamo. Y todo ello nos lleva de la mano al uso del *cannabis* por los pueblos que ocupaban la cuenca del Mediterráneo.

En la Odisea de Homero se narra que al llegar Telémaco a la corte de Menelao evocó con tristeza las vicisitudes sufridas por su padre Ulises en las navegaciones que, luego de diez años de errar por mares e islas, le permitieron llegar sano y salvo a Ítaca, donde tenía su señorío (era un reyezuelo y no un rey). Los comensales también se condolieron de aquellas penurias y al verlos tan melancólicos Helena, la anfitriona, les ofreció una bebida llamada *nepenthes*, la cual les devolvió el buen talante. La mirra y el *cannabis* formaban parte de los fármacos agregados al vino para levantar los espíritus de quienes se condolían de la vida dura de Ulises y los suyos durante los años que peregrinaron, sorteando mortales peligros, en busca de su patria. La bebida que los servidores de los Atridas escanciaron a los convidados tenía la virtud de "hacer olvidar el dolor y la infelicidad". Hay una interesante aclaración en los versos homéricos. La misteriosa y a la vez milagrosa planta utilizada por Helena, la bellísima reina rescatada de las manos de Paris, con el que había huido a la destruida ciudad de Troya, provenía de Egipto, donde era ampliamente conocida y usada.

Las mujeres de la ciudad griega de Tebas utilizaban el *cannabis* para elaborar una bebida semejante al *nepenthes* homérico, según cuenta Diodoro Sículo en uno de sus libros.

El gran historiador griego Herodoto (484-425 antes de nuestra era) se refiere al uso recreativo que los escitas hacían del *cannabis*, pero, como se vió, comete una grave equivocación: confunde con las semillas del *cannabis* las bolitas de *haxix*, que sin duda tienen una larga data, anterior al nombre dado por los árabes a la "hierba". Al referirse a los baños de vapor de los escitas, que en este caso no serían tales salvo que, conjuntamente con el vapor de la *sauna* (esta voz es de origen finés) se quemaran los conglomerados de resina, Herodoto escribe: "De este cáñamo los escitas toman solamente los granos, se meten bajo sus tiendas de fieltro y arrojan estos sobre piedras candentes. Cuando los granos caen en estas piedras, humean y esparcen un vapor [no, una humareda] que no puede compararse al de ningún baño de vapor heleno. Ahora bien, los escitas lloran de alegría por este vapor, el cual les sirve de baño, pues no se bañan jamás en el agua". Pomponio Mela (siglo I de nuestra era) expresa en su Chorographia, al referirse también a los escitas, que después de la quema de granos de cáñamo los invade una "alegre borrachera".

Por su parte el poeta romano Ovidio refiere en uno de sus famosos libros, *Las Metamorfosis*, que Glauco, un ocioso hedonista, había ingerido una "hierba" que, al provocar cambios en su psiquis, le facilitó el acceso al reino de los dioses marinos, Océano y Tetis, quienes le permitieron vivir en las profundidades, haciéndole crecer una cabellera y una barba "verdes como la esmeralda". Los tratadistas que se han dedicado a contar la historia de los fármacos vegetales de efectos psicotrópicos sospechan que tal hierba no era otra cosa que la flor del *cannabis*.

Muchos escritores y estudiosos romanos se refirieron a los efectos sorprendentes de la flor del cáñamo. Plinio el Viejo nos ha legado una concisa descripción de la planta y sus usos en su enciclopédica *Naturae Historiarum*.

Los potentados romanos hacían quemar durante sus fiestas una hierba llamada *kyphi,* la cual les producía una benefactora influencia, adormeciendo sus espíritus, librándolos de preocupaciones, abriéndoles las puertas a un estado de confraternidad serena con los demás comensales. Muy posiblemente se trataba del *cannabis*, aunque no se debe descartar el opio.

El naturalista Dioscórides, con la autoridad que lo caracterizaba, pues había estudiado a fondo las propiedades del *cannabis*, lo recomienda a quienes buscan sensaciones gratas al visitar el mundo irreal al que le permitían acceder "los estados novedosos" de conciencia proporcionados por las flores de aquella extraordinaria planta.

El famoso médico Galeno cuenta que en las reuniones colmadas de excesos de la corte imperial romana se repartían cogollos de cáñamo entre los presentes para que, al olerlos y mordisquearlos, los sentimientos amables, propensos a la risa y el bienestar, despejaran las mentes coléricas o melancólicas de las víctimas de las borracheras.

El comercio del *cannabis* estaba manejado por los cartagineses, aquellos descendientes de los fenicios que, aposentados en el norte del África, crearon un poderoso imperio marítimo cuyas puntas de lanza eran las factorías costeras. En el año 1969 se encontraron, gracias a los trabajos de los arqueólogos marinos, dos ánforas llenas de *haxix* en la bodega de un navío cartaginés naufragado en el siglo III antes de nuestra era. Dicho producto cannabico no solamente se comerciaba sino que se supone que también era consumido por la marinería para afrontar con serenidad el furor de las tempestades y el esfuerzo demandado por los combates. Efectivamente, la nave hallada en el fondo del Mediterráneo había sido hundida por los romanos en una de las guerras púnicas entabladas entre Cartago y Roma por el dominio del *Mare Nostrum* y el acceso a los grandes trigales de Sicilia. Los romanos eran adictos al opio, una droga menos cara que el *haxix*, pero los integrantes de las clases altas, al disponer de cuantiosos medios para adquirirlo, igualmente se lo compraban a los comerciantes cartagineses para su disfrute personal.

La historia del uso placentero, recreativo, lúdicro o hedonístico del *cannabis* irradia desde el Mediterráneo grecorromano hacia la Europa medieval al par que el trampolín del Lejano y Medio Oriente lo traspasa a la cultura árabe que a partir del siglo VII proyecta la influencia del Islam sobre un imperio que se extendería desde España y norte del África hasta la India.

Hay otros caminos, otras rutas que dispersan el uso recreativo del *cannabis* en casi todas las regiones del Viejo Mundo. Pero no olvidemos que si bien he ordenado en parágrafos separados los distintos usos del *cannabis,* ellos interaccionan en un complejo sistema donde lo ritual, lo terapéutico, lo recreativo, lo culinario y lo industrial van juntos.

Lo que sigue no responde a un proceso lineal si bien procura ofrecer una información abundante y necesaria acerca del uso hedónico de la marihuana.

Comencemos con los árabes quienes, antes y después de la implantación del Islam, conocieron las virtudes del cáñamo. La marihuana puede utilizarse, primeramente, a partir de los cogollos convenientemente secados y luego trizados, sin llegar a pulverizarse – como sucede con el rapé extraído del tabaco- y, en segundo lugar, tratando la resina de tal modo que con ella se puedan elaborar unas bolitas de color oscuro y poderosa concentración del THC.

En este caso se obtiene *haxix*, o hachís, si se españoliza el término. Inicialmente se le denominó *haxix al-fokkar*a, o sea hierba de los faquires, lo que indica que los *yogui* de la India habían incorporado el *cannabis* a las prácticas de su disciplina y que los árabes, quienes antes de la conquista por tierra llegaron por mar a esa inmensa cuña continental hincada en las aguas oceánicas, conocieron tempranamente sus propiedades.

En las narraciones de la época se citan dos psicotrópicos utilizados en los festines y orgías de los magnates del califato abbasí: el *haxix* y el *bendsch*. Este último tal vez se tratara de un producto extraído del beleño, según opinaba C. Hartwich en su documentado libro *Die menschlichen Genus Giftee,* publicado en el año 1911. En un fragmento de *Las Mil y Una Noches*, una antología de leyendas y cuentos populares recopilados entre los años 1000 y 1700, uno de los personajes de un relato expresa lo siguiente: "Por otra parte yo supongo que ambos son adictos al *haxix,* especie que al ser incorporada al organismo humano lo transforma en un charlatán fantasioso y amante del poder. De tal modo se convierte primeramente en sultán, después en visir y finalmente en mercader, y de tal manera se siente dueño del mundo. A las flores del *haxix* se le agregan raíces aromáticas y una pizca de azúcar: esta mezcla debe cocinarse para hacer un postre muy sabroso. Quienes lo prueban y luego, complacidos, lo comen, comienzan a proferir frases incomprensibles".

Los cruzados medievales que regresaban a sus hogares luego de combatir contra los "perros infieles" musulmanes, narraban historias y leyendas escuchadas en el Cercano Oriente. Esta que va a continuación está a caballo entre ambas. Se trata de la del Viejo de la Montaña.

Una de las sectas musulmanas surgidas en el Islam en el siglo VIII de nuestra era fue la de los ismaelitas, pertenecientes a la rama chiita, enemiga mortal de la sunita, cuyos integrantes fueron denominados los "fanáticos". Aguardaban la llegada del *Mahdi,* un mesías que fundaría el reinado de la justicia en el mundo. La teología de estos sectarios era sumamente interesante: Alá se había servido de la Razón Universal, una divinidad secundaria, como de un trampolín, a los efectos de crear los mundos y la vida. Esta Razón Universal originó el Alma Universal, de la que brotaron la Materia Primera, el Espacio y el Tiempo. La unión y acción conjunta de estos cinco principios hizo nacer el Universo.

Los ismaelitas y la secta de los fatimitas -Fátima era hija de Muhammad, Mahoma o Mahomet, según la lengua que se utilice para nombrarlo- se habían apoderado del África del norte y estaban fraccionados en varias sociedades secretas, cuya solidaridad interna era muy poderosa y desafiante. Pertenecía a una de estas sociedades Hassan Aben Sabah, un hombre representativo de los tiempos revueltos – frío, despiadado, calculador- que tenía sueños de grandeza y seguidores para lograrlos. En efecto, hacia el año 1090 se apoderó, utilizando a la vez la sagacidad y la violencia, de la famosa fortaleza de la montaña de Alamut, situada en la cercanía del estratégico mar Caspio y por todos considerada como inexpugnable. Desde este centro de operaciones lanzó expediciones relámpago, *razzias* de saqueo en realidad, sobre el norte de Irán, Kurdistán y Siria. Era un verdadero y temido azote este genio del mal.

Y aquí viene la leyenda, que puede tener algunos visos de realidad si es bien interpretada. En efecto, Hassan reclutaba sus secuaces entre muchachos jóvenes, a quienes sometía a un especial tratamiento para convertirlos en una especie de incondicionales zombies. Una vez ingresados a su pequeño ejército se les servía una bebida embriagante que los anonadaba. Perdían la voluntad propia, se dejaban conducir dócilmente, como si fuesen corderos. Pero la verdad es que estaban siendo preparados para convertirse en lobos. En ese estado de estupefacción eran conducidos a un bellísimo jardín, lleno de fuentes cantarinas, árboles frutales y hermosas flores. Pero lo más seductor

150

era la sorpresa que allí les aguardaba. Sensuales muchachas los mimaban, acariciaban y finalmente copulaban sabia y sabrosamente con ellos. Más no se podía pedir. Al salir de ese estado de duermevela comprobaban, ya con los sentidos bien despiertos, que estaban en un lugar semejante al Paraíso de Muhammad, prometido a los buenos creyentes. Y el jolgorio seguía durante varios días, amenizado con músicas, bayaderas, comilonas y diestras cuanto complacientes prostitutas, incansables en sus favores.

Lo dicho anteriormente, acerca de la cancelación del estado de adormecimiento, es un agregado mío. La leyenda cuenta que talestado duraba varios días, lo cual es imposible.

De regreso al cuartel de la fortaleza, Hassan les prometía renovadas orgías y goces terrenales como los recientemente gustados si acataban ciegamente sus órdenes. Tal vez no fueran así las cosas, según puede deducirse del análisis juicioso de los efectos de las sustancias que cambian los estados de conciencia. No se repetiría la primera prueba, que había enajenado sus voluntades, sino que probablemente les mencionaría las delicias del Paraíso de los Creyentes, *al- Janna*, donde disfrutarían de interminables francachelas con las huríes, si cumplían sin chistar con sus mandatos, por más difíciles que fueran las misiones impuestas. Los jóvenes incorporados a la Orden fueron llamados en un principio *fidáwinm,* los abnegados, pero mas adelante se les conoció como los *haxixins*, aludiendo de tal modo a la sustancia que se les había suministrado al ingresar al ejército de los que hoy se denominan sicarios. También la leyenda cuenta que se les suministraba *haxix* antes de partir para dar cabo a sus misiones, de las cuales muy pocos regresaban. Hassan hizo matar de este modo a decenas de enemigos políticos y a cruzados cristianos, quienes temían al alfanje que brotaba de las sombras, sigilosamente, y rebanaba cabezas. Los caballeros franceses de Godofredo de Bouillon, el conquistador de Jerusalen, la Ciudad Santa, los denominaron *assassines* y de esta voz derivaron la voz francesa *assassin* y la española asesino.

La mención al *haxix* subyacía en este nombre con toda claridad. Pero, razonando juiciosamente, debe descartarse que mataban bajo los efectos del *haxix*. Estas siniestras faenas requieren cabezas claras y manos seguras. Justamente, hacia los años treinta del siglo pasado Anslinger, un pretoriano al servicio de los magnates industriales, se basó en la leyenda de los asesinos para atribuirles a los usuarios mexicanos y negros del *cannabis* la comisión de los peores crímenes y un espíritu antisocial y pendenciero.

Ya no da el asunto para más. Sí cabe agregar que en *Il Milione*, libro en que se narra el viaje hacia China y los honores recibidos en el Celeste Imperio por Marco Polo, se cuenta este episodio, llamando El Viejo de la Montaña a Hassan aben Sabbah. Dicho libro, famoso por otra parte – mitad realidad, mitad fantasía-, fue dictado por el comerciante veneciano Marco Polo (1254-1323) a su compañero de celda, cuando había caído prisionero de los genoveses en una batalla naval.

La médula del episodio debe buscarse en otra parte. ¿Era efectivamente *haxix* la sustancia que utilizaba el jefe ismaelita o se trataba de la escopolamina, presente en el beleño (*bendsch*), como sospechaba Sylvestre de Sacy en un ensayo escrito en el año 1809?

El Viejo de las Montañas tuvo un imitador árabe en el siglo XVIII llamado Schedad aben Ad, que también empleó los mismos métodos para armar un grupo de sicarios. Casi seguramente el *haxix* fue llevado a España por los soldados de Tarik en el 711, que eran bereberes, o por las oleadas árabes posteriores. Estaría, sin duda, presente en los festines celebrados en la Corte de Córdoba y otras ciudades del califato de los Omeyas, que duró hasta el 1492, cuando cayó Granada en manos de los Reyes Católicos. Los moriscos que estaban asentados en otras partes de España y los remanentes de los ejércitos de Boabdil siguieron fumando *haxix* y comiendo los postres en cuya elaboración había intervenido el *cannabis*. Algunos autores suponen que muchos de los musulmanes condenados a la hoguera por la Santa Inquisición, nombre contradictorio si los hay, al sufrir los tormentos previos y luego en medio de las llamas, en vez de quejarse y gritar sonreían complacidos. Ello sucedería gracias a los calmantes efectos del *haxix*.

Los botánicos árabes medievales citan muchas veces las propiedades del *haxix*. Es intensamente fumado e ingerido por los musulmanes, y a tal punto que el Emir de Egipto lo prohíbe en el año 1378 ordenando, de paso, quemar todos los plantíos de *cannabis*. Pero la represión no se quedó en esto. A los usuarios descubiertos *in fraganti* les hacía arrancar los dientes y si reincidían los metía en la cárcel de por vida. Todo fue inútil. Como hoy sucede con la prohibición gubernamental de las drogas, se redobló el uso del tan preciado *haxix*. Cuando aquello que place a parte del género humano es prohibido, se redobla el uso de la sustancia interdicta. Y aparecen entonces las mafias que la fabrican e introducen subrepticiamente en los países mediante grandes y pequeños traficantes. Lo necesario, en estos casos, es golpear a los criminales que producen y distribuyen drogas de todo tipo. Y también, ya que se dice actuar con criterio higienista, en pro de la salud del pueblo, investigar los efectos colaterales que producen en el organismo humano algunos peligrosos fármacos distribuidos por los laboratorios y recetados por los médicos.

Hacia el año 1591 Prosper Alpinus, de regreso de una estadía de cuatro años en Egipto se refiere en un tratado (*Quatuor libri de Medicina Aegyptiorum*) al consumo de *assis* y de *bers*, - *haxix* y cerveza, sin duda- sustancias que "eran bebidas con pasión por todos los egipcios y cuya ingestión producía primero alegría, locuacidad y toda clase de extravagancias, a las cuales seguía más tarde melancolía, lasitud y sueño". Erra el autor al afirmar que el *haxix* se bebía al igual que la cerveza, pero siempre sucede lo mismo con los testimonios de los que no viven por dentro una cultura.

El cáñamo y su flor se instalan en Europa a partir de la Edad Media merced a la dispersión de la cultura musulmana, que influye en múltiples aspectos de la vida cotidiana en campos y ciudades. No parece frecuente el uso del *cannabis* con fines recreativos en el mundo europeo pero los botánicos, viajeros y hombres de letras difunden con frecuencia noticias acerca del uso del *cannabis* en otras zonas del planeta: "El noble alemán Hans Jakob Breuning von und zu Buochenbach (alrededor de 1552-1616) en su Viaje Oriental (Estrasburgo 1612) describe el uso de los narcóticos en Constantinopla. Adam Olearius, bibliotecario de Schleswig-Holstein (alrededor de 1599 - 1671) en las memorias de su viaje por Persia publicadas en 1647 [...] cuenta que el embajador persa en la corte de Holstein acostumbraba a comer cañamones tostados y empolvados con sal por sus virtudes afrodisíacas. Henricus van Rheede [...] comunica que en la costa de Malabar los indígenas fumaban las hojas de cáñamo [debió decir cogollos y no hojas] lo mismo que tabaco, hecho observado también en las Indias Neerlandesas por G. E. Rumphius [...] Ange de San José de Tolosa, prior carmelita que vivió en Isfahan [ciudad de Persia] como misionero [...] describe algunos electuarios preparados con cáñamo e insinúa que él mismo pudo convencerse de su acción embriagadora."[41] Del mismo modo un médico alemán Engelbert Kämpfer describe los efectos del cáñamo, que él experimentó en el Oriente, afirmando que el *haxix* le produjo una suave borrachera. Pero confiesa que cuando comió en Cracovia bollos de harina de cáñamo no sintió ningún efecto.

En el Asia Central y la península de Anatolia, donde se halla Turquía, se preparan electuarios – mezclas de productos de consistencia pastosa – utilizando *cannabis*, agua, leche, especies, azúcar y harina de arroz o polvo de *salep,* que así se llama el tubérculo de una orquídea salvaje. El más difundido electuario es el *dawamesk*, una pasta de color verde compuesta por *haxix*, alfóncigo, almizcle y azúcar. Se comercializa en forma de píldoras y bombones. En otros casos se acentúa el refinamiento, dado que se ofrecen al paladar, además de la citada mezcla, la que resulta del agregado de cardamomo, jengibre y cantáridas, con el propósito de lograr un efecto afrodisíaco. Una mixtura que se le asemeja es el *majun,* pues a los elementos nombrados se les agrega beleño, opio, estramonio, nuez vómica y acónito. Los usuarios frecuentes de esta poción perversa se convierten, según se ha comprobado, en personas estúpidas, imbéciles, descerebradas. Antiguamente a los presos de alta peligrosidad se les hacía consumir en la India de modo

---

[41] PERALTA, F. *Op. cit.* p. 8

masivo para neutralizar por completo sus arrestos hostiles. Una leyenda palaciega susurrada en los corredores contaba que príncipes alevosos se lo administraban a los hermanos destinados por derecho de sucesión a ocupar el trono, para convertirlos en monigotes inservibles y entonces usurpar el poder.

Otros datos informan que en Persia el *haxix* lleva el nombre de *tchars*. Un viajero del año 1912 describió las sustancias que hacían parte de un electuario persa. Una parte de haxix y dos de manteca se cocinaban a fuego lento hasta que la mezcla se oscurecía. Antes de que se enfriara esta masa se le aromatizaba con esencia de rosas y especias de penetrante aroma. El *haxix* también circuló entre un vasto núcleo de usuarios en la Caucasia del norte y se difundió grandemente en la Rusia asiática, antes de la revolución bolchevique. Una de sus preparaciones se denominaba Sémola del Placer. Existen datos del año 1932 procedentes de dos estudiosos de la Unión Soviética quienes informan que abundaba en ella un *haxix* proveniente del Asia que se vendía bajo el nombre de *naschá*.

Por su parte tanto en la Turquía asiática como en la europea el *haxix* tiene una larga historia. A lo largo de ella sufrió drásticas prohibiciones pero a mediados del siglo XX todavía se cultivaba el *cannabis* en las cercanías de Esmirna. Sin embargo el *haxix* que se vendía en los bazares, al aire libre, y en los cafés, era importado desde el Asia Central y la India. Esta modalidad continúa. El tráfico de estas sustancias es como un pulpo cuyos tentáculos abrazan el mundo entero. Se le consume de dos maneras. Una, el *hafgu,* consiste en una preparación de cogollos sumergidos y macerados en agua. Se la cuela con una tela de fina urdimbre y el líquido resultante se hierve a fuego lento. La otra modalidad se denomina *esrar.* Su base es el *charas*, al que se agrega goma tragacanto para elaborar unas pastillas muy apetecidas. *Esrar* significa secreto, refiriéndose así a los agregados que para "estirarlo" le practican los traficantes.

El uso del *haxix* en el Egipto de los siglos XVIII y XIX era tan intenso y difundido que el comandante del napoleónico ejército de ocupación, General Jacques-François Menou tomó en el año 1800 drásticas medidas. Prohibió que se fumara *haxix* y que se prepararan bebidas con dicho psicotrópico. Y a continuación decretó que las casas de comercio que lo vendían al público serían clausuradas y tapiadas las puertas si lo siguiesen haciendo. Por otra parte mandó confiscar y quemar todos los cargamentos de *haxix* que se importaran, como era lo usual. He aquí el texto del decreto:

1.- El uso de la bebida que algunos musulmanes preparan a partir del cáñamo, y el fumar las flores del cáñamo quedan prohibidos en todo Egipto.

2.- La bebida preparada con cáñamo se prohíbe en todo Egipto. Las puertas de los locales donde se vende serán clausuradas y sus propietarios encarcelados durante tres meses.

3.- Los cargamentos de cáñamo que se procuren introducir por las fronteras serán confiscados y se les quemará a la vista del público.

Todo fue inútil. Por otros conductos -leer contrabando- la resina del *cannabis* fue introducida en el país, pese a la vigilancia de las fuerzas de ocupación. Incluso se fumó más aún. El *haxis* formaba parte de un licor que además de alcohol contenía azúcar y sustancias de penetrante aroma. Todavía se le utiliza con el nombre de *chastri,* que a veces se convierte en *chazraki.* Hay otra variedad, mucho más poderosa. Es el *haxix – kafur,* consistente en una mitad de *haxis* y otra de opio, con las que se elaboran unos delgados y cortos cilindros que arderán luego en las pipas o en gruesos cigarrillos.

Traje a cuento el ejemplo de la prohibición francesa para confirmar el negativo efecto de las persecuciones, penalizaciones y estigmatizaciones de los usuarios de sustancias psicotrópicas, en este caso el *haxix.* Lo mismo había sucedido con una prohibición de la Iglesia en el escenario europeo, siglos antes de este episodio. Y lo mismo ocurrió en los EE.UU. Cuando en el decenio de los años treinta del siglo XX se promulgaron leyes prohibitivas y durísimos castigos carcelarios contra los usuarios de marihuana, la clandestinidad y el tráfico fantasma hicieron su aparición. Y por más que la propaganda y la penitenciaría trabajasen en contra de los fumadores, la marihuana inició su marcha triunfal, y hasta tal punto, que actualmente, pese al rigor de las penas, EE.UU. es el país que más usuarios y plantaciones de cáñamo tiene en el mundo. *Verum factum*: la verdad está en los hechos, y la verdad no solamente se manifiesta en el enroque utilitario del pragmatismo. La marihuana deleita y atrapa, y en eso la historia no miente, pero no fabrica enfermos ni delincuentes como el alcohol, sin que nadie ponga coto a ese veneno que tantos trastornos sociales y muertes provoca.

El edicto francés del 1800 no es el primero en la persecución a los plantadores y usuarios del *cannabis* en Egipto. "En el año 1253 el sultán de Egipto Naim el-Din Ayyub ordena la siega y quema de las plantas de cáñamo que tradicionalmente se cultivaban en el jardín de la ciudad del Cairo llamado Kafur. Tanta era la demanda que los campesinos de los alrededores al conocer que la ley solo era de aplicación en la ciudad, decidieron plantarla en sus campos y hacer un jugoso negocio".[42]

En el mismo año que se dicta este úkase, C.S. Sonnini, un trotamundos francés que recorría Egipto describía así lo visto en su diario de viaje: "el

---

[42] FERRER, Chema. La Biblia del Cannabis. Terapéutica, cultivo e historia de la planta prohibida. Carena Editores, Valencia 2005, p.31.

preparado de cáñamo más utilizado se obtiene triturando los frutos [debió decir las flores] junto con sus cáscaras membranosas, la mezcla se cuece al horno, agregando miel, pimienta y nuez moscada. Los pobres, que amainan su miseria con el estupor que les produce el cáñamo, se conforman con comer la pasta elaborada con las semillas trituradas y ablandadas con agua. Hay quienes también comen las cápsulas al natural y quienes las fuman mezcladas con tabaco. Otros extraen las semillas, convierten en un un polvo fino las cáscaras y los pistilos de las flores. Les agregan igual cantidad de tabaco y fuman la mezcla en una suerte de pipa, tosca imitación de las persas, pues solo se trata de una cáscara de coco colmada de agua. Dicha manera de fumar es el común pasatiempo de las mujeres del sur de Egipto".

La presencia de los árabes en Europa y en el África provocará la dispersión y uso del *cannabis* en ambos continentes. Durante la Edad Media, antes y después de las Cruzadas, la utilización terapéutica y recreativa de la flor del cáñamo se abrió lentamente el paso en Europa. Hacia el siglo XII ya se la conocía y en el XV "El Papa Inocencio VIII firmó en el año 1484 una ordenanza que condenaba los aquelarres de las brujas y las misas satánicas. Giovanni de Ninault, un médico y demonólogo italiano escribía en el año 1615 que el cáñamo era el ingrediente principal en los ungüentos y pomadas que elaboraban los súbditos del Diablo".[43]

Según estos relatos, el cáñamo, al igual que el opio, la belladona, el beleño y la cicuta eran comunes en los aquelarres. Esta voz del euskera quiere decir prado (*larre*) del macho cabrío (*aker*), es decir, prado del Diablo. Se trataba de una llanura situada en Navarra, España, entre las localidades de Zugarramurdi y Urdax. Allí, según la creencia popular, se reunían las brujas para celebrar, en la noche del *sabbat*, escandalosas orgías con Satán y sus huestes malignas. El mismo autor informa que Jean Wier un famosísimo y escuchado demonólogo del siglo XVI afirmaba que la mudez y el estado hilarante provocados por la flor del *cannabis* era cosa demoníaca. Citando a Galeno concluía que el consumo de grandes dosis hacía enloquecer.

Esta Leyenda Negra se abrió paso en las altas esferas de los gobiernos locales y nacionales. Ambos poderes, el de la Iglesia y el del Estado, el sagrado y el profano, se aliaron para perseguir a las brujas, a los herejes, a los judíos, a todos aquellos candidatos para el suplicio y la hoguera. Desde ese entonces una sombra de temor y terror rodea al *cannabis* y a sus usuarios.

No hay una guerra contra la cocaína en particular y sí contra el "narcotráfico" en general. Sí la hay contra la marihuana, comenzada, precisamente, en la Edad Media europea y que se prolonga hasta nuestros días. Los paisanos rioplatenses beben por la madrugada varios mates

---

[43] PERALTA, F. *Op. cit.* p.19.

"cimarrones" antes de salir a cumplir sus faenas, Tambien lo hacen los obreros, las amas de casa, los estudiantes, los profesionales, los artistas y los gobernantes residentes en las ciudades. El mate les concede energía, anima sus facultades, da fuerzas, infunde optimismo. Son tan adictos a un alcaloide como los cocainómanos o los opiómanos. Pero hoy no se les pena como hacían los Jesuitas de las Misiones antes de comercializarlo. El mate es un emblema de la salud, la fuerza y el entusiasmo rioplatenses.

Vamos a efectuar ahora una excursión por el África y por América, para descubrir las poblaciones y las personas que plantan, compran y fuman marihuana.

Ya habíamos comenzado este recorrido por el norte del África, la llamada Africa Blanca, esa ancha franja litoral situada entre el Sahara y el Mediterráneo que se extiende desde Marruecos a Egipto, desde el Maghreb, el lejano Occidente, hasta el curso del Nilo. Sigamos recorriendo este macizo continente, donde no sólo en el norte se fuma marihuana. Eso sí: es preciso distinguir entre el *haxix* y el *kif*. El *kif*, cuyo nombre significa "tranquilidad placentera" en árabe, contiene, por mitades, cogollos de *cannabis* y tabaco negro. Esta mezcla, que consta de dos tercios de *haxis* y uno de tabaco se denomina *kif haché*. Por su lado la resina de *cannabis*, que es importada, tiene el nombre de *schira*. El verdadero nombre del *kif* es *takruri*.

Un poeta árabe del siglo XIII, Mamad aben Rustum al-Isirdi, escribió; "El *haxix* contiene el secreto mediante el cual el espíritu trepa hacia los más sublimes espacios. Provoca la ascensión celestial de un espíritu que se ha liberado de las ataduras corporales y mundanas". El *haxix*, como ya dije, es un conglomerado de resina endurecida y contiene mucha más cantidad de THC que la marihuana.

Los árabes que abordaron el África por el litoral del Océano Índico difundieron el *cannabis* entre las tribus de la zona que iba desde el cuerno de Somalía hasta el Cabo de Buena Esperanza. No obstante, parece que antes de llegar los árabes las tribus de habla bantú habían traído el *cannabis* consigo y éste se fue extendiendo en la región subsahariana, donde las húmedas florestas alternaban con los desiertos, tan áridos como los del Namib y Kalahari. Las primeras noticias conocidas por los europeos acerca de la utilización del *cannabis* fueron proporcionadas en el año 1609 por el libro de un misionero portugués, Joao dos Santos. En él escribió que al *cannabis* se le denominaba *bangue*, voz que los portugueses habían conocido en la India en su forma original *bangh* pero que, como siempre ha sucedido con los extranjeros que escuchan mal y repiten peor, se había deformado. La zona de Kafaria, según este cronista, era donde los cultivos de *cannabis* abundaban. Allí vivían los cafres, nombre derivado de la voz *kafir,* que en árabe significa infiel. Dos Santos expresa que los negros comían las hojas y que a resultas de ello se embriagaban. No se trataba de las hojas, por cierto, sino de los cogollos o inflorescencias. Cuando lo recibió el jefe de una de las tribus lo invitó a probar los efectos de la planta y el misionero así lo hizo. Lo confiesa en su libro. Más tarde los colonos holandeses allí afincados, los *Boers* (campesinos) del legendario *track,* África del Sur adentro, que fueran despiadados matadores de hotentotes, confirmaron que los integrantes de esta tribu y los vecinos bosquimanes también eran adictos al *cannabis.* Ambos grupos, que los antropólogos denominan *khoisánidos,* no son propiamente melanoafricanos. Los bosquimanos, gráciles y de muy baja estatura, tienen algunos rasgos mongoloides, cabello en forma de "grano de pimienta" y epidermis color pardo amarillenta. Los bosquimanes (de *bush men,* hombres de las malezas) que a sí mismos se llaman *san,* hombres verdaderos, no cultivaban ni cultivan *cannabi*s. Dada su calidad de nómadas no tenían arraigo; era imposible que mantuvieran plantaciones de un vegetal que necesita mucho riego y continuas atenciones. Tal vez lo consiguieran mediante trueque con los hotentotes, que, como pastores, tenían contactos con agricultores bantúes. Dichos hotentotes, a su vez, se denominaban *khoin-khoin,* lo que también significa hombres verdaderos. Hoy restan unos pocos representantes de esta etnia, diezmada por los holandeses e ingleses primero y por los *afrikáans* en la actualidad. Son famosos por la esteatopigia de sus mujeres, cuyas nalgas forman una gran prominencia posterior. En un principio, de acuerdo con las crónicas de los holandeses que ocupaban la zona, los nativos utilizaban de dos modos la *daggha,* nombre que le daban al cáñamo. Uno de ellos era la ingestión; otro, el más difundido, consistía en excavar un pequeño pozo, colocar allí boñiga seca, ponerle encima los cogollos y hacer fuego. Cuando estos comenzaban a arder formaban un círculo en derredor del hoyo y aspiraban el humo. Lo hacían a cielo abierto mientras que los escitas, según la citada narración de Herodoto, utilizaban una especie de tienda hecha con pieles, la cual retenía en su interior el humo. Mediante un proceso de aculturación los hotentotes copiaron a los holandeses la costumbre de fumar en pipa, lo que les resultó más placentero. La *daggha* era tan apreciada que tenía el valor de una moneda. Mas tarde, la presencia de los *boers* holandeses tuvo consecuencias trágicas para la etnia. A cambio de una gran mortandad los sobrevivientes, tocados por la inevitable aculturación que supone el contacto con las costumbres de los invasores extranjeros, adoptaron la pipa de sus agresores y fumaron la *daggha* mezclada con tabaco.

Después de los tiempos renacentistas el *cannabis* parece desaparecer de los usos y costumbres del mundo rural y urbano europeos sin bien el cáñamo, como veremos, no dejó de estar presente en los escenarios terapéuticos e industriales de Occidente. Puede decirse que mientras se desteñía el tapiz del Renacimiento y golpeaban en la puerta de la historia los nudillos del barroco, las últimas huellas visibles del uso recreativo del *cannabis* reciben por parte del humanista Rabelais y su estruendosa carcajada, una despedida de lujo. En un libro mordaz y descomedido, donde se critican las desmesuras y ridiculeces de su tiempo, aquel médico francés que supo descubrir con implacable y risueño espíritu satírico las carencias morales de los poderosos, hace mencionar al gigante Gargantúa, padre de Pantagruel, otro ser dionisíaco, una planta llamada Pantagruelion, aludiendo al *majoun*, un dulce elaborado con marihuana. Ya vimos anteriormente los efectos de este maléfico *majun*.Y más adelante voy a referirme a cómo se adereza y prepara.

No es posible ni conveniente seguir recorriendo los caminos de la marihuana y sus usuarios a partir del Renacimiento europeo. Conviene, sí, poner acentos, desembarcar en islotes de inteligibilidad que, permitan acceder a datos de interés para el tema y afinar los pensamientos sobre el significado de esos hitos culturales. Ello implica que vamos a referirnos a otros colectivos de personas, a grupos y momentos de la historia social en los que el *cannabis* adquiere notas significativas, cuyo conocimiento enriquecerá, así lo espero, la comprensión y el saber de los lectores.

Comencemos por la presencia del *cannabis* en América prehispánica (¿?) y colonial. Una versión cuya verosimilitud es dudosa, salvo una prueba arqueológica, que no he podido confirmar si bien no la desdeño, expresa que los navegantes fenicios y cananeos desembarcaron en nuestro continente en el año 531 antes de la corriente era. Y que con ellos llegó el *cannabis*. Este se difundió ampliamente, y a tal punto, que se le utilizó en los tejidos, la medicina, el ritual y la evasión placentera de la realidad cotidiana. Quienes afirman lo anterior sin presentar pruebas – yo, por lo menos, no las he visto, pese a mis frecuentes consultas a fuentes confiables- aducen que en una tumba de Tennessee, en los EE.UU. aparecieron prendas tejidas con fibras de cáñamo. Y hay también menciones a redes, cestas, sandalias y tapices (¿?) fabricados con esos materiales. Dicho utillaje era también usado por tribus indígenas en América del Sur. Repito que sin pruebas a la vista estas afirmaciones llaman a la duda y no a la certeza.

Lo más probable, empero, es que el *cannabis* haya llegado luego del descubrimiento, y se cita a Chile y México como los lugares de entrada, allá por el siglo XVI.

Debemos saltar nuevamente al Viejo Mundo, a la Europa del siglo XIX. A mediados de este siglo el *haxix* se difunde entre ciertos círculos franceses de escritores y artistas y, paralelamente, es estudiado por investigadores que se ocupan de describir sus efectos. Entre los intelectuales figuraban Baudelaire, Balzac y Flaubert, todos literatos de valía, y entre los pintores se distinguían Delacroix y de Boissard. Por su lado, entre los investigadores se destacaban Jean-Jacques Moreau de Tours, E. von Bibra, J.Bouquet y otros científicos de valía. Voy a transcribir lo expresado por un literato, Teófilo Gautier, acerca de la ceremonia de su iniciación, y lo que el doctor Moreau de Tours dice respecto de los efectos del *haxix*.

Gautier publicó en la parisina *Revue de Deux Mondes* una intensa descripción de su primera experiencia con el *haxix*. Corría por entonces el año 1846 y el ejemplar donde apareció su emotiva, y a la vez escandalosa nota - dado el espíritu pacato de la burguesía francesa contemporánea- , tiene la fecha del 1° de enero. Transcribo a continuación fragmentos salteados aunque significativos de su escrito: "Cierta tarde de diciembre, en respuesta a una misteriosa requisitoria, cuya enigmática redacción sólo podíamos descifrar los convocados y nadie más, me desplacé hacia un barrio marginal de París: una especie de oasis solitario en medio de la ciudad que, protegido por dos brazos del río, parecía ajeno a las influencias de la civilización. Una vieja casa, en la isla de San Luis, el hotel Pimodan, construido por Lauzan: allí se reunía mensualmente el extravagante club al que me acababa de asociar.Y aquella era la primera vez que asistía a sus reuniones [....] Llamé, tras los formulismos previos de rigor se me franqueó la entrada a un enorme salón iluminado por unas lámparas situadas en una esquina. Fue como retroceder dos siglos...Apenas transpasé el umbral de las sombras a la luz me reconocieron y varias voces, al unísono, quebraron las silenciosas profundidades del vetusto caserón. - ¡Es él! ¡Es él! gritaron, - ¡Entregadle su parte! El doctor [Moreau de Tours] que estaba de pie junto a la mesa, tomó una cucharilla dorada para trocear algo con apariencia pastosa, como mermelada, y se inclinó ante una bandeja con cuenquitos de porcelana japonesa para distribuir una porción del tamaño del dedo pulgar en cada uno [....] -Esto se os restará de vuestra parte en el Paraíso, me dijo cuando depositó la dosis que me correspondía. Tras el reparto todos comimos nuestra porción y se sirvió un café a la usanza árabe, o sea sin colar ni azúcar. Acto seguido pasamos a la mesa [...] El banquete llegó a su fin. Algunos de los más vehementes contertulios mostraban a las claras que la pasta verde hacía su efecto. En cuanto a mí, en primer lugar, había experimentado una revolución en el gusto. El agua sabía mejor que el más delicioso de los vinos. La carne dejaba regusto a frambuesa y al revés. No habría distinguido una chuleta de un melocotón. Además los invitados me parecían cada vez más extraños. Sus pupilas se dilataban como si fueran gatos, la nariz se les alargaba cual elefantes, sus bocas se abrían semejando campanas. Uno, cara pálida envuelta en barba negra, reía alborozado por un espectáculo invisible. Otro realizaba esfuerzos inverosímiles para llevarse el vaso a la boca, y sus absurdas contorsiones eran saludadas con gritos y risas.Este, entre movimientos convulsos, sólo hacía girar sus dedos pulgares con increíble velocidad. Aquel, desplomado contra el respaldo, los ojos bajos, los brazos caídos, simple mente se dejaba llevar placenteramente por el mar infinito de la nada".[44]

Más adelante Gautier describe sus alucinaciones con maestría perversa, recurriendo a frases ampulosas y metáforas grandilocuentes, como se estilaba en la época. De igual modo son muy interesantes las páginas dedicadas por Baudelaire a este poderoso psicotrópico, cuya concentración de THC es muy superior a la de la marihuana. Lo que interesa, empero, ya fuera del círculo mágico de la literatura y pisando el frío territorio de la ciencia, es el estudio psicológico que hace el Dr. Moreau de Tours. Este distingue ocho tipos de síntomas:

"1º. Sensación general de bienestar, comparable a la que precede a los delirios de ciertas enfermedades mentales;

2º. Estados de hiperexcitación con sensibilidad general exaltada.

3º. Errores en lo que se refiere a las dimensiones de espacio y tiempo (por lo general son aumentos de las dimensiones reales; así, por ejemplo, de minutos se hacen días o años, de centímetros, metros, etc.)

4º. Mayor agudeza del oído asociada a una gran sensibilidad para la música, con la particularidad de que también los ruidos corrientes son sentidos como musicales.

5º. Presentación de ideas fijas que a menudo llegan a lindar con la manía persecutoria.

6º. Trastornos de la vida de los sentidos, traduciéndose por lo general en aumento de las sensaciones ya existentes.

7º. Impulsos irresistibles.

8º. Ilusiones y alucinaciones, de las cuales, al parecer, solo las primeras se relacionan con objetos del mundo exterior".[45]

El recorrido planetario del THC de la marihuana, dejando de lado este pintoresco episodio, que adquirió gran notoriedad por las descripciones literarias de algunos de sus protagonistas franceses, debe ser rastreado nuevamente en América.

A partir de su existencia, muy dudosa antes de la invasión ibérica a las Américas, es en esta parte del mundo donde debemos buscar los rumbos de sus huellas para completar el periplo que iniciamos en el Lejano Oriente. Una versión afirma, como ya se informó que el cáñamo vino con Colón y se plantó

---

[44] GAUTHIER, Théophile. El Club de los hachisines *in* El Club del hachís, Miriguano Ediciones, Madrid 1999, pp.
[45] PERALTA, F. *Op. cit.* p.19.

primeramente en La Española (isla que hoy comparten Haití y la República Dominicana). Otra, que fue desembarcado y sembrado posteriormente en Chile.

Dejemos de lado estos desacuerdos cronológicos. Lo que importa verdaderamente es que el uso recreativo del *cannabis* tuvo una muy especial trayectoria en nuestro doble continente. Ya fuera el 29 de noviembre del 1493, cuando las 17 naves cargadas con 1.500 hombres, aparejos de labranza y simientes atracaban en La Española, finalizando el segundo viaje de Colón, ya en el 1525 en las costas chilenas, el benéfico cáñamo arribaba a América. Venía como un servicial textil, dado que las sogas, las velas y otros enseres de las carabelas estaban fabricados con fibra de cáñamo, entonces en boga y presente en los utillajes de los campesinos europeos, además de otras valiosas prestaciones industriales. Pero no debemos descartar que una vez florecidas las plantas algunos de sus cultivadores continuarían utilizando los cogollos tanto en su aspecto terapéutico como en su uso recreativo.

A Norteamérica el cáñamo llega más tarde. Los ingleses, que tenían experiencia acerca de los buenos servicios prestados por la fibra, lo llevan al puerto de Jamestown, Virginia, en el año 1611. A partir de ambos momentos, el del desembarco en el Caribe o el Pacífico y el de su arribo por la costa atlántica de las colonias inglesas, el cáñamo inicia su reinado en el Nuevo Mundo. Según los relatos de mejor recibo las semillas de marihuana fueron introducidas en México - que el nomenclátor colonial designaría con el nombre de Nueva España- por el conquistador español Pedro Cuadrado Alcalá del Río. Pero parece que no las hizo sembrar. Allí quedaron hasta que en el 1532 el Gobernador Sebastián Ramírez de Fuenleal se las entregó a los agricultores nativos. Los indígenas no se manejaron bien con el nuevo textil. Entonces los posteriores Virreyes hicieron venir de la Península avezados agricultores que no sólo les enseñaron los mejores métodos de cultivo sino también el trabajo con la fibra del cáñamo.

Tuvo que pasar bastante tiempo para que hicieran su aparición los usos terapéuticos. En el año 1712 el jesuita Juan de Esteyneffer recomendó el uso de un preparado de semillas para curar la gonorrea. Pero hubo que esperar dos siglos más para que se iniciara el uso lúdico de los aromados cogollos.

A mediados del siglo XIX los poetas e intelectuales mexicanos, lectores y admiradores de sus colegas parisinos agrupados en el *Club de los Haschischins* descubrieron las virtudes recreativas del *cannabis*. La costumbre cundió prontamente entre la gente dedicada a la bohemia y los integrantes del pueblo llano. Los historiadores consignan como dato curioso que las más de 20.000 prostitutas existentes en la ciudad de México comenzaron a fumar aquella hierba mágica que, según se decía, curaba las enfermedades venéreas.

162

En cuanto al nombre popular del *cannabis,* México reclama como suyas las dos posibles fuentes de la voz marihuana. Los indigenistas que suscriben la tesis de la existencia precolombina del *cannabis*, venido con las oleadas de mongoloides asiáticos, dicen que el nombre proviene de dos voces del *náhuatl*, lengua hablada por los aztecas. Una sería indígena y compuesta por *malli,* que significa hierba o fibra vegetal para tejer, y *huana*, que se asoció a la voz *huanan*, con la que se designaba a quienes eran borrachos o tenían la mente alterada. La otra pertenecería al gracejo popular, pero aquí las opiniones se dividen. Algunos suponen que eran las Marías y las Juanas, nombres femeninos que abundaban en el pueblo llano, quienes, en sus papeles de herboristas o curanderas, preparaban cocimientos, emplastos y bebidas con *cannabis*. Otros dicen que tales nombres eran comunes entre las soldaderas que seguían los ejércitos irregulares de Pancho Villa. Lo cierto es que el origen de la voz, sea cual fuere su fuente, es mexicano, y de *marijuana* se pasó a marihuana, si bien los primeros inmigrantes a los Estados Unidos, los famosos "espaldas mojadas", mantenían la denominación inicial.

La *marijuana*, entonces, aromará con los humos azules de los "fumetas" los solares donde trabajaban, remunerados con salarios viles, los braceros mexicanos que la llevaron consigo para olvidar dolores, para apagar desdichas, para convertir el descontento cotidiano en pequeñas islas de olvido en medio de un mar de amarguras.

Hubo también otro camino. Fue el que se iniciaba en Jamaica, cruzaba el Caribe, y finalizaba en el puerto de New Orleans. Allá, a fines del siglo XIX y principios del XX, nace el *jazz* en aquella ciudad portuaria y otras localidades del Sur donde era muy grande la población negra. El desarrollo del *jazz* y el consumo de la marihuana van de la mano en sus comienzos y etapas posteriores. El *jazz* es un estuario donde desembocan varios ríos musicales que, con el tiempo, dieron origen a un prodigioso producto sincrético asumido y celebrado por las gentes separadas del "buen ciudadano" burgués por la "línea de color". Como toda creación popular afroamericana fue en un principio considerado como una música satánica, de espaldas a la armonía y a la melodía que celebraban el equilibrio de las clases dominantes cuyas preferencias por la música "seria", es decir, la clásica, eran notorias.

En el trasfondo primerizo del *jazz* soplan las ráfagas de los ritmos africanos que trajeron consigo los esclavos. Pero esos esclavos vivían en un medio en el cual se entremezclaban los aires populares europeos del siglo XIX - polkas, valses, mazurcas, marchas-con los himnos de los cristianos metodistas y los cantos de trabajo, que rítmicamente, al compás de los movimientos, entonaban los negros créoles, es decir, nacidos ya en tierra americana. A estas raíces musicales se sumaron contribuciones más o menos intensas de los *spirituals* negros, los melancólicos blues y el ragtime, que evocaba con el piano el toque de los fanfares que se ejecutaban en las ceremonias religiosas o en las fiestas populares. El primer *jazz* se caracteriza por sus ritmos sincopados y la improvisación, modalidad que antepone la ejecución a la partitura. Storyville, el barrio negro de New Orleans tenía a finales del siglo XIX una serie de locales, mas de doscientos, donde se bailaba. Y allí se consolidó el *jazz* como nuevo y subyugante estilo musical que se llamó *hot*. La marihuana era la máquina que repartía inspiración y fuego en la mente de los improvisadores y en el alma de las orquestas que conjugaban el milagro de la improvisación de cada uno de los componentes del grupo con el *basso continuo* sobre el cual levantaban vuelo los solistas, ya famosos, en el año 1917 como Louis Armstrong, King Oliver, Roll Marton y otros. Las autoridades clausuraron por "razones municipales" -ruidos estridentes, voces gangosas, diálogo alterno entre el alcohol y la marihuana, escándalo nocturno, los salones de Storyville. Pero esa alcaldada tiene el efecto de una granada de fragmentación. El *jazz* se traslada hacia el norte y, tomando diversas direcciones, se difunde en los EE.UU. Los músicos blancos que tocaban al estilo de New Orleans crearon el *Dixieland*. Nace el estilo Chicago, en el que la ecuación inicial se invierte: el arreglista triunfa sobre el improvisador y crece, hasta convertirse en un instrumento básico, la importancia del saxofón en sus distintas variedades.

Y ya no más, que la futura historia del *jazz*, tan subyugante como la del tango rioplatense, escapa a este estudio. Posteriormente, cuando se legisla contra el uso de la marihuana, Armstrong y otros famosos irán a la cárcel por contraventores. Pero ya nadie pudo recortar las alas del ave que atravesaría, volando con alas de humo azul y capitoso a los U.S.A. *coast to coast*.

Así las cosas dentro de la gran casa estadounidense, estalló, del otro lado del océano, la guerra mundial numero dos, la más terrible de las conflagraciones entre hombres y pueblos de toda la historia. El mundo entero contempló como se desmoronaba una alta torre de esperanzas. La ciencia, que curaba a la humanidad por detalle, la mataba al por mayor. La libertad, la justicia, la paz, después de aquella grande y despiadada sangría, en la que los gobiernos izaban consignas grandilocuentes y los pueblos ponían los muertos, se convirtieron en palabras huecas, vaciadas de sentido por la irracionalidad humana. Durante la gran masacre, en la que se comprobó que los ídolos de la civilización occidental y cristiana tenían los pies de barro, cundió un agudo desencanto. Las juventudes literarias que vivieron durante la que fue llamada en los años cuarenta La Generación Perdida, sin asidero, presas de una acerba desilusión, comprobó que las verdades reveladas por la sacralidad de los dogmas y los pactos sociales de convivencia pacífica resultaron ser espantapájaros y no estatuas indestructibles.

La Gran Depresión, que arrastró su sucio vientre a lo largo de los años treinta, había empollado una raza de escritores, muchos de ellos notables, que abominaban la guerra, que padecían un acre pesimismo y un dolorido desencanto, al par que escondían una secreta nostalgia por los despreocupados años veinte, llamados los Años Locos. Mirando en su derredor solamente veían los restos de un naufragio: pesimismo, hambre, amargura, desempleo, rotura de los puentes que comunicaban el *american way of life* con la felicidad social. En este ejército de sombríos retratistas de las realidades humanas militaron William Faulkner, Arthur Miller, Ernest Hemingway, Dashiell Hammett, Ezra Pound, Scott Fitzgerald, John Dos Passos y otros desencantados literatos. Ellos interpretaban y censuraban los males de su tiempo influyendo en la opinión pública al par que el estado material y moral de grandes multitudes de desocupados y marginados influyó, a su vez, en la mente creadora de los escritores. Después del auge del existencialismo europeo que irradió sus luces sobre la generaciones de los treinta y los cuarenta, teñida de desencanto, cinismo y a veces, como en el caso de Ezra Pound, de oscuras connivencias con las ideas totalitarias de derecha, sobreviene la generación de los *hipsters*. Los representantes de esta subcultura fueron aquellos *outsiders* que, al margen de la creación literaria, incubaron y vivieron una distinta visión de la sociedad estadounidense. El mundo en el que les había tocado actuar y sufrir era para ellos un podrido pájaro desplumado. Dicha actitud existencial ganó adeptos entre ciertos estratos sociales de la población juvenil. Los artistas, actores, escritores y cineastas , que ya no creían en las cacareadas libertades civiles y las garantías económicas que ofrecía al pueblo la plutocracia adueñada del tener y el poder , fueron duros críticos de la hipocresía y derroche de los señores de la industria y las finanzas asi como del espíritu "imperialista" del gobierno *yankee*. Derivaron hacia la izquierda, militaron en partidos non sanctos, criticaron las insolencias de la burguesía emergente y el conservadurismo aristocratizante de los señores sureños. Todas estas posiciones y declaraciones contestatarias, que pedían a la vez libertad y justicia, olían a comunismo, a conspiración, a traición, a revolución. Desde las alturas del gobierno se condenó este brote "antipatriótico", como se le llamó por entonces que, empero, no tenía base popular suficiente como para conmover los pilares de una democracia apuntalada por la industria, las finanzas y el Pentágono. Era imprescindible, en consecuencia, terminar con las aves negras y las insignias rojas. El Comité de Actividades Antiamericanas constituido al finalizar los años cuarenta por la locura anticomunista del senador McCarthy acabó con los brotes de ideas sociales de izquierda que, por otra parte, tenida en cuenta la población de Los EE.UU., eran insignificantes. La limpieza fue prolija. Hacia el 1954 ya se había amordazado, expulsado o encarcelado a un grupo de mentes privilegiadas entre las que figuraban Aaron Copland, Leonard Bernstein, Bertold Brecht, Charlie Chaplin, Orson Welles, Dashiell Hammett, Paul

Robeson, Richard Wright, Dorothy Parker y muchos otros "peligrosos conspiradores" no tan notorios como los citados. Pero en las sociedades de ideas no hay vacíos. Sucede como en la atmósfera: a una zona de baja presión se desplazan las masas de aire de las altas presiones. Y de este modo, sobre las ruinas de un socialismo, comunismo e inconformismo silenciados, crece un rosal, pero sin flores, y si con espinas, que molestó grandemente a las gentes convencionales, a los conservadores crónicos, a los portaestandartes de las *WASP (White, Anglo–Saxon, Protestant)*.

Los *hipsters*, empollados en los años cuarenta, hacen su aparición como contingente de relevo. Y esta sí que es una subcultura, no una cúpula de creadores privilegiados. Existen dos etimologías de *hip* la voz jergal que los caracterizaba. Una de ellas, significa "estar a la moda" pero a la que, ya sin vigencia y "pasada de moda", se apilaba en las ferias de saldos o covachas de ropa usada. Sería entonces una moda *demodée*, no la que está *à la page*.

La otra acepción se remonta a la voz *hip,* utilizada para designar la cultura emergente negro-americana. Los *hepcats* eran los conocedores de la música y el estilo de vida de los cultores e intérpretes del jazz. A fines de los años 30 los términos se transforman: *hep* evoluciona hacia *hip* y *hepcats* a *hipsters*.

Comencemos por un punto fundamental: esta subcultura es tributaria de la marihuana. Antes de los *hippies* ya la "hierba" humeaba profusamente en el seno de grupos de jóvenes que reman contra la corriente, sin abandonar, empero, algunos caracteres que los atan a lo que desdeñan de sus mayores. No se han liberado totalmente. Leen, los que pueden y saben, a Sartre; aman las músicas alternativas; asisten a los estrenos del cine independiente; se proclaman ambientalistas, o mejor, pre-ambientalistas, pues es a partir de los años 70 que se define la actitud conservacionista de los "verdes" hacia la Madre Naturaleza. Y, por añadidura, los *hipsters* desechan toda comida químicamente elaborada o de origen sintético: prefieren y recomiendan los alimentos orgánicos. Transcribo una interesante caracterización de esta subcultura y sus portadores: "Eran los personajes furtivos, los perfectos rebeldes para una época paranoica inspirados por los sonidos cerebrales espontáneos del *bebop*, en especial por Charles Parker, que se desarrollaban un tanto en paralelo con la evolución del existencialismo francés y su visión de la vida humana como una hoja en blanco rodeada por un abismo sin sentido. Como no veía esperanzas de un cambio positivo, el *hipster* no tenía deseos de enfrentarse al aparato político represivo y apenas estaba algo interesado en ofender a los conformistas "de orden". Caroline Bird se quejaba en un artículo de 1957 en *Harper's Bazaar*: "no se puede entrevistar a un *hipster* porque su objetivo principal es permanecer al margen [....] de la sociedad". Los *hipsters se* caracterizaban por pocos rasgos. Eran interraciales, una imagen rara en la América de 1950; bohemios modernos blancos y negros que vivían en las márgenes de la economía y andaban juntos, fundamentalmente, por los clubs de *jazz*. Eran un poco dejados. Podrían ser, en palabras de Caroline Bird "un pequeño delincuente, un vagabundo, un barraquero, o un escritor por libre [*free lance*] de Greenwich Village". Y tenían sus propias expresiones lingüísticas (con su mejor expresión en las canciones *rap*, divertidas, simpáticas, fluidas, del perpetuo moderno Lord Buckley.) Mas en privado a los *hipsters* les gustaba la marihuana, y en algunos casos, la heroína, para dejar suelta la mente racional y disfrutar del *bebop*.[46]

Hasta ahora hemos pasado revista a grupos sociales juveniles, fabricantes de nuevos estilos contestatarios de vida. Pero sobre este telón de fondo se recortan las personalidades literarias cuyos escritos captaron el espíritu del tiempo y dieron pautas para que la protesta fuera enderezada hacia los valores - que para estos inconformistas eran desvalores- del *Establishment.* Jack Kerouac, Allen Ginsberg y William Burroughs retratistas y a la vez impulsores de aquellas costumbres y concepciones de la vida que rompían con las consagradas por el *American way of life*, fueron, entre otros personajes menos notorios, los profetas y gurús literarios de estos desacatados.

El Aullido, un poema de Ginsberg, conoció un auge extraordinario. También la mitad novela, mitad manifiesto, *En el camino*, de Kerouac, levantó una tempestad de entusiasmo en la república de los contestatarios, muchos de ellos rebeldes sin causa, según la opinión de sus progenitores y de la versión oficial acerca de esta subcultura. En efecto, el ultraconservador Norman Podhoretz dijo, con respecto a los *hipsters* que se trataba de "una revuelta de todas las fuerzas hostiles a la propia civilización...un movimiento de bruta estupidez [...] que intenta apoderarse del país de una clase media a la que se supone guardiana de la civilización, pero que prácticamente se ha dislocado el hombro al tirar la toalla". Se les tachaba a estos escritores de homosexuales confesos, a lo que Ginsberg contestó: "América, yo agrego mi hombro de marica a la rueda".

Pero ya los *hipsters* no estaban solos: les había surgido, no por el efecto de una clonación sino por una distorsión verboideológica, unos camaradas de ruta. En efecto, había visto la luz desoladora de un mundo no querido, donde las palabras valían más que los hechos, el movimiento de los *beatniks*.

¿Quiénes y cómo eran estos nuevos rebeldes? En primer lugar, sus ídolos literarios tenían un pie en el territorio *hipster* y otro en el de la generación *beat*. Como expresa Koffman "en aquel entonces los términos *hipster* y *beat* eran intercambiables." Ya había advertido antes este autor que el término *beat* había sido introducido en en mundo por John Clellon Holmes en un artículo aparecido en noviembre de 1952 en el New York Times. Estas son las

---

[46] GOFFMAN, Ken. *Op. cit.* p.310.

palabras definitorias de Holmes: "Más que el simple desgaste, este beat implica la sensación de haber sido utilizado, de estar desnudo. Implica una especie de desnudez de la mente y, en último término, del alma: una sensación de estar reducido al lecho mismo de la conciencia. En resumen, significa verse empujado sin dramas contra la pared de uno mismo".

Demás está decir que la marihuana, el LSD y las drogas alucinógenas duras (*ayahuasca, peyote)* seguían reinando, tanto en el dominio intelectual de los escritores como en el del colectivo *beat* y en el seno de los recién aparecidos *beatniks*, que eran *beats* evolucionados, o resignificados, si así cabe decir.

¿Qué origen tuvo la voz *beat*? Jack Kerouac propuso dos definiciones del término. En la primera beat significaba "abatido, despreciado, maltrecho" (*beat down*). En la segunda, luego de un arrebato que transitaba de lo teológico a lo poético, expresó: "por la razón de que soy *beat,* o sea, que creo en la existencia de la beatitud y en que Dios ama tanto al mundo que le ofreció su único hijo… ¿Quién sabe si el Universo no es realmente un mar inmenso de compasión, la verdadera miel sagrada, debajo de toda esta muestra de individualismo y crueldad?".

Por su lado la voz *beatnik* tuvo un origen teñido de irreverencia y provocación. Se vivía en tiempos de la guerra fría y mentar lo soviético en los EE.UU. sonaba como una afrenta o una amenaza. Fundado en ello, Harb Caen, un periodista de San Francisco, propuso en el año 1958 un extraño maridaje entre las voces *beat* y *sputnik*. El *sputnik*, como se recordará, fue la primera nave espacial tripulada con la que la Unión Soviética proclamaba su primacía técnica en la materia y de pasada advertía, así se interpretó en los EE.UU., que en caso de una conflagración lloverían bombas atómicas desde el cielo sobre el territorio americano.

Las diferencias entre *beat* y *beatnik* son las que existen entre la cáscara y el grano. *Beat* era la subcultura, la forma de pararse en el mundo y la literatura que no solamente hurgaba en los rincones oscuros del espíritu estadounidense sino que se constituyó en el común denominador del inconformismo, del disgusto, de la insatisfacción de la mente racional y la mente emocional ante el espectáculo de una cultura de masas manipulada por medio de estereotipos y frases hechas desde el Poder y los medios de comunicación con los que este contaba. *Beatnik* era la proyección entre grotesca, ridícula y violenta de dicha subcultura en las historietas periodísticas. Ginsberg resumió en dos frases las diferencias entre ambos movimientos. "*Beat* es un modo de ser; *beatnik* es ropa de moda. *Beat* es identidad; *beatnik* es imagen". Los *beatniks* eran enemigos jurados del trabajo. Holgazaneaban en los cafés de moda, donde se reunían las peñas de contertulios, todos escondidos tras unas grandes gafas negras, que conversaban acerca de sus convicciones antisistema, leían y aplaudían sus poesías, que a veces recurrían, como los recitadores y sus escuchas, al habla jergal propia de esa confraternidad de almas "perdidas".

Y ya estamos en los años sesenta y, mientras los porros siguen humeando, desembarcan en USA los *new pilgrims*, los *hippies* de largos cabellos, vestimentas bizarras y desaseadas. Desechaban la "higiene" al estilo burgués y algunas pequeñas comunidades emprendieron la huida desde las ciudades tentaculares del capitalismo agresor. De tal modo fundaron oasis de humos azules e islotes de fraternidad no convencional que pretendían ser comunidades donde imperaban la paz, el amor, el anticonsumismo y otros valores, rescatados del *bon sauvage* rousseauniano, que los impulsaba a un voluntario regreso a la Naturaleza ¿En qué escenario, en que momento de la historia aparecen estos inconformistas fundadores de una difundida contracultura? Permitan los lectores la extensa y expresiva cita que a continuación transcribo: "Esta descripción del *hipster* de 1957 alumbra solamente en partes al *hippie* de 1967. En diez años los Estados Unidos no han cambiado como poder y por lo menos gran parte de su población está mucho más consciente de su verdadera cara. [Perdón. Disiento. La gran mayoría de la población estadounidense seguía navegando por entonces, y hoy lo sigue haciendo, en un mar de misoneísmo recalcitrante cuyos espacios en el inconsciente colectivo están ocupados por arcaizantes visiones del "nosotros los blancos, anglosajones y protestantes", intensamente ideologizadas.] En todo el mundo está cayéndose la máscara y -aunque esto sea por repercusión de lo que sucede en el mundo- también está cayéndose en los Estados Unidos. El verdadero Tío Sam comienza a mostrarse en toda su fealdad y, ante la evidencia, la fuga es mayor, más nihilista, más psicótica, más fuera de órbita. Ahora, al recuerdo de Hiroshima han venido a añadir la realidad de Vietnam y la Dominicana. Y la Gran Democracia, cuya policía protege a sus disidentes [¿?], ya no puede cubrir el hecho de que los disidentes no hacen mella alguna, no detienen en manera alguna el curso que sigue - y se intensifica-la política gubernamental. En la prensa libre llegan a colarse algunas verdades sobre Cuba, aunque el viajar a dicha isla sea castigado con la pérdida del pasaporte. Inocentes Trabajadores del Cuerpo de Paz regresaron hace dos años a Washington para anunciar en público - aunque fueron rápidamente callados- su desilusión ante el comportamiento [del ejército y el *big stick* norteamericanos] en tierras extranjeras".[47]

¿Qué significa la voz *hippie*? Ya advertí, en páginas anteriores, la doble fuente propuesta para la voz *hip*. *Hip* es lo que está de moda, lo que desfila, como un dragón chino, en el camino espacial del tiempo. Pero *hip* también apunta a lo que se desprende de la masa popular, a lo que marcha en la

---

[47] RANDALL, Margaret. Los hippies. Expresión de una crisis. Siglo XXI Editores, México 1969, p.6.

vanguardia, al mascarón de proa de una nave pirata emancipada de todo lazo autoritario. Se les ha comparado a los *hippies* con los *beats*, para diferenciarlos. Estos, generalmente vestidos de negro, eran una especie disminuida de filósofos callejeros con caídas hacia el cinismo: admiraban a los existencialistas franceses y le daban la espalda a los valores cívicos y las estructuras económicas de su patria. Los *hippies* exaltaban los valores afectivos y constructivos del amor entre los seres humanos, vestían con ropas desaseadas, a veces de corte y estilo indostánico y exóticas baratijas de adorno ceñían sus cuellos, muñecas y tobillos. Iban tras los conjuntos de música *folk* estadounidense y, sobre todo, de las bandas de *rock*. Eran pacifistas, y en un principio se manifestaban como totalmente desinteresados de la cosa pública y la conducta belicista exterior del gobierno estadounidense. Pero la guerra de Vietnam los politizó y muchos grupos se orientaron hacia una izquierda libertaria.

El amor libre, la concupiscencia a veces, la cría y educación colectiva de los niños, el despego de los ideales de riqueza material, la vida en guetos en la ciudad de San Francisco o el exilio en rincones pródigos de la Naturaleza, marcaron la existencia de estas juventudes, y no tanto, que trataban de vivir como los lirios del campo pero que conseguían sus dólares vendiendo artesanías. Este estilo de vida trastornó muy intensamente la pacata y conservadora vida estadounidense y se desparramó puertas afuera. El hippismo fue un fenómeno social compartido por varios países luego del decenio de los sesenta. Y donde estuviera un *hippie* allí humeaba la marihuana y de tanto en tanto el LSD se encargaba de los viajes espaciales del colectivo psicodélico.

Las tribus urbanas que los sucedieron, cuya enumeración a partir de los *punks*, de los que no voy a ocuparme, puede resultar fastidiosa, ya que cada país tiene constelaciones locales, también recurrió a las drogas blandas y a la duras y en todo momento la rueda de "fumetas" celebró los fastos de la marihuana, cuyos nombres locales abarcan una lista mundial inmensa.

Detengo aquí este esbozo histórico. Sería insensato rastrear continente por continente y país por país la penetración de la marihuana luego de los años sesenta del siglo pasado. Pero antes de finalizar quiero hacer una transcripción de lo que decía el National Guardian el 12 de agosto de 1967 con respecto a ciertos desafíos tolerados, que por cierto no se repitieron, de los usuarios de la marihuana:

"Mota en los prados de la ciudad de Nueva York"

"Durante cuatro domingos de julio y agosto, números cada vez mayores de gente han estado fumando marihuana en Tompkins Square Park bajo la mirada vigilante pero tolerante de la policía de Nueva York. La primera

fumada tuvo lugar el 16 de julio cuando se distribuyó marihuana en forma gratuita a un público de aproximadamente 150 personas. Un grupo que se hace llamar Los Provos de Nueva York, una no-organización anarquista , más o menos de hippies, que se autocalifica como un grupo de "narcómanos subversivos", distribuyó también boletines exhortando a una segunda fumada el 20 de julio. Según los Provos, unas 400 personas participaron en la segunda semana, 2000 en la tercera y el 6 de agosto, 4000 personas consumieron tres kilogramos de 'mota'.La policía, (que rehusó las 'chicharras'que le ofrecían los fumadores) no arrestó a nadie ni se interpuso de manera alguna..."

El movimiento provo tuvo su origen en Holanda. Una de sus principales características antisistema la persistente lucha para que el uso placentero de la marihuana dejase de ser penado.

Ya por ese entonces regían las restricciones férreas impuestas por el Gobierno Federal al consumo y comercialización de la marihuana, legislación que llevó a miles de fumadores y cultivadores a las cárceles de los EE.UU. pero que no pudo impedir que este país tuviera la mayor producción de marihuana en predios y casas particulares ni que fuera el que albergara el mayor número de usuarios en todo el mundo.

Como antes expresé, es imposible seguir los pasos del *cannabis* y su uso recreativo en estos últimos cincuenta años. Vale, sí, recordar algunos detalles interesantes de su difusión entre los negros rioplatenses durante la época del coloniaje y en los primeros años de vida independiente uruguaya. El cáñamo, como cultivo industrial, se había difundido desde Chile hacia el Rio de la Plata, al par que los negros esclavos introducidos desde el Brasil ya venían "pitando *pango*". Guillermo Garat le dedica el primer capítulo de su libro a unos muy alusivos cantos que en parte antologizó y completó Acuña de Figueroa. Están escritos en la jerga entre africana y española que hablaban los esclavos y figuran en el tomo VI de la historia del Uruguay escrita por José Salgado.[48]

Garat agrega interesantes datos acerca de la siembra de cáñamo en América colonial, planta que se utilizaba con fines industriales y afirma que el tal *pango* fumado por los africanos y sus descendientes era pura y simplemente marihuana.[49]

---

[48] *Id.ibid*, p. 8.
[49] SALGADO, Historia del Uruguay.

NOMBRES SECRETOS, JERGAS DE INICIADOS

Las sustancias prohibidas que se conocen bajo el común denominador de drogas tienen muchas denominaciones. Se tienden estas cortinas de humo para que las autoridades y el público en general sean despistados por un nomenclátor que cambia de continuo. Se trata de denominaciones secretas, manejadas por los iniciados. Dichas voces coloquiales o jergales día tras día son descifradas por los encargados de castigar a los usuarios y día tras días éstos las cambian para escapar al cepo policial y a la curiosidad ciudadana. A pesar de ello muchas denominaciones se han conservado, sobre todo en países donde la vigilancia es laxa y las distancias entre los infractores y los guardianes de la ley son muy grandes. Por otra parte el arraigo afectivo defiende los nombres tradicionales que constituyen el santo y seña entre quienes integran el ejército clandestino de usuarios.

Van aquí, a modo de muestra, unas pocas denominaciones utilizadas en los países y comarcas donde se fuma, se inhala o se ingiere el THC del *cannabis.*

- Argentina y Uruguay - *Porro, faso, churro, maruja, hierba, pasto.*
- Brasil - *Maconha, liamba, cangoa, da boa, pobre, pinto, planta da felicidade*
- Colombia - *Cachafa, bareta*
- Mexico - *Marihuana, grifa, soñadora,mota*
- Costa Rica - *Hierba santa, mala vida, Mariquita, zacate, chino*
- Puerto Rico - *Pincho, gallo*
- España- *Cáñamo, hierba, grifa, tila, mierda, chocolate, chicle*
- Inglaterra- *Hemp*
- Alemania - *Hanfkant*
- Maghreb (África nordsahariana) - *Kif, chira*
- Egipto - *Kamonga*
- África del sur - *Dagga*
- Mozambique - *Banga*
- Arabia - *Kinnab, haxix*
- Oriente medio - *Zhara*
- Turquía –*Kabak*

- India- *Bang, ganja, madi, misari*
- Japón – *Taima*

Fuera de estas denominaciones locales vuela una bandada de voces que, como las aves viajeras, emigran desde las periferias a los centros del mundo: *ace, airplane, astroturf, atom bomb, baby, bad shit, bam, beat, birdwood, blonde, boom, bush, caca, charge, chi-na, choco, congo, cosa, culiacan, dacca, diablito, ding, endo, fir, flower, fu, fumo, gage, gangster, gloria, gold, goma, ha-ha, hay, humo, . indo, jane, jas, juanita, Juan Valdés, kaya, kib, killer, mahat, lechuga, lima, limbo, lioc, loco, lumbo, manzanilla, marrocata, miel, monte, mu, nalga de ángel, olle, pakalolo, perejil, pot, primo, rama, roper, rose marie, silver, soul, yaima, tate, tea, turbo, vida, yesca, etc.* No vale la pena continuar. Solamente interesa la enorme variedad de denominaciones, que en este momento sobrepasan con creces las 400 registradas por la O.M.S.

COMO SE INGIERE EL THC

Corresponde ahora mostrar las distintas modalidades que utilizan los usuarios para ingresar el THC el organismo, ese complejo anatómico y fisiológico comandado por la mente y, a la vez, conductor de mensajes a la conciencia. Tanto el medio exterior como el interior influyen en las percepciones, sensaciones e intelecciones de los sujetos, y ambos se hallan presentes en las técnicas y modalidades mediante las cuales los fármacos del *cannabis* surten efecto en el cuerpo y el cerebro humanos.

Como este no es un libro de introducción a las técnicas agronómicas relacionadas con la siembra, recolección y apresto del *cannabis*- variedad de semillas, cultivos *indoor* u *outdoor,* abono, riego, extirpación de plagas, cosecha, recolección y tratamiento de cogollos luego de haber sido "manicurados", etc- no me voy a extender en este aspecto, reservado a quienes practican y aconsejan los modos de plantar, manipular y utilizar los cogollos productores de THC.

No obstante es imprescindible efectuar siquiera una presentación escueta de la variedad de medios por los cuales ingresan los componentes del *cannabis* al organismo humano. Ellos son los siguientes:

1º. Cigarrillo. Esta modalidad, la más extendida, cómoda y traslaticia, es la del *porro, canuto, charuto, faso,* o como se le llame al dispositivo. Cigarrillo es el diminutivo de cigarro. El cigarro se confecciona con hojas de tabaco tratadas y enrolladas. El cigarrillo es liado con papel, chala o envolventes apropiados a la sustancia picada o trozada. Para evitar el calor quemante de la combustión suele utilizarse una boquilla la que, según su longitud, contribuye al enfriamiento del aire caliente. Cuanto más larga sea, menor será el sufrimiento de garganta y la tráquea. Se han inventado unos ingeniosos aparatos que haciéndolos girar en uno y otro sentido reducen los cogollos secos a fragmentos muy finos y homogéneos, aptos para el armado propicio del cigarrillo y la combustión continua.

Se han propuesto varias etimologías para la voz cigarro. En España, una vez llegado el tabaco desde América, se le procesaba y liaba en los cigarrales de Toledo, y de ahí su nombre. Por su parte otros lingüistas estiman que su cuerpo y color son semejantes al de la cigarra, aguafiestas de quienes sestean en verano, lo que parece más improbable. Finalmente, ciertos antropólogos que miran hacia Mesoamérica, señalan que los mayas utilizaban el verbo *ciyar* para referirse a la tarea de enrollar las hojas de tabaco y darles la forma que llamó la atención a aquellos cronistas de Indias que describieron las costumbres indígenas del área caribeña.

2º. Tubos cilíndricos construidos con cañas o maderas ahuecadas. Muchos grupos aborígenes los emplean. Son de grandes dimensiones y obran como conductores del humo enfriado por las características favorables del útil. Los pigmeos del Africa central, que consiguen el *cannabis* por canje, fabrican con troncos huecos de bambú unos tubos de excepcional tamaño, tal como lo enseñan las láminas que figuran en los libros de antropólogos, exploradores y misioneros que los han visitado.

3º. Pipas secas. Su utilización evita el daño - ¿o envenenamiento progresivo?- provocado por el alquitrán y otros componentes nocivos del papel. Estas pipas aparecieron en la prehistoria y a ellas me referí anteriormente. Pueden ser construidas de metal o de otras materias refractarias. No detallo su estructura pues son muy semejantes a las comunes aunque existen variaciones en sus formatos: algunas muy toscas, otras artísticas, otras rebuscadas y originales.

4º. Vaporizadores. Existen vaporizadores manuales de vidrio que calientan el material con una resistencia eléctrica. Se aspira el aire gasificado mediante un tubo de vidrio. Existe una profusa variedad de modelos.

5º. Aparatos electrónicos. En la actualidad se fabrican muy sofisticados modelos en los cuales no existe la combustión sino un mecanismo que calienta el aire a 180 grados, temperatura que provoca la eclosión de los elementos existentes en los cogollos trizados. Este aire caliente dilata un receptáculo de plástico transparente de muy poco espesor y estructura cilíndrica, que puede llegar a los sesenta y aún mas centímetros de longitud y treinta de ancho, aunque los hay mas grandes aún, aptos para circular en ruedas de usuarios. Una vez colmado por el vapor gasificado, que lo dilata y convierte en un enorme bolsón vertical, ya está a punto para ser utilizado. El usuario aspira el contenido mediante una boquilla, provista con una válvula que se abre al apoyar en ella los labios y apretarla contra los incisivos. Entonces libera un vapor que ingresa directamente, al ser aspirado, al sistema respiratorio e invade bronquios y pulmones.

6º Pipas de agua. En este caso, un aparato semejante al narguile que se fuma en los países árabes y distintas regiones de Oriente enfría el humo que brota de la combustión del *cannabis* en un recipiente de agua. También se le llama *bong*. Hay opiniones divergentes acerca de los efectos dañinos que algunos atribuyen a este método.

7° Pipas de madera. Semejantes a las tradicionales. Se elimina, mediante la combustión directa, la nociva presencia del papel.

8° Pipas de metal. Son las usadas en las regiones afroasiáticas donde se fuma el *kif.* Se las ha encontrado también en yacimientos arqueológicos donde se asentaban, en la protohistoria, los pueblos célticos. Aclaro que se denomina protohistoria a la de los pueblos carentes de escritura que en la antigüedad fueron descritos por cronistas e historiadores que contaban con ella.

9° Quema de cogollos en pozos poco profundos y de forma circular. Esto sucede en muchos de los pueblos silvícolas. Quienes aspiran el humo se disponen alrededor de la fogata.

10° Ingestión. La marihuana, de acuerdo con distintas recetas gastronómicas, forma parte de la masa de los brownies y otras especialidades culinarias, ubicadas en la categoría de los alimentos azucarados. La grasa y la manteca permiten que el THC se diluya, lo que no sucede con el agua.

Usos alimenticios

Transcribo a continuación la receta del tradicional *majoun,* tal y como ha sido enviada a la lista de Muscaria, con adaptaciones de Alicia Castilla. "Esta especialidad de la comida marroquí es considerada uno de los dulces más antiguos del norte de África. Existen diversas recetas que se transmiten hace siglos de madres a hijas por tradición oral. Presentamos una de ellas como una curiosidad antropológica. Advertimos que la ingestión de *cannabis* puede tener efectos más poderosos que cuando la hierba se fuma [....] La receta es una gentileza de Keef, miembro de Arsec y jurado en Copas Internacionales de Cannabis y la envía desde Barcelona:

Este es uno de los postres típicos de Marruecos, y quizás uno de los pocos que originalmente lleva THC (el principio activo del *cannabis*), en la receta. Se dice que cada casa tiene su receta propia, pero son todas semejantes con pequeñas variaciones.

Para su preparación primero utilizamos:

15 o 20 dátiles y les quitamos los huesos.
150 gramos de avellanas peladas.
150 gr de nueces.
100gr de almendras tostadas.
100gr de pistacho.

Machacamos por separado 150 grs. de avellanas peladas, 150 grs. de nueces, 100 grs. de pistachos, 100 grs. de almendras tostadas, 25 grs. de pasas, 50 grs. de piñones.

176

Los troceamos en trozos pequeños y los machacamos en un mortero hasta que quede una pasta uniforme. Los reservamos aparte como lo haremos con los siguientes productos. Mientras tanto en un sartén habremos puesto aceite y un par de dátiles a freír para que lo aromaticen.

Troceamos una tableta de chocolate negro y ponemos los trozos en la sartén con el aceite para que se deshaga totalmente el chocolate, aunque podés hacerlo vosotros mismo con cacao y leche para darle el punto que más os guste. Mientras se deshace, le agregamos todo lo que hemos mantenido apartado. Se coloca en un bol con 5 grs. de *cannabis* bien desmenuzada. Cuando el chocolate está bien deshecho se la agregamos a la mezcla sin dejar de remover durante unos 10 minutos. De la sartén va al plato, momento en que espolvoreamos con un poco de azúcar, canela y/o cacao en polvo. Para su maximo aprovechamiento, (colocón), conviene comerlo caliente. Si es demasiado caliente para alguien se puede dejar enfriar un poco y hacer bolitas de majoun, y a la hora de comerlas acompañarlas con té a la menta caliente. Como complemento cultural a la ingesta se recomienda leer las Mil y una Noches. Se consiguen 3 ó 4 raciones [....]".[50]

No obstante lo consignado anteriormente acerca de la ingestión del THC en ciertos productos culinarios pertenecientes a la repostería existe un largo capítulo acerca del valor alimenticio del cáñamo. Su valor nutritivo se conoce desde la antigüedad. Y tan larga fue la trayectoria nutritiva de la planta que hasta fines del siglo XIX se utilizaron distintos productos, cuya enumeración requiere un tratamiento especial.

Los cañamones, esto es, las semillas, constituyeron importantes productos culinarios en la comida de los campesinos de muchas regiones del mundo. Se les utilizaba para hacer sopas, papillas y gachas. Estas gachas, cuyo nombre proviene del latín coacta, cuajada, constituyen una masa blanda, casi líquida, en la cual intervienen distintos tipos de harinas, leche o agua y algún otro ingrediente dulce como la miel o salado, como la propia sal. Una de las harinas mas utilizadas era la de cañamones. También los monjes del medioevo y de siglos posteriores consumían cañamones tres veces por día. Estas semillas, prensadas, producían un aceite vegetal altamente alimenticio ya que en él abundan en grandes proporciones los ácidos grasos, cuya presencia refuerza el sistema inmunológico que protege de muchas enfermedades al organismo humano, al tiempo que desaloja el colesterol de las arterias. La pasta hecha con los cañamones sirve para elaborar panes, guisos y pasteles. Se ha podido comprobar que la proteína alojada en los cañamones o semillas constituye una de las más completas y provechosas existentes. Y ello a tal punto que según estudios efectuados por autoridades científicas se comprobó

---

[50] GARAT, Guillermo. Marihuana y otras yerbas. Prohibición, regulación y uso de drogas en el Uruguay. Editorial Sudamericana, Montevideo, 2012, pp.16-18.

que es la sustancia de mayor valor para la alimentación humana. Debe agregarse que la utilización de los cañamones para hacer cerveza era una práctica generalizada en un pueblo tan antiguo como el asirio.

Fuera de nuestra especie, el mundo de los pájaros halló en los cañamones el más nutritivo y sabroso alimento. Tanto los que volaban libremente en los campos como los prisioneros en jaulas hallaron su mejor alimento en esta semilla. Se ha realizado un curioso experimento: si se le ofrecía a un pájaro cautivo varios tipos de semillas entremezcladas, las que primero ingerían eran las de cáñamo. Hablo en tiempo pasado pues en los EE.UU., donde se compraban miles de toneladas anualmente para la alimentación de la pajarería doméstica, al prohibirse en los años treinta el cultivo del cáñamo, desapareció un alimento barato y muy nutritivo para el universo ornitológico. Lo mismo sucedió con los pescadores quienes al arrojar semillas al agua acudían cardúmenes de peces que de inmediato eran arponeados. Esto sucedía en Europa, tal cual lo narra Jack Herer, testigo de estas prácticas piscatorias.

Usos industriales

He leído en algunos libros que el cáñamo y la marihuana son dos productos diferentes pues las plantas también pertenecen a especies diferentes. En ellos se afirma que el cáñamo se cultiva con fines industriales y la marihuana con fines rituales, recreativos, terapéuticos y alimenticios. Dichos vegetales, se sigue diciendo, tienen un estrecho parentesco entre ellos, pero no son la misma cosa. No es así. El cáñamo que se cultiva con fines industriales se maneja de modo tal que las plantas se disponen a pocos centímetros las unas de las otras. Dicha disposición favorece la floración fecundante - pistilos repletos de polen- de las plantas macho, ricas en fibras de cáñamo. Y el mismo cáñamo, especie dioica que presenta ejemplares macho y ejemplares hembra, y aún hermafroditas, se cultiva a cierta distancia uno de otro tallo para seleccionar las plantas útiles para el uso recreativo. En efecto, si se desea obtener marihuana es preciso que solamente se conserven las plantas hembra. Y para ello, no bien se definan los sexos, es preciso extirpar a las plantas macho pues, de fecundar a las hembras no habrá THC en sus cogollos y si cañamones o semillas. La diferencia, pues, es esa, y no se debe entreverar las barajas botánicas, induciendo a confusión. No hay, pues, por un lado cáñamo textil y por el otro marihuana placentera. Se trata de una sola planta con dos sexos, y punto. No acierto a discernir si dicha falsa distinción responde a la ignorancia o a una sutil maniobra para que el público suponga que se trata de dos variedades diferentes: una benéfica por sus fibras y la otra maléfica por sus efectos en la salud.

En nuestras latitudes y a la altura que estamos de los actuales tiempos poca gente está enterada de las múltiples aplicaciones industriales del cáñamo. Al ser erradicado como progenitor de la marihuana se fueron con él - si bien algunas pocas permanecen- las utilidades que prestó esta planta desde la prehistoria.

La Business Alliance for Commerce in Hemp, de los Ángeles, EE.UU. ha presentado el siguiente resumen acerca de los distintos usos del *cannabis.*

"De los tallos se fabrican telas, combustible, papel y otros productos industriales. El cáñamo se seca y rompe en dos partes: fibras filamentosas y trocitos de caña o pulpa. Cada uno de estos productos tiene sus aplicaciones particulares. Las fibras largas se lavan y se transforman en hilo y hebras para cuerdas o para tejer una gran variedad de textiles de alta calidad para ropas, lienzos y telas de muchos tipos y tesituras. Los fragmentos de tallos secos del cáñamo componen la agramiza con celulosa para la fabricación de papel sin desprendimiento de dioxinas y sin tener que utilizar la madera de los árboles: pinturas y aislantes no tóxicos, materiales para la fabricación industrial, materiales de construcción, hemi-celulosa para plásticos y muchas cosas más. El cáñamo es la mejor fuente de pulpa vegetal para preparar combustibles de biomasa, para la producción de carbón vegetal, gas, metanol, gasolina e incluso para producir electricidad.

De las semillas del cáñamo se puede extrer aceite de cocina, lubricantes, combustibles, etc. El cañamón es un alimento rico en proteínas y reduce el nivel de colesterol. Las hojas y las flores también son comestibles [.....]

Incluso las raíces del cáñamo desempeñan un papel importante: afirman y airean el suelo controlando la erosión y los corrimientos de tierra. El cáñamo puede salvar granjas familiares, crear trabajo, reducir la lluvia ácida y la contaminación química y revertir el efecto invernadero".

Pueden escribirse muchas historias, y algunas largas, acerca de las utilidades que ha prestado a lo largo de los tiempos, a partir del neolítico, la utilización industrial del cáñamo. Tumbas que datan miles de años antes de nuestra era han revelado, al ser excavadas por los arqueólogos, tejidos de este material para fabricar ropas, sogas, canastas y muchos enseres domésticos más. Las velas de los barcos se hilaron tejiendo lino o cáñamo. Pero las de lino solo resistían los vientos en la etapa potámica de la navegación, cuando pequeñas embarcaciones surcaban las aguas de los ríos. En las etapas talásicas de los mares interiores las naves fenicias, cartaginesas, griegas y romanas debieron recurrir solamente al cáñamo para resistir los fuertes vientos. Y cuando se inicia la etapa oceánica las carabelas de Colón, que desembarcó en las Antillas, y las de Cabral, que tocó tierra en el noreste brasileño, utilizaban solamente un velamen de cáñamo. No había otro material textil capaz de resistir las poderosas ráfagas de viento en las tempestades. A partir de entonces las armadas transoceánicas de las potencias colonialistas europeas usaron esta fibra para hacer velas, cuerdas y estopa.

La gente aldeana y campesina de Eurasia fabricaba la tela de su vestimenta en telares donde se tejían las fibras de cáñamo convenientemente manipuladas. Afirma una leyenda que la ropa hecha con tejidos de cáñamo es áspera y burda. La historia del vestido desmiente este infundio. Si se la somete a un tratamiento suavizante, las telas de cáñamo son delicadas, dóciles, aptas para la ropa interior y no solamente para confeccionar rústicas prendas de trabajo. Los primeros pantalones que ahora se les dice *jeans* o vaqueros se fabricaron con tela de cáñamo para el uso de los mineros estadounidenses. Levi-Strauss, un sastre alemán de origen judío, concibió esta idea y la llevó a la práctica con extraordinario buen éxito. Los confeccionó con un tipo de tejido sufrido y resistente, que desafiaba el áspero roce de las rocas cuando los gambusinos se arrodillaban para extraer el oro de los placeres o de los socavones. Los remaches metálicos impedían su desgarramiento y la urdimbre de la tela resultaba buena para desafiar los grandes fríos o los agobiantes calores. Una de las virtudes de este tejido se manifestaba en la protección de la epidermis cuando las radiaciones ultravioletas estaban en su punto más alto.

No quiero detenerme mucho más en este interesante aspecto. He leído largos artículos periodísticos y ensayos escritos por arquitectos ambientalistas acerca de las viviendas fabricadas con fibras de cáñamo prensadas. Hay una serie de aplicaciones cuya descripción insumiría un espacio del que no dispongo. Pero como el buen tino aconseja escoger, entre muchos, algunos pocos ejemplos relevantes, voy a referirme a dos de ellos.

El primero tiene que ver con la fabricación de papel con fibra de cáñamo y sus ventajas. Comienzo diciendo que ya en China antigua se recurría a este vegetal y que en los Estados Unidos de los tiempos de Jefferson y Washington, grandes plantadores de cáñamo y quizá "fumetas", eran enormes las extensiones cubiertas por este vegetal. Las actas preliminares de la Constitución de los EE.UU. fueron impresas en papel de cáñamo. Pero los procedimientos se refinaron y va acá una noticia que muchos tal vez desconocen. La proporciona Jack Herer, y de su libro la transcribo. "El Departamento de Agricultura de EE.UU. utilizó por primera vez papel de pulpa de cáñamo (y no papel de fibra de cáñamo) en el Boletín n° 404 de 1916 para demostrar las cualidades sobresalientes del uso de los desperdicios del cáñamo para pasta papelera en vez de utilizar la pulpa de los árboles: su intención no era solamente reducir la tala de árboles , sino tambien reducir la utilización de compuestos de ácido sulfúrico necesarios para separar químicamente las diferentes partes de la planta con el objeto de elaborar papel".[51]

El otro ejemplo también es muy sugestivo. Henry Ford, como se sabe, era el el fabricante del automóvil más popular a comienzos del siglo XX. En el año 1908 salió al mercado el famoso modelo T, del cual se vendieron más de doce millones, fomentando así la difusión de vehiculos baratos y rendidores al alcance del pueblo trabajador. En el año 1927 lanza otro modelo, con innovaciones que mejoraron el aspecto de la carrocería y distintos detalles del motor. Pero la grande y frustrada experiencia incluyó dos innovaciones de las que hoy no se guarda recuerdo. Por un lado fabricó, en el año 1941 un automovil con fibra de cáñamo prensada y procesada de tal modo que la carrocería era mucho más fuerte, liviana y resistente que la metálica. Ante un grupo de invitados para contemplar tan novedoso invento tomó un martillo y golpeó los guardabarros repetidas veces sin que estos se aboyaran. Pero lo más sorprendente es que el motor del automóvil no funcionaba con gasolina sino con un combustible fabricado a partir del aceite de los cañamones. Ford tenía una secreta plantación de cáñamo, de la que extrajo los materiales. Pero ya regía la legislación contra la marihuana que, en verdad, como veremos apuntaba al cáñamo, para terminar con su competencia en la fabricación de la pasta de papel y algunos productos de las industrias Dupont. A partir de la legislación prohibitiva del año 1937 el *cannabis* se ilegalizó y el proyecto no pudo prosperar.

El citado Herer expresa que si fuera legal el cultivo del cáñamo y se recurriera a la avanzada tecnología del siglo XX el *cannabis* podría convertirse en el monocultivo mayoritario a lo largo y lo ancho de todo el mundo. Hasta el decenio de los años 30 del pasado siglo el cultivo del cáñamo era permitido en los EE.UU. Y su auge había sido promovido muy tempranamente por los Padres Fundadores y sus descendientes, ya que estos últimos premiaron económicamente a los agricultores que lo sembraran. Por los primeros años del siglo XX los agrónomos estadounidenses pronosticaron que el mercado del cáñamo acarrearía beneficios de mil millones de dólares anuales, y esta cifra no incluía las ganancias que podrían producir su utilización en las áreas de los medicamentos, de los alimentos y de la energía generada por los combustibles extraídos de la planta. Sumando dichos beneficios se llegaría al billón de dólares (el billón en EE.UU. equivale a mil millones y no a un millón de millones, como sería lo correcto, aritméticamente hablando). Otro dato de interés aportado por Herer: los beneficios obtenidos por la venta de cogollos tratados y convertidos en marihuana habrían rendido

---

[51] CASTILLA , Alicia. *Op. cit.* p

una cifra considerablemente menor, por grande que fuera el número de usuarios.

Estas últimas reflexiones sobre un tema capital sirven como gozne para abrir la segunda puerta y parte del libro, que trata de la Gran Conspiración contra el *Cannabis*.

SEGUNDA PARTE

PROHIBICIONES Y PENALIZACIONES: LA CONSPIRACION DEL BECERRO DE ORO

LOS INTERESES CREADOS

Hubo, sí, una conspiración de carácter económico-industrial contra el cannabis. Pero no se debe exagerar o deformar los datos históricos. Si bien es cierto que la gran arremetida contra el cáñamo se produjo en los años 30 del pasado siglo ya el huevo de la restricción absoluta se venía incubando. La propaganda de los sedicentes guardianes de la salud y la decencia pública impactó sobre las decisiones federales de los gobiernos estadounidenses a partir de la guerra iniciada contra el alcohol, la cocaína, los opiáceos, el hidrato de cloral y el cannabis. Pero por ese entonces el empleo de estos psicotrópicos en los productos farmacéuticos no tenía restricciones. Una ley sobre Drogas y Alimentos Puros, promulgada en el año 1906, determinó que en las etiquetas de los medicamentos se especificara que proporción de cannabis, así como de las otras drogas aludidas, estaba presente en cada uno de los medicamentos que las empleaban.

Los primeros borradores de la legislación federal antinarcóticos que finalmente se conoció como la ley Harrinson de 1914, mencionaron repetidamente al cannabis junto con los opiaceos y la cocaína. Sin embargo el cannabis sobrevivió al proceso legislativo, debido seguramente a la oposición de la industria farmacéutica. En ese tiempo, y por lo menos durante una década, las asociaciones de farmacéuticos no veían razón para que una sustancia utilizada principalmente en parches para callos, en medicina veterinaria y en medicamentos no intoxicantes tuviera que ser severamente restringida. En las audiencias y debates anteriores a la primera guerra mundial sobre una ley federal antinarcóticos, ni siquiera los reformadores afirmaban que el cannabis fuera un problema de importancia en los Estados Unidos. En el Congreso rara vez se oyó a un testigo defender los opiáceos o la cocaína, pero durante las audiencias de enero de 1911 sobre una Ley Federal Antinarcóticos ante el Comité de Medios y Recursos de la Cámara, el representante de la Asociación de Farmacéuticos Mayoristas protestó por la inclusión del cannabis junto con los citados productos. Charles A. West, Presidente del Comité legislativo de dicha asociación, testificó que el cannabis no era lo que pudiera llamarse una droga creadora de hábito. Albert Plaut, representante de la firma farmacéutica Lehn y Fink de la ciudad de Nueva York, también se opuso a la inclusión del cannabis: le atribuyó su reputación más a la ficción literaria - tal como la descripción del haschisch en El Conde de Montecristo- que a una opinión fundamentada. Cuando se le preguntó si el cannabis podía ser consumido por aquellas personas a las cuales se les hubiera restringido el uso regular de los opiáceos o de la cocaína, Plaut respondió que los efectos del cannabis eran tan diferentes de aquellos que no esperaría que un adicto encontrara atractivo en el cannabis. Las quejas de las industrias de las drogas recibieron una fuerte refutación, pero nadie negó que el cannabis, en ese momento, constituyera una parte muy pequeña del espectro del abuso de aquellas. Los argumentos a favor de su inclusión, expresados por autoridades tales como Lambert, Towns y Wiley, se basaron en la creencia de que el cannabis era una droga creadora de hábitos. Uno de los más emocionantes ataques provino de Towns: "En mi opinión es inexcusable que una persona diga que no hay hábito en el uso de una droga. No existe droga en la farmacopea actual que pueda producir las más placenteras sensaciones que proporciona el cannabis, ni una sola - absolutamente ninguna droga de la farmacopea de hoy - y de todas las drogas de la tierra yo incluiría [al cannabis] en la lista".[52]

A lo largo de las discusiones entre políticos y científicos, el Dr. Schieffelin advirtió que si bien los consumidores placenteros de cannabis eran pocos en el país, en New York se fumaba mucho en el seno de la colonia siria. También salió a luz la queja generalizada de los californianos que señalaba a los inmigrantes hindúes como indeseables puesto que no solamente fumaban con profusión cannabis indica sino que además distribuían cigarrillos entre los "blancos" para introducirlos en la sociedad de aficionados a ese "vicio".

Algunas figuras prominentes de Louisiana la emprendieron contra los músicos puesto que aquellos artistas eran usuarios de la que por entonces era la indeseable pero no temible marihuana. Se trataba de niggers, y no blacks, y estos "sucios" negros confesaban que al fumar cannabis se sentían bien físicamente e inspirados para componer las partituras consideradas demoníacas por los estratos sociales conservadores y racistas de aquel Estado. El jazz, como el tango rioplatense, fue considerado en un principio como el patrimonio exclusivo de las clases bajas y las gentes disolutas y bohemias. Demás esta decir que quienes sufrieron mayor escarnio fueron los mexicanos que entraban en los EE.UU. atravesando el rio Bravo. Eran gentes "despreciables" por sus "vicios" y "reacciones violentas" pero indispensables como braceros con salario vil.

Las raíces, o sea las causas remotas de la proscripción del cannabis, la marihuana, y su penalización posterior a nivel federal, se hacen patentes en varios Estados. Hacia el 1906 ya se había regulado el uso del cannabis en el

---

[52] HERER, Jack. *Op. cit.* p.43 y p. 60.

distrito de Columbia. Era sólo el comienzo de una cadena que se iniciaba en la instancia de la regulación y terminaría con la guillotina de la prohibición. Estos son los sitios y las fechas donde se reguló su uso: Massachusett (1911), Nueva York (1914) y Maine (1914). La prohibición se inicia en California (1913) y la mano larga, empuñando una hoz, incursiona velozmente por los Estados de Wyoming (1915), Texas (1919), Iowa (1923), (Nevada (1923), Oregon (1923), Washington (1923), Arkansas (1923) y Nebraska (1927).

La bola de nieve estaba en marcha. Pero aún no había adquirido la velocidad y tamaño suficientes como para provocar el alud que se precipitaría años más tarde. Fue preciso, para ello, pasar de la legislación estadual a la federal. No todos los Estados estaban contestes en ello. No servía la ascensión capilar, esa va de lo bajo a lo alto, de las partes al todo. En ese interregno se fundó el Uniform State Narcotics Act (USNA). Pero todavía no había sobrevenido lo peor, o sea ese gran salto cuantitativo que los intereses financieros de las corporaciones transformaron también en cualitativo.

No obstante estos esfuerzos de regulación y prohibición del cáñamo y sus productos, que cuestionaban también algunos usos terapéuticos, la artillería de grueso calibre, manejada por un racismo confeso, apuntaba a los mexicanos, hindúes, sirios y negros del sur, donde prosperó la aristocracia algodonera hasta el enfrentamiento del norte de los industriales contra el sur dominado por una aristocracia terrateniente que fuera, aunque a medias, derrotada en la Guerra de Secesión (1861-1865).

Es bueno echar una mirada en profundidad al escenario estadounidense, a partir de las poblaciones de la América antigua, para advertir los significados catastróficos para el cáñamo y sus productos acarreados por una política que como el tero de estos pagos sureños "en un lado tiene los huevos y en otro pega los gritos".

Ya vimos, al tratar la parte histórica, que existía una discusión entre los arqueólogos acerca de la existencia del cannabis precolombino. Yo me declaré escéptico ante tal posibilidad pero es preciso que nos remitamos a las pruebas aducidas para considerar más a fondo el asunto. Hay testimonios de viajeros curiosos y de especialistas reconocidos que llaman a una actitud menos desdeñosa. El precursor viajero francés Jacques Cartier recorrió parte de los territorios hoy canadienses entre los años 1535 y 1541. En sus crónicas cuenta haber visto plantaciones de cáñamo, si bien algo diferente al existente en Francia, durante sus exploraciones por Terranova, el valle del San Lorenzo, Montreal y Quebec. Un arqueólogo, Hill Fitzgerald, desenterró de yacimientos situados en la localidad de Morriston, Ontario, pipas utilizadas en tiempos anteriores a la Conquista. Al examinar los restos de las sustancia en ellas fumadas se hallaron trazas de tabaco y marihuana. Alrededor de los Grandes Lagos y en el valle del Mississippi aparecieron decenas de pipas de

186

arcilla con restos de cenizas de cannabis. Por su parte dice el historiador C. Bennet que los Mohawk, pertenecientes una tribu que ocupaba la comarca de Oka, en Quebec, Canadá, utilizaban cuerdas fabricadas con cáñamo en la vida diaria y en algunos rituales.

Pero el escenario se amplía mucho más si penetramos en el territorio histórico de los EE.UU, en el que el cáñamo era el señor de la agricultura y desempeñaba otras sorprendentes funciones. Ya quedó dicho en anteriores páginas que tanto Washington como Jefferson tenían extensos cultivos de cáñamo. Una carta del primero hace pensar que, además de los usos industriales, el cannabis colmaba de gracia pacífica los ocios del prócer. En efecto, pide en ella que se separaran las plantas machos de las plantas hembra, lo cual indica que los cogollos de éstas eran destinados al solaz recreativo de Washington. Por su lado Jefferson organizó un contrabando de semillas que desde China eran transportadas al trampolín de Francia y que desde aquí saltaban a los EE.UU. También Franklin poseía vastas plantaciones de cannabis. Lo destinaba a su fábrica de papel, una de las primeras que se instalaron en América.

También el primitivo farmer del lado oriental de los Apalaches vivió un idilio agrícola con el cáñamo. Se premiaba a quienes lo cultivaban, se exigía por parte de los gobiernos que se plantara y quienes no lo hacían caían en la ilegalidad, y a tal punto que durante los siglos XVII y XVIII los granjeros de Virginia que se negaban a hacerlo eran encarcelados.

Pero lo que antes tildamos de sorprendente era que el cáñamo se utilizaba para pagar los impuestos de los granjeros desde el primer tercio del siglo XVII hasta los inicios del siglo XIX.

En cuanto a su empleo como materia prima para fabricar papel ofrezco dos ejemplos solamente: los borradores de la Declaración de Independencia y de la Constitución, como ya dije, fueron escritos sobre papel de cáñamo y, hasta el 1880, los libros escolares estadounidenses fueron impresos en papel de cáñamo y lino mezclados.

Finalmente debe anotarse que el cáñamo fue hasta los inicios del siglo XX el cultivo con mayores rendimientos económicos para los granjeros tradicionales en los EE.UU.

Todo cuanto expresé hasta ahora constituye el telón de fondo de un escenario en el que poderosos personajes, dueños de fortunas inconmensurables organizaron una conspiración, que por entonces pasó inadvertida, prohibiendo y penando el uso de la marihuana para acabar con el cáñamo. Al mismo tiempo, desde las bambalinas, partían otras diatribas, proferidas por los portavoces del racismo rampante que imperaba en los EE.UU. Escuchémoslas. Son como los primeros acordes de lo que muy pronto sería una partitura siniestra que, a la sordina, interpretarían varios instrumentistas: a saber: la prensa (des) formadora de la opinión pública, un despiadado empresario admirador de los nazis, una compañía dedicada a la elaboración de productos químicos, el brazo ejecutor de una mente tan obsesionada como contradictoria como fuera la de Aslinger, la industria del tabaco, la Big Pharma en defensa de sus productos de laboratorio y los intereses criminales de la mafia. Vamos a examinar uno por uno esos entes conspiradores, los cuales defendían, apelando a otros motivos, sus verdaderos y no tan ocultos intereses.

a) La prensa sensacionalista o amarilla

En muchos de los periódicos sensacionalistas se atacaba abiertamente a los negros sureños y a los inmigrantes mexicanos. De los niggers, voz despectiva, y no blacks, voz descriptiva, se decía que eran haraganes, violadores, atrevidos e inventores del jazz, una música diabólica, reveladora de una terca desvergüenza artística y un estridente disparate musical. Y no sólo esto: hacia el año 1934 en la página editorial de un periódico se advertía, con espanto, que la marihuana (nombre que por entonces comenzaba a circular en los EE.UU.) "da coraje a los negros, que entonces se atreven a mirar de frente a los blancos y más de lo que pueda permitirse a nuestras mujeres". Este periódico pertenecía a la cadena de Hearst, malhadado inspirador de una famosa película y trapacero en la diaria realidad, al que me referiré lineas adelante.

A los "chicanos", aquellos audaces wetbacks atenaceados por el hambre que cruzaban a nado el Río Bravo, se les consideraba asesinos, sucios, mentirosos, malhablados y malvivientes, portadores y diseminadores de vicios. Entre ellos figuraba el de la marihuana que, según se decía, los indeseables negros y extranjeros deseaban transmitir a los niños regalandoles porros a la salida de los colegios. Todas estas mentiras constituían la coimidilla que la prensa amarilla servia diariamente a lectores crédulos, misoneistas y racistas. Aclaremos que lo de prensa amarilla venía de un cómic denominado The yellow kid que se publicaba en los diarios de la gran cadena coast to coast perteneciente al multimillonario William Randolph Hearst, quien fuera el modelo en el que se inspiró Orson Welles para filmar El ciudadano Kane, película que muchos críticos consideran como la mejor del mundo realizada hasta ahora.

b) Hearst, el hombre más rico de los Estados Unidos

Hearst era considerado como el poseedor de la mayor fortuna personal de los EE.UU. y, como antes dije, era un descarado admirador de Hitler. Para abaratar el papel de los millones de diarios editados en cada jornada había comprado todas las empresas papeleras de los EE.UU. y tenía una inmensa

persecusión racial. Resultado: embarazo". "Dos negros capturaron a una niña de catorce años y durante dos días estuvo bajo la influencia del cáñamo. Luego de su recuperación se advirtió que tenía sífilis".

La campaña desatada por la cadena de diarios, revistas y radiodifusoras de Hearst "corrobora" con titulares sensacionalistas y narraciones de terror, inverosímiles por otro lado, los daños y perjuicios en la juventud que provocaba el uso de marihuana recreativa. Uno de los editoriales de esa prensa amarilla expresaba: "La marihuana empuja a los negros a que miren a los ojos a la gente blanca, a pisar la sombra del hombre blanco y a fijar sus ojos dos veces en la mujer blanca".

A estos dislates se sumaron películas macarrónicas. Sus títulos hablan por sí solos; "Marihuana, la hierba del Diablo", "Locura de porro", "El asesino de la juventud", "La pregunta ardiente". Esta última no finalizaba con la acostumbrada palabra The end, o sea Fin. Contenía una orden perentoria, dirigida a los vigilantes padres de la Unión. "Dígaselo a sus niños".

Mientras tanto se definían los lineamientos de una ley en la que se prohibía y se penaba severamente el uso de la marihuana, lo que llenó las cárceles de "delincuentes"una vez que fuera aprobada y enarbolada como un ejemplarizante garrote. El Marihuana Tax Act, que tan severamente penaba la posesión, comercio y uso del cannabis fue sancionado el 12 de agosto de 1937. Se desecharon todos los argumentos y estudios científicos cuyas razones demostraron que el fármaco contenido en los cogollos no fabricaba criminales, ni locos, ni violadores.

En el Congreso se hicieron oidos sordos a las pruebas en contrario ofrecidas por la American Medical Association, dado que según lo expuesto por sus delegados a la Comisión, al ser cuestionada y prohibida se desconocía el real valor terapéutico de la marihuana. Pero lo curioso del asunto, al margen del intento de salvataje

de los usos terapéuticos del producto, es que algunos integrantes académicos de dicha docta institución ignoraban que la marihuana era la flor del cáñamo. Sabían de medicina pero no estaban al tanto de la botánica.

Cuando Anslinger, como se leerá líneas adelante, concurre al Congreso para testificar contra la "perversa" Mary Juana - así se escribía y pronunciaba por entonces la palabra en los EE:UU- dispara, a modo de cañonazos, discursos adornados con invectivas como las siguientes:

"Existe un total de 100.000 fumadores de Mary Juana en los EE.UU., y la mayoría son negros, hispanos, filipinos y mal entretenidos. Su música satánica, jazz y swing, es la resultante del uso de la marihuana"; "A causa de la marihuana la mujer blanca busca acostarse y tener sexo con negros, maleantes y otros vividores"; "La mota hace que los morenitos se crean que son tan buenos e iguales que el hombre blanco" ; " La marihuana es una droga adictiva que provoca en sus usuarios locura, criminalidad y muerte"; " La marihuana es la droga que más violencia ha causado en la historia de la humanidad" ; " Si fumas un porro es probable que mates a tu hermano."

Hubo laderos, cómplices y francotiradores, por cierto no tan solitarios, que se sumaron a las exequias del cáñamo y la satanización de la marihuana. La flor del cannabis - que no es, lo repito, una flor propiamente dicha sino una inflorescencia- fue el gatillo del arma mortal que acabó con el cáñamo, un poderoso competidor de los grandes capitales de la industria, el comercio y la (des)información, cuando no el infundio.

e) Una alianza macabra: licoreras y tabacaleras contra la marihuana

Las licoreras y sobre todo las tabacaleras que contribuían con astronómicas sumas de dinero a la Asociación para una América Libre de Drogas - ¡qué sarcasmo!- , tenían especial interés en la liquidación de una molesta competencia. A la marihuana, con pocos gastos, se la podía sembrar en los huertos caseros. Al tabaco había que comprarlo en forma de habanos o cigarrillos. Y las ganancias eran inmensas. Justamente en ese decenio y los siguientes no se veía un estadounidense adulto sin un cigarrillo entre los labios, y hoy, cuando repasamos la historia del cine, nos extraña la profusión de aquellas andantes y minúsculas chimeneas que los actores extraían de relucientes cigarreras, guardadas en los bolsillos masculinos o en las carteras femeninas. Luego de encender los cigarrillos, y acá también la gestualidad contribuía al dramatismo -drama en griego significa acción, actuación- de la escena, los fumaban con deliberada parsimonia o perceptible inquietud. También, casi sin descanso, ofrecían cigarrillos a sus interlocutores y encendían los propios y muchas veces los ajenos, en particular si se trataba de una mujer, con estudiados gestos teatrales para marcar una pausa en el discurso o en la acción.

f) El trust farmacéutico

Otro enemigo embozado en la sombras era la Big Pharma, el trust farmacéutico que, sabedor de las virtudes terapéuticas del cannabis, procuraba defender los productos de laboratorio, cuya fabricación demandaba pocos gastos y cuyo desmesurado precio al público rendía opíparas ganancias. Los medicamentos sintéticos, que acarrean peligrosos efectos colaterales, reemplazarían así a los ofrecidos por la naturaleza de modo casi gratuito.

g) La Cosa Nostra

A mayor abundamiento, también existía, aunque a espaldas del conocimiento popular y protegido por el soborno a las autoridades policiales y gubernamentales, un enemigo público n°1, representado por los padrinos y secuaces de la mafia. Durante la vigencia de la Ley Seca (17 de enero de 1920 al 5 de diciembre de 1933) la mafia había organizado la fabricación y el contrabando clandestinos de alcohol dirigido por personajes encumbrados, generosamente relacionados con los políticos y los altos círculos sociales, cuyos ejércitos de gangsters defendían a sangre y fuego los límites de sus dominios. La ley que penalizaba a los distribuidores y usuarios de la marihuana constituyó una vía regia para incrementar el narcotráfico, y así sucedió. Las prohibiciones de este tipo son como las pelotas de goma. Cuando más fuertemente golpean en el suelo más alto ascienden el número de usuarios y de proveedores clandestinos.

Cada uno de los factores antedichos que influyeron en la supresión legal de los plantíos de cáñamo, a los que se les llamaba de marihuana y no de cannabis, para poner los acentos en la flor maldita y maldecida cuyo uso era preciso suprimir, confluyeron en el Marihuana Tax Act del año 1937. Dados los anteriores antecedentes coresponde realizar un estudio breve del proceso de aprobación de dicha ley.

EL MARIHUANA TAX ACT

Desde el punto de vista de la lógica probatoria los argumentos presentados por Anslinger ante el Congreso lindaban con lo ridículo y cerraban el camino a la intervención juiciosa del saber científico. En efecto, Anslinger coleccionó en un voluminoso e incoherente album una serie de los terroríficos artículos aparecidos en las publicaciones periodísticas para ganar las voluntades y la posterior aprobación de los integrantes de ambas cámaras. Demás está decir que esos recortes truculentos provenían de la cadena de revistas y diarios de Hearst, en los que se condenaban "los crímenes, degeneraciones y catástrofes sociales" que provocaba la marihuana entre los miembros más bajos de la escala social. A la deformación de los hechos se sumaban los desenfrenados prejuicios del racismo y la ignorancia de los miembros del Congreso acerca de las propiedades del *cannabis*. Fueron vanas las intervenciones del Dr.William C. Woodward quien, en su calidad de Consejero Legislativo de la *American Medical Association (A.M.A.)* , además de describir las utilizaciones múltiples del cáñamo reprochó a los miembros del poder legislativo que convirtieran a la marihuana en un azote que, al parecer, nada tenía que ver con el *cannabis*. Sus argumentos, desoídos o menospreciados por el Congreso fueron, entre otros, los siguientes: "de todas maneras nos ha sorprendido que los hechos en los que estas afirmaciones están basados [se refería a los editoriales y artículos de los periódicos] no se apoyen en evidencias claras y competentes. Se nos presentan afirmaciones periodísticas que hablan de la adicción a la marihuana y que el consumo de ella provoca crímenes. Pero sin embargo no tenemos ningún informe de la Oficina de Prisiones acerca de que esto sea cierto hasta el día de hoy. Se nos ha dicho que los niños en edad escolar son grandes usuarios de cigarrillos de marihuana. Nadie de la *Oficina de Infancia* ha sido citado para declarar ante esta comisión sobre el grado de este problema entre los niños. Informes de la *Oficina de la Infancia* demuestran que no han tenido ocasión de investigar este asunto entre los niños y que nada saben particularmente sobre dicha problemática. Investigaciones de la *Oficina de Educación* expresan que si hubiera un hábito extendido deberían saber algo a ciencia cierta e indican que no hay ningún indicio ni poseen ninguna información de que esto sea cierto. Además, en el mismo *Departamento del Tesoro* se halla el *Servicio Público de Salud* con su *División de Higiene Mental* [....] Nadie de esa oficina ha sido citado a declarar en este Comité. Una investigación extra-oficial por mi realizada indica que no hay constancia de ningún interno encarcelado por adicción a la marihuana. La *Oficina del Servicio Público de Salud* tiene una *División de Farmacología*. Si ustedes desean información veraz y científica acerca de la farmacología del *cannabis*, ese es el lugar donde ustedes deben dirigirse y no dejarse llevar por informaciones periodísticas sin ninguna evidencia clara y objetiva".

Expresado esto por el Dr Woodward los desinformados cuanto prejuiciosos integrantes del Comité se lanzaron, furiosos, sobre sus dichos y su persona. El Presidente del Comité hizo suyos los pobres argumentos esgrimidos en contra de las precisiones de un respetable científico y le dió vuelta a la tortilla, ya que en vez de referirse a los argumentos esgrimidos por Woodward le repochó su desconocimiento de los mecanismos legislativos. De tal modo cambió su rol, para desmerecerlo, al refutar sus atinadas observaciones con airadas palabras, cuyo extravío refleja la mentalidad de aquel representante del ignorante pero inflexible Poder que, en tantas ocasiones de la historia, ha silenciado, condenado y aniquilado el Saber y el Ser. Estos son los dichos, o mejor pistoletazos, con que el Presidente del Comité acalló las razones de la ciencia: "Si Vd. desea aconsejarnos acerca de la legislación, debería concurrir con propuestas constructivas en vez de críticas tendientes a poner obstáculos en el camino de algo que el Gobierno Federal está intentando hacer". Pero el doctor no se quedó callado y le retrucó con la valentía que nace de la razón: "Me resulta incomprensible, Señor Presidente, del modo como este proyecto ha sido preparado durante dos años, amparado por el más absoluto sigilo, sin la mínima consulta a la profesión contra la que sus palabras están dirigidas".

La comprobación que tan poco favorecía los procedimientos absurdos, por no decir delictivos - la mentira en estos casos lo es-provocó un revuelo de gritos e insultos contra la audacia contestataria del Dr. Woodward. Entonces el Presidente del Comité sacó de la manga lo que creía que era un argumento decisivo, proveniente, eso sí, de un editorial de la prensa amarilla - el *Washington Times*- y no de la lógica razonante: "Los cigarrillos de marihuana son una de las drogas más insidiosas, básicamente por la errónea percepción de la gente al no reconocer su gran peligro. La Nación se halla totalmente indefensa si no se aprueba una Ley Federal para tratar y combatir el problema: el resultado de esta omisión es trágico. Los niños son la presa de traficantes que infectan las escuelas de los barrios. Muchachos y muchachas compran la destructiva hierba, desconocedores de su poder destructivo en tanto que traficantes sin conciencia venden con impunidad. Este es un problema nacional y demanda tratamiento nacional. El fatal cigarrillo de marihuana ha de ser reconocido como una mortífera droga y los niños americanos deben ser protegidos de ella."

Al margen de lo erróneo de esta afirmación vale la pena hacer un reparo que no es tan pequeño como pueda parecer. Los niños de los EE.UU. son norteamericanos. Los países situados al sur de istmo de Panamá son sudamericanos. La voz americanos es genérica y abarca por igual a la América del Norte, a la del Sur, a la antillana y a la Ístmica. ¿Si América está constituida solamente por los EE.UU. como llamar entonces al territorio ocupado por las demás naciones del Nuevo Mundo?

Hecha esta digresión reivindicativa volvamos al Congreso de los EE.UU. y al tema de la marihuana.

Luego de estas vergonzosas sesiones de la Comisión legislativa, en las que se aprobó el proyecto de ley, este fue enviado al Congreso para su tratamiento. El tema era importante, dado que el escándalo mediático orquestado por la prensa - la amarilla, y la otra- apuntaba a la corrupción de la niñez y juventud, a la comisión de delitos y crímenes, a la decadencia de la moral social y al deterioro del organismo humano. El tema se trató con una celeridad fulminante. En lo que consta los documentos donde figuran las intervenciones de los parlamentarios en las sesiones del Congreso se registra el siguiente diálogo entre el representante por Nueva York y el Presidente de la Asamblea General, cuando el proyecto aprobado por la Comisión es tratado en sesión especial:

Representante - ¿De que trata el proyecto de ley, Señor presidente?

Presidente. -No lo sé. Tiene que ver con una cosa llamada marihuana. Creo que es un narcótico de algún tipo.

Representante - ¿Señor Presidente, la A.M.A. está de acuerdo con este Proyecto de Ley?

Integrante del Comité, quien da la respuesta en vez del Presidente, totalmente desinformado del asunto, según se desprende de su anterior contestación - El representante de la A.M.A, Dr.Wentworth (tan poca importancia le había concedido a su persona que trabucó su apellido) aprobó totalmente este Proyecto de Ley.

Quedaron flotando en este mar de Sargazos, como testimonio de las supercherías puestas en marcha, dos frases que deben ser recordadas como inolvidables. Una de ellas es la utilizada por Anslinger para manipular con sus "incontrovertibles documentos" - los recortes periodísticos- a los miembros de la Comisión legislativa: "La marihuana hace demonios a los niños en treinta días y empuja a sus usuarios a derramar sangre". La otra es la de un legislador tejano al justificar su voto afirmativo: "Todos los mexicanos están locos y es porque esta cosa los pone así".

El *Marihuana Tax Act* fue propulgado al 2 de agosto del año 1937 por el Presidente de los EE.UU. Franklin Delano Roosevelt.

La historia de la conspiración no finaliza aquí. Recién comienza. Quienes protestaban contra las excesivas penas impuestas por la ley federal, cuya aplicación fue inmediata e inflexible, y la persistente demonización de la marihuana, siguieron demostrando que existía un encarnizado infundio en los avisos y prevenciones que los medios masivos de difusión sembraban en la credulidad popular. La marihuana, pese a esos serviciales defensores, no pudo sacarse el sambenito que la mostraba como el enemigo público por excelencia. Los contragolpes, por su lado, transcurrían desde las transgresoras humoradas hasta la reiteración científica de informes que demostraban que el *cannabis* era una planta benéfica y que los fumadores de *porro* no cometían asesinatos ni se suicidaban a largo plazo fumando marihuana.

Los hechos cantan y a ellos vamos, puesto que este es el único modo de contrarrestar los errores, falsedades, habladurías y engaños, fabricados por la ignorancia descalza o por los testaferros del Poder, que sobrenadan la opinión pública.

El famoso guitarrista Jimmy Hendrix, a quien lo mató el prejuicio ensañado con el color de su piel, tuvo una tan descabellada como provocativa idea al financiar - según contaron por entonces las malas lenguas- una broma propagandística de primera magnitud. En efecto, hacia el año 1967, en el dia de San Valentín, los intermediarios Abbie Hoffman y algunos yippies escogen al puro azar 3.000 nombres y direcciones de la guía telefónica de New York y, gracias al dinero recibido, envían los correspondientes *porros* a las personas elegidas para festejar el día de los novios.

Un año después la psicóloga, criminalista (y baronesa) británica Barbara Wootton dirige un grupo de científicos, el cual dictamina que el alcohol y el tabaco son más dañinos que la marihuana. En consecuencia, es preciso alivianar el peso de las penas que deben soportar sus usuarios. Visto el empeño de los prohibicionistas y que sus razones suenan como campana de palo la Baronesa vuelve a la carga en el 1971 para bajar la temperatura de la anterior exigencia y se contenta con pedir que se permita continuar usando el *cannabis* como agente terapéutico. Ninguno de los gobiernos prohibicionistas se inmutó ante este humanitario pedido. Los torniquetes, por lo contrario, se siguieron apretando.

Desde el terreno de la lógica viva, explicada y aplicada por el filosofo uruguayo Carlos Vaz Ferreira, continuaron y continúan, al igual que en los EE.UU., lloviendo los alegatos que llaman a la sensatez y al estudio en lugar de atender el canto de sirena de los intereses creados y el golpeteo del martillo del poder en el yunque de los juicios de realidad, invalidados por los de valor, o desvalor, como mejor convendría decir.

Repitiendo los argumentos de Anslinger contra el comunismo, que durante la guerra fría incitaba a los reclutas estadounidenses a fumar marihuana para aplacar el espíritu bélico, el Estado Mayor de los invasores estadounidenses de Vietnam pregona que los soldados deben abandonar el uso de la marihuana porque aniquila el coraje, seda los ímpetus combativos y convierte a los lobos de la guerra en corderos temerosos. No más marihuana, pues, y sí anfetaminas y heroína para templar las almas y movilizar los cuerpos. Y sobre todo para que el ánimo contestatario de los soldados no pusiera en peligro la disciplina, dado que a los "salvajes comunistas" del Vietcong, comenzando por las escuelas y las aldeas hasta dar con los escondidos francotiradores, era preciso administrarles un castigo ejemplar. En realidad las cosas salieron al revés. La historia muestra como el pueblo vietnamita guiado por Ho Chi Minh, cuyas principales armas eran su anhelo de libertad y su valentía para resistir tropas poderosamente armadas, se impuso a los bombardeos, al *napalm*, a los fusiles y a los cañones de la nación más poderosa del mundo por ese entonces. Lo interesante de esta situación es que la denigrada marihuana, causante de los arrestos coléricos y los crímenes de negros y "latinos", según los apresurados juicios y arraigados prejuicios de los legisladores, ahora es un psicotropo tranquilizante, una sembradora de actitudes pacíficas y espíritus demasiado tranquilos, nada beligerantes por cierto....

Retrocedamos ahora en la historia: se viven los tiempos terribles de la Segunda Guerra Mundial. Los platillos de la balanza, de acuerdo con los intereses en juego, se inclinan hacia uno u otro lado. En el año 1941 el *cannabis* desaparece de la farmacopea de los EE.UU. No bien se inicia la conflagración, en el año 1939, Rusia, la más importante productora de cáñamo entre todos los demás países, no lo puede exportar para uso industrial. Los hechos bélicos cierran los caminos de salida hacia el exterior. Entonces tanto Alemania como los EE.UU. realizan en el año 1943 sendas campañas entre los agricultores para que estos siembren cáñamo, cultivo indispensable para fabricar determinados tipos de materiales bélicos. Como podrá comprobarse esta curiosa exhortación contradecía también lo dispuesto por el *Marihuana Tax Act*.

Vamos finalizando ya con este capítulo. Pero voy a detenerme en las acciones y actitudes de dos presidentes que hacen el nudo de remate al hilo con el que se cosió una bolsa de mentiras, contradicciones y oscuras componendas financieras.

En el año 1971 el presidente Richard Nixon estigmatiza desde su alto cargo a la marihuana considerando que es el mayor peligro para la salud mental y corporal que se cierne sobre la población de su patria. Se destinan al año siguiente dos millones de dólares para combatir la marihuana. El tiro sale por la culata: el narcotráfico se afirma y contamina a los sectores más corruptos del Gobierno. De nada valen las protestas, en ocasiones muy ruidosas, de los contribuyentes.

En el año 1975 el Presidente Gerald Ford da el puntillazo final al negar fondos oficiales para promover investigaciones sobre las propiedades terapéuticas del *cannabis*.

Los anteriores datos se centran en los EE, UU. , sin tener en cuenta la organización de la lucha contra la marihuana y demás drogas que, en distintos momentos y lugares – Londres, Ginebra-habían sido objeto de prohibiciones en Conferencias Internacionales realizadas fuera del territorio de las Américas.

DE LA BNDD A LA DEA

Para dar cumplimiento a esta lucha se fundó en el año 1968 la Oficina de Drogas y Narcóticos Peligrosos (BNDD). Nace de la fusión de dos agencias gubernamentales: la Oficina de Narcóticos del Departamento del Tesoro y la Oficina del Control del Consumo de Drogas del Departamento de Salud, Bienestar Alimenticio, y Administración de Drogas. Su presupuesto hacia el año 1971 era muy alto, teniendo en cuenta el valor que por entonces tenía el dólar. Los 1.500 agentes de su personal y otros gastos para solventar el servicio se elevaban a 43 millones de dólares anuales. Prontamente el narcotráfico corrompió a varios agentes e intervino la CIA para introducir en la Oficina un equipo de contrainteligencia. Hubo escándalos revelados y otros secretos. A tal punto trabajaron los demonios de la corrupción que disminuyó el nivel de credibilidad y se cuestionó la eficacia de sus cometidos. Ello condujo a la formación, en el año 1973, de la DEA, durante la Presidencia de Richard Nixon. Las siglas de la nueva agencia correspondían a su denominación: Administración para el Control de Drogas (Drug Enforcement Administration). Se procuraba centralizar en ella todas las actividades federales encaminadas a la lucha contra el narcotráfico y el uso de todo tipo de drogas. De tal modo se fusionaron el Bureau of Narcotics and Dangerous Drugs (BNDD) y la Office of Drug Abu-se Law Enforcement (ODALE). Se la dotó de 73 millones de dólares anuales, una astronómica suma que creció velozmente con el paso del tiempo, el aumento del personal y de las dotaciones. Financiada de tal forma sus tentáculos se extendieron por todo el mundo, y a tal punto que en muchos países formó una especie de Estado alóctono dentro del Estado nacional. Sus edificios padecieron sendas catástrofes. En el año 1976 se incendió la sede alojada en en Eye Street, Washington, lo que determinó que por razones de seguridad se trasladara trece años después a la Army Navy Drive, sita en Arlington. También en este traslado influyó el crecimiento de su personal y parafernalia. Hacia el año 1996 una de sus delegaciones, afincada en un edificio federal levantado en Oklahoma, que compartía con otras agencias, entre las que se contaba el FBI, fue víctima de un atentado terrorista que causó la perdida de muchas vidas humanas. Ello determinó que se la elevara al grado IV en los niveles de seguridad asignados a los inmuebles del gobierno federal. Para estar a salvo de los atentados terroristas se la blindó y puso a buen recaudo de la corrupción, término este que condice con el alto crecimiento en personal y armamentos que por eso entonces ostentaban los invisibles pero eficaces ejércitos del narcotráfico, que hoy están más fuertes que nunca y provocan, como sucede en Colombia y México, graves estados de inseguridad nacional.

El local de la *DEA* se encuentra frente al enorme edificio de Pentágono. Hacia el 2010 contaba con 21 divisiones de campo, 227 oficinas en los EE.UU. y 87 delegaciones en 63 países. Tiene, o tenía, dado que año tras años refuerza su personal, casi 11.000 empleados, y entre ellos figuran alrededor de 5.500 agentes que realizan tareas detectivescas y policíacas. Su presupuesto se ha multiplicado y crece año tras año: se han declarado que asciende a 2.3 miles de millones de dólares o sea billones según se estila decir en el área angloamericana (numéricamente hablando, un billón equivale a un millón de millones). La DEA disponía por entonces de 130 pilotos que manejaban 110 aviones, aunque no certifico que estas cifran concuerden con la actual realidad.

Como comentario final debe anotarse que la *DEA*, según fuentes autorizadas de adentro y fuera de los EE.UU. – todos espían a todos en este planeta - realiza secuestros de narcotraficantes al margen de las autoridades de los países en los que actúa a la par que establece pactos con grupos mafiosos encargados de rastrear a narcotraficantes en un ejercicio que bien califica un viejo refrán español: no hay peor astilla que la del mismo palo.

Las actividades abiertas y subrepticias de la *DEA* confirman una vez más el despliegue del Poder que, al castigar indiscriminadamente a los usuarios de psicotrópicos, criminaliza a sujetos cuya vida y costumbres no alteran las de las comunidades de las que forman parte.

Mucho más podría agregarse acerca de los posteriores coletazos de aquella fobia expandida a partir de la legislación prohibitiva promulgada en el año 1937. Esa epidemia aún perdura, aunque atenuándose progresivamente, en la sociedad y economía de los EE.UU, cuyas cárceles hoy albergan diez millones de condenados por usar o traficar marihuana. Estas cifras indican con aterradora y paradojal elocuencia que en el país donde más duramente se persigue a la marihuana es donde más se planta y consume el *cannabis* y sus productos. La prohibición incentiva el desacato.

Voy a proporcionar algunos datos acerca de una constante represión, que no solo se ejercita contra los usuarios placenteros de la marihuana sino también contra las aplicaciones terapéuticas o industriales del *cannabis*.

En el año 1976 El Presidente Gerald Ford prohibe que se efectúen experimentos en laboratorio para perfeccionar las propiedades terapéuticas del *cannabis*. Hacia el 1978 Robert Randall es apresado y encarcelado porque trataba su glaucoma con *cannabis*. El penado de modo tan arbitrario demanda al Estado y el juez de la causa determina que efectivamente Randall puede seguir usando el *cannabis* para su curación y determina que se establezca una plantación en la Universidad de Mississippi para proporcionar 300 *porros* por mes a Randall. Pero cuando Randall quiere extender el tratamiento a los enfermos de Sida el presidente George W. Bush da por finalizado ese filantrópico experimento. El Poder, en este caso ciego, fundamentándose en la opinión y no en la ciencia, declara ilegal el uso de una sustancia utilizada con fines terapéuticos y no recreativos. La ley nace de la fuerza, y no necesariamente de la fuerza apoyada en la razón, según el dictamen del jurista alemán Kelsen, y éste es un caso demostrativo de tal aserto.

La cruzada contra la marihuana reviste en algunos casos aspectos grotescos que, como el narrado a continuación, revelan sentimientos que en verdad escalofrían. Se trata del odio puro y duro, del irrespeto a la muerte y la glorificación del crimen. En una de las organizaciones adversas a la marihuana, denominada *Guerra a la Drogas*, presidida por Lyndon Larouche, circuló en el mes de enero del año 1981, entre los concurrentes a una asamblea, una circular cuyo contenido espanta. En ella se pedía a los concurrentes firmas de apoyo a un periodista que había dirigido una carta abierta al presidente Ronald Reagan rogándole clemencia para el asesino Mark Chapman, matador del *beatle* John Lennon. No paraba ahí la cosa: se le solicitaba que proclamara a este loco homicida héroe nacional. En la misma asamblea se le concedió la palabra a Ed Davis, quien fuera Jefe de Policía de Los Angeles y que por ese tiempo era senador californiano. En su discurso mostró su sorpresa por la carencia de condena de esta organización a la música del *rock and roll*, a la que consideraba como un agravio a las composiciones clásicas que iban desde Bach a Chopin. Lennon era el malvado representante de una música diabólica, inspirada por la marihuana y había significado un beneficio para la sociedad de buen gusto artístico que se le hubiera dado de baja del mundo de los vivientes. Davis, en su discurso, adelantó lo siguiente: "No creo que en estos momentos podamos aprobar una legislación que criminalice este tipo de música y sus letras. Pero sí creo que en esta reciente administración Reagan fundamentada en la Ley y el Orden podremos aprobar leyes más restrictivas contra la marihuana, que podrá ser nuevamente penalizada en aquellos Estados que en hoy por hoy han aprobado leyes permisivas. Después de este primer paso se verá".

En el año 1983 se expide un decreto del gobierno de los EE.UU. por el cual se obliga a las universidades del país y a los investigadores de las propiedades del *cannabis* que tiraran a la basura los estudios efectuados entre los años 1966 y 1976. Se incluían en esta disposición inquisitorial a todos los libros escritos sobre la marihuana existentes en las bibliotecas. Al fuego con ellos! Como en los tiempos del nazismo, para hablar de los más próximos. Y sin derecho a protestar. No puede darse una peor muestra de autoritarismo, que por cierto no favorece a la democracia plutocrática estadounidense.

Un fenómeno cuya mecánica interna interesa, y eso constituye el tema de la tercera parte de este libro, es como a partir del año 1937 se desata un forcejeo entre las prohibiciones al uso - ya el recreativo, ya el terapéutico- del *cannabis* y las contestaciones a dicha interdicción. Ellas se dieron en el terreno científico, en la desobediencia popular, encarnada en crecientes manifestaciones callejeras y en las brechas que se fueron abriendo, ya en los distintos países a partir de la apertura holandesa, ya a raíz de los fogonazos que disipaban las oscuridades de la prepotencia federal en algunos Estados de la Unión norteamericana. Pero aun no hemos salido de las tierras pantanosas donde el Poder había sembrado su cizaña.

En el año 1988 el Gobierno federal de los EE.UU. llevaba gastada la friolera de 2.600 millones de dólares en la lucha contra el narcotráfico y el consumo de drogas, lo que, un año después, llevó a decir al presidente Ronald Reagan que el triunfo del combate contra esa plaga era el punto más alto alcanzado por su gobierno. No era tan entusiasta James Baker, su Secretario de Estado, quien bajando el tono optimista declaró que la lucha contra el tráfico y el uso lúdicro de "narcóticos" se hallaba lejos del triunfo proclamado por su Jefe. No está demás insistir en que la voz narcótico, pésimamente usada (los productos psicotónicos como la cocaína o los generadores de visiones como el peyote no lo son), traslucía la ignorancia de las altas esferas de gobierno acerca de la triple naturaleza de tales sustancias.

Mucho más cabría decir de este combate contra un aromado y resinoso cogollo que, cuanto más es perseguido, más usuarios tiene. En mis trabajos de campo pude ver, muy de cerca, los inmensos plantíos clandestinos de *cannabis*, ya en jardines al aire libre, ya disimulados – a la guerrillera- en el interior de las islas paranaenses, ya en invernáculos, ya en interiores domiciliarios, y también pude comparar las notorias diferencias existentes entre el producto de los cogollos tratados convenientemente con los adulterados "ladrillos" del narcotráfico. Pude además, como he comentado anteriormente, asistir a ruedas, reuniones, asambleas y caminatas de miles de usuarios y, *pari passu,* advertir el crecimiento de comercios donde se venden dispositivos para fumar marihuana.

EL RETORNO DEL HIJO PRÓDIGO

Este capítulo debería titularse, en plural, "Los retornos del hijo pródigo" pues a lo largo de su historia el *cannabis* padeció prohibiciones y restricciones en distintos tiempos y lugares, pero todas ellas fueron de carácter local y temporal. Siempre regresó. Y lo siguió haciendo, subrepticiamente, desafiando a la DEA y su caza de brujas en los EE.UU. y en el mundo. Y al decir así no me refiero a los traficantes, que merecen ser borrados de la faz del planeta, sino a los usuarios de una inflorescencia que adquiere su máxima inimputabilidad, contemplada con los ojos de la justicia, cuando es de extracción casera, lo cual permite deducir que se trata de un producto destinado al estricto consumo personal y no al comercio. Esgrimiendo los Derechos Humanos como insignia y manifiesto, la intimidad del sujeto que administra su vida sin turbar la de los otros no tiene que dar cuentas a nadie de sus hábitos y preferencias.

En esta tercera parte del libro no solamente se van a historiar dichos retornos sino que también se dará somera cuenta de aquellos documentos redactados por científicos que pusieron en claro los efectos terapéuticos del *cannabis* y le quitaron todo dramatismo a su empleo placentero. Se trata del toynnbiano juego de "reto-respuesta" en el que la marihuana y sus usuarios, por un lado, y los prohibicionistas, por el otro, entablaron un duelo que en nuestros días, dado el fracaso de la lucha contra el narcotráfico y el veloz aumento de usuarios, se va inclinando en favor de la regulación y la despenalización - estos son los dos acentos predominantes- del uso del *cannabis*, ya con fines medicinales, ya con propósitos recreativos.

RECORDANDO ANTECEDENTES

El orden a seguir será el siguiente. En primer lugar voy a referirme, procurando ofrecer un refrescante *recorderis* de lo ya tratado, aunque parezca reiterativo, a las más importantes medidas tomadas a lo largo de la historia contra algunas de las sustancias que hoy son de uso público mundial, salvo las bebidas alcohólicas en el caso del Islam. En ella incluyo las prohibiciones recaídas sobre el *cannabis*, ya en el caso del cogollo seco, ya en el del *haxix*, elaborado a partir de su resina.

En segundo lugar figuran los dictámenes de los más importantes informes redactados por científicos en los que se estudian a fondo los efectos del *cannabis* en el organismo humano y determinan que éstos, cuando los hay, son muy inferiores a los del alcohol o el tabaco, como en más de una investigación se expresa con claridad meridiana.

En tercer lugar ofreceré una lista sucinta de las aperturas legislativas que regulan o van, lenta y timidamente, despenalizando los usos del *cannabis* en diversos paises del mundo o en algunos de sus Estados en el caso de las federaciones.

En cuarto lugar, finalmente, examinaré las conductas contestatarias , ya en la teoría, ya en la práctica, que se han ido multiplicando a partir de las distintas prohibiciones declarativas por parte de organismos internacionales y las legislaciones nacionales que castigan a los usuarios de *cannabis*, considerándolos como enfermos o como delincuentes. La comisión de un delito prefigurado por una ley acarrea penas que en el caso del *cannabis* asumen inusitada dureza. Acabo de ver en la televisión el caso de un profesor argentino residente en Finlandia que al entrar en Rusia con su automóvil para conducir un amigo a San Petesburgo llevó consigo un porro de medio gramo. Fue encarcelado por tráfico de estupefaciente, pasible de una prisión de 3 a 7 años. Se le acusó de traficante contrabandista por entrar al país con un cigarrillo de marihuana que iba a fumar a solas, sin molestar a nadie y, naturalmente, que sin intención de comercializarlo. Días más tarde, las intervenciones a su favor fueron fuertemente persuasivas, se le liberó y expulsó de Rusia.

Precisamente, contra la demonización del *cannabis* y el castigo a sus usuarios es que se elevan cada vez más altos coros de voces y aumentan las públicas manifestaciones reivindicatorias, sobre todo en las áreas donde impera la civilización de Occidente, nombre etnocentrista si los hay.

ANTIGUAS PROHIBICIONES

Permitan los lectores a este antropólogo viajero que se evada de su discurso cannábico para justificar la calificación empleada. ¿Occidente de qué? cabe preguntarse cuando se escucha o lee este término. La voz responde a la consideración que hicieron los estudiosos europeos cuando contemplaron el mapa de Eurasia. Se trata de una ilusión determinada por el aparente curso del sol. "Sale" por el oriente, *oriri* significa aparecer en latín y se "oculta" por el occidente, vocablo que proviene del latín *occidere*, caer y, por extensión, morir. Nada más instructivo que contemplar los mapa-mundi confeccionados en Europa, Estados Unidos de Norteamérica y China. Cada uno de ellos, que vi colgados en las paredes de locales situados en distintos continentes, colocan en el centro a Europa, Estados Unidos o China respectivamente. Lo mismo sucede con las cartas geográficas que figuran en los atlas.

Entonces las denominaciones deberían cambiar: el oriente para China son los EE.UU. de América y América entera, el oriente para los EE.UU. son los continentes de Europa y África, el oriente para los europeos se escalona desde Cercano al Medio y de éste al Lejano Oriente. Cada uno de los países ubicados en las referidas regiones terrestres sitúa en el lugar central del planisferio y también, desde el punto de vista cultural, se sienten centros del mundo. Muchos de los conflictos bélicos, abonados por los intereses económicos, la geopolítica y la religión, se originan en este colocarse uno por encima del Otro. Los países centrales proclaman su excelencia y su verdad sobre el carácter marginal, y por ende erróneo o despreciable de las costumbres y visiones de la vida reinantes en los países situados hacia donde sale o se oculta el sol. El Occidente a partir del siglo XVI comenzó a conquistar - una forma elusiva de esquivar la palabra invadir- las otras regiones de la tierra, tarea que comienza en el siglo XVI con el desembarco armado en las Américas, denominadas luego el Nuevo Mundo, y salvo Etiopía.

Vuelvo ahora a lo nuestro. Fue interesante comprobar que sustancias estimulantes o embriagantes, actualmente de uso público, cuya difusión ha originado un multimillonario despliegue industrial y comercial, fueron prohibidas en el pasado, al par que sus usuarios sufrieron castigos tan inicuos como la pena de muerte.

El *cannabis*, como se vio, fue prohibido, entre otros, a los místicos sufíes islámicos, a los egipcios durante la dominación del Imperio Otomano y luego de la invasión napoleónica. También les fue interdicto a los fieles de la iglesia católica medieval. En efecto, hacia el año 1484 el Papa Inocencio VIII consideró que el uso del *cannabis* suponía un sacrilegio, dado que constituía un "sacramento no santificado" que se utilizaba en la "misas satánicas" o "negras". Tal prohibición formaba parte de la "cruzada" contra la brujería y el satanismo presente no sólo en los aquelarres de las brujas voladoras celebrados en los "prados del Diablo" sino también en las propias iglesias, en las que se utilizaba una hostia consagrada pero procediendo al revés del ritual católico, ante una cruz invertida. Hubo más casos que no detallo para no dilatar el texto.

Los ejemplos que ya cité, y a continuación resumo, son traídos a cuento para señalar el efímero transcurso de las prohibiciones cuando el Poder no se fundamenta, al ejercerse, en hechos ciertos sino en mentiras fraguadas y desautorizaciones caprichosas.

Recapitulemos, pues. Comienzo por el Viejo Mundo. En la Roma antigua, a poco de su fundación en el año 753 antes de nuestra era, el vino estaba interdicto a hombres de menos de 30 años y prohibido a las mujeres de toda edad. Si éstas lo bebían o eran encontradas cerca de una bodega podían ser castigadas hasta la muerte por sus maridos o su propia familia.

Cuando llega el tabaco americano a Europa y Cercano y Medio Oriente los fumadores son condenados por la Iglesia al par que en Turquía y Persia son sometidos al suplicio del inca Túpac Amaru, es decir, a ser descuartizados por la tracción de cuatro caballos atados a cada uno de sus brazos y piernas.

Beber un inocente café, tan celebrado en la Francia el siglo XVIII como un animador del espíritu, constituía un verdadero crimen en Rusia. Hasta entrado el siglo XIX a quien fuere sorprendido en el inmenso país de los zares bebiendo esa infusión "infernal" se le cortaba las orejas o la nariz, y si reincidía era condenado a muerte.

En cuanto a las sustancias prohibidas en el Nuevo Mundo voy a recordar tres casos. La coca, cuyas hojas colocadas entre la mucosa del interior del carrillo y los dientes del maxilar superior conceden al indio cordillerano alivio del hambre, vigor para las trepadas, defensa contra el frío y resguardo del apunamiento, *soroche* o mal de las alturas, le estaba vedada a los súbditos del Inca. Solo él y los dignatarios de su corte podían *chacharla* o *mambearla*. La gente del pueblo, si la utilizaba, era sometida a duros castigos. Cuando los jesuitas misioneros fundaron las Reducciones de indios en el área ocupada por los guaraníes prohibieron el uso de la yerba mate por considerarla cosa del Diablo. Se la denominó la hierba del Demonio y se sancionaba al indígena que bebiera la reconfortante bebida servida en el mate. Pero cuando traen cepas del *Ilex paraquariensis* desde las selvas del Guairá y las siembran en los ejidos de las Reducciones, los vientos cambian de dirección. El *cáa*, que asi se llama la yerba mate en *avañée*, la lengua de los guaraníes, cuyo nombre quiere decir guerreros, pierde su halo diabólico. Se industrializa; se vende en Paraguay, Argentina, Perú, Bolivia, Banda Oriental y sur de Brasil y de Chile; se obtienen pingües ganancias y la hierba satanizada y prohibida se transforma en el "benéfico te de los jesuitas".

A principios del siglo XX , entre los años 1920 y 1933 se implantó en los Estados Unidos de Norteamérica la Ley Seca, la cual impedía la fabricación, venta y consumo de bebidas alcohólicas . No es lugar este para hablar de sus raices puritanas y el articulado de la ley Volstead. Importa si decir que la irrupción de la Mafia y las diversas bandas crearon un clima de terror que sobrecogió a la ciudadanía con las matanzas realizadas entre y por los traficantes. Su derogación trajo como consecuencias el regreso triunfal del alcoholismo, la salida de la clandestinidad de los productores y los bebedores y un enérgico paso adelante en el consumo de las bebidas fermentadas y destiladas, cuya permisividad marcó el inicio de una gran borrachera colectiva, especialmente incrementada en los medios artísticos, en las orgías de las élites del tener y el poder, en los centros de vida bohemia y en las grandes masas trabajadoras. Por cierto que fue un retorno poco feliz cuyos efectos en la mente y el cuerpo de los bebedores no pueden compararse, por su intensidad y secuelas trágicas, con los de la marihuana, practicamente inexistentes y poco agresivos.

LOS INFORMES CIENTÍFICOS: EL PODER CONTRA EL SABER

Les toca ahora el turno a los importantes informes de científicos que desde fines del siglo XIX han estudiado en diversos países los impactos del cannabis en la salud humana. El destino de ellos fue desafortunado. El poder político no solamente hizo los oídos sordos sino que a veces prohibió su conocimiento y consulta, condenándoles al destierro o a la destrucción.

1º. Comienzo por el inicial, el más amplio que se haya realizado, al punto que abarcó varios volúmenes. Fue encargado por las autoridades británicas que gobernaban la India cuando ella estaba incorporada al imperio victoriano. Un equipo de médicos ingleses e indostánicos trabajó durante largo tiempo mediante laboriosas investigaciones de campo realizadas en las comunidades, llamadas shanga, a las que agregaron los testimonio de informantes dignos de crédito. El colosal documento de la Indian Hemp Drugs Commission fue publicado y entregado al Gobernador de la India en el año 1894. En el volumen VII, parágrafo 522., se dice lo siguiente: "La comisión ha examinado ahora todos los testimonios presentados sobre los efectos atribuidos a la droga del cáñamo. Se ha establecido claramente que el uso del cáñamo en dosis moderadas es beneficioso y considerado como medicinal. Ahora la comisión centra su atención en el uso popular y común de tales drogas [....] Con respecto a los efectos físicos, la Comisión ha llegado a la conclusión de que el uso moderado de las drogas de cáñamo no produce prácticamente ningún resultado nocivo. Pueden darse casos excepcionales pues probablemente no exista nada cuyo uso no pueda ser dañino en casos de intolerancia excepcional. Pero es el parecer de la Comisión que, en general, el uso moderado de las drogas de cáñamo no parece causar ningún perjuicio físico apreciable. El uso excesivo sí causa daño, pues tiende a poner al consumidor en una situación más propensa a la enfermedad. Parece razonable establecer que el uso excesivo de estas drogas no causa asma, pero puede causar indirectamente disentería al debilitar la constitución, y que puede causar bronquitis, especialmente a causa del humo inhalado por los tubos bronquiales. Con respecto a los alegados efectos mentales de estas drogas, la Comisión ha llegado a la conclusión de que su efecto moderado no produce ningún efecto perjudicial en la mente. Dejando de lado casos excepcionales, el empleo moderado no produce ninguna lesión mental. Es distinto el caso del uso excesivo, que estimula la inestabilidad mental. Se ha demostrado que en sujetos con debilidad o predisposición hereditaria el uso excesivo de las drogas del cáñamo puede inducir demencia, aunque en este sentido se haya exagerado enormemente de un tiempo acá. Con respecto a los efectos morales de estas drogas la Comisión es del parecer que su uso moderado no produce lesión moral de ninguna especie. No hay base adecuada para suponer que afecta peligrosamente el carácter de su consumidor.Por el contrario, un consumo excesivo conduce a la pérdida de la propia estima, y, con ello, a la degradación moral. En lo que se refiere a las relaciones con la sociedad, sin embargo, incluso el consumidor excesivo de drogas del cáñamo es normalmente inofensivo". [53]

2º. Otro dictamen absolutorio. La Fiscalía de New Orleans, en el año 1934, se tomó el trabajo de examinar los prontuarios de 75.000 faltas y 17.000 delitos, la mayoría de ellos cometidos por los negros, tan detestados por el racismo estadounidense entonces imperante y hoy, aunque disminuído, también existente. Los investigadores no hallaron ninguna relación de causa - efecto entre el uso de marihuana y los robos, atracos, violaciones y asesinatos registrados en las fichas carcelarias.

3º. El famoso alcalde de la ciudad de New York, Fiorello La Guardia, luego de promulgada el Marihuana Tax Act de 1937 encomendó en el año siguiente a un selecto grupo de abogados penalistas, médicos, sociólogos, psicólogos sociales y demás especialistas en las Ciencias del Hombre un informe sobre los efectos de la marihuana. Se realizaron investigaciones en los barrios bajos de New York, donde residían los latinoamericanos, los negros y los poor whites, todos entregados al "horrendo vicio" de fumar marihuana. La investigación se prolongó durante seis años y fue publicado en el año 1944. Ademas de las entrevistas in situ se analizaron más de 14.000 expedientes penales en los que las sentencias no registraban relación directa entre el uso de marihuana y las violaciones menores o violentas a la ley. El estudio abarcaba cientos de páginas. Las conclusiones contrariaron y enfurecieron a los que aplicaban con saña la ley prohibitiva del 1937. Esta, como vimos, había sido aprobada sin discusión, en un plazo mínimo y a tambor batiente, fundamentando sus decisiones en artículos de periódicos y el discurso hábilmente demagógico y falaz de Anslinger. Sus principales conclusiones fueron las siguientes, luego de los minuciosos trabajos de campo y el estudio de miles de sentencias penales. En primer lugar no se detectaron importantes secuelas físicas y psíquicas ni en los usuarios en libertad ni en los que habían estado encarcelados. En segundo lugar la marihuana no podía ser considerada como el primer escalón del ascenso hacia las drogas duras, tales

---

[53] MUSTO, David F. La enfermedad americana. Orígenes del control antinarcóticos en EE.UU. Tercer Mundo Editores, Bogotá,1993, p. 246.

como la cocaína y los depresores opiaceos, entre los que descollaba la heroína. En tercer lugar no se encontró relación alguna entre el uso del cannabis y la comisión de delitos y crímenes tales como homicidios, violaciones, asaltos y demás figuras descritas en el Código Penal. En su momento informé que este estudio fue proscrito y no se permitió utilizar sus conclusiones en ninguna publicación científica. Como siempre, el Poder avasalló al Saber.

4º. Los ingleses constituyeron en el año 1961 una comisión formada por representantes de varios ministerios vinculados con la salud, la justicia, la previsión social y la educación con el cometido de estudiar los efectos individuales y sociales de la marihuana. Fueron analizados exhaustivamente usuarios sin antecedentes penales y reclusos en las cárceles, amén de los expedientes y prontuarios de los establecimientos de detención. El Inter Departmental Committee on Drug Addiction Report no encontró, ni desde el punto de vista de la salud mental y corporal ni el de las desviaciones de conducta, una relación sensible entre la marihuana y las disfunciones biológicas o sociales. De nada sirvió el dictamen de la ciencia contra las afirmaciones del prejuicio, respaldadas por el Poder.

5º. Y vamos al año 1971, cuando Richard Nixon gobernaba en los EE.UU. de Norteamérica. Era un enemigo acérrimo de la drogadicción y especialmente de la marihuana, la que provocaba lasitud, somnolencia y flojera espiritual en los soldados estadounidenses que combatían, infructuosamente, contra el Vietcong. Se trató de desterrar la marihuana de los frentes de guerra - no incitaba a la violencia heroica- para reemplazarla por anfetaminas y otras drogas de diseño de tipo energizante.

De todos modos la lucha contra la drogadicción personal estaba englobada en la llevada a cabo contra el narcotráfico y en este sentido Nixon se proclamó el jefe de una salutífera Cruzada. En uno de sus discursos pronunció las siguientes palabras: "el consumo de drogas ha asumido las dimensiones de una emergencia nacional [....] el peligro no pasará cuando finalice la guerra de Vietnam. Existía antes de Vietnam y existirá después". En el año 1972 Nixon, esperando que se confirmaran sus dichos, ordena formar una comisión de trece especialistas, entre los que figuraban abogados, psicólogos, sociólogos y legisladores. El Official Report of the National Commission on Marihuana and Drug Abuse llegó a varias conclusiones entre las que se destacaban éstas dos: a) el uso de la marihuana frena los instintos agresivos y b) no hay pruebas de que su uso lleve al consumo de otras drogas.

La escalada, tan traída y llevada por los represores, que considera a la marihuana como el lazarillo que conduce a los aposentos infernales de las drogas duras, es desmentida por este dictamen. Era el tiempo de las contraculturas, surgidas en decenios anteriores, las que erigieron a la marihuana y el LSD como estandartes de la Señora de los Ensueños, del Dios

Psicopompo que conduce a Otros Mundos, de las lánguidas Dríadas de la Serenidad.

Poco se menciona el documento producido por la Comisión Nacional sobre Marihuana y Abuso de Drogas (National Comission on Marihuana and Drog Abuse) que cité líneas arriba. Fue sepultado por el alud persecutorio que sofocó todas las voces favorables a un estudio científico de los reales efectos de la marihuana antes de legislar sobre ella de modo altamente punitivo. El Dr. Raymond P.Schafer, Presidente de la Comisión, remitió en el mes de marzo de 1972 un informe al Congreso, que luego hizo público, denominado de manera extremadamente atrevida, según lo proclamaban los partidarios de la drástica penalización del cannabis y sus usuarios. En efecto, se titulaba"Marihuana, una señal de incomprensión". En él se afirmaba que desde hacía décadas se advertía la ausencia "de una adecuada comprensión de los efectos de la droga" ya que corrían "cuentos espeluznantes, en su mayoría sin fundamento, acerca de las atrocidades efectuadas bajo el efecto de la marihuana". Criticaba, además, que sin fundamentos el gobierno y sus agencias represoras "calificaban al usuario como físicamente agresivo, carente de control sobre sí mismo, irresponsable, enfermo mental y lo que era más alarmante, que su peligrosidad lo hacía pasible de la ley penal". Contradiciendo esta serie de frases hechas y afirmaciones maliciosas no respaldadas por la verdad, la Comisión consideró que "la droga inhibe la agresión, serena el espíritu del usuario y generalmente provoca estados de somnolencia, letargo, timidez y pasividad." "La prisión no es el mejor remedio para enderezar a los reacios, apegados firmemente al uso del cannabis. La sociedad puede presentar incentivos de superación personal y no castigos para desanimar a los adictos." "El derecho penal es una herramienta demasiado dura que se aplica a la posesión de marihuana. Supone una sanción aplastante para el usuario que no creemos apropiada." "El daño real y potencial de la droga no es lo suficientemente grande como para justificar la intrusión de la ley penal en la conducta privada". Por añadidura la Comisión comprobó, y lo dijo, que la "constitucionalidad de la prohibición de la marihuana era sospechosa, dado que los poderes Legislativo y Ejecutivo deben obedecer a la Constitución, incluso en la ausencia de una decisión judicial que lo haga. Mientras el Poder Judicial sea la institución más directamente encargada de la protección de las libertades individuales todos los agentes políticos tienen la responsabilidad de considerar nuestro patrimonio constitucional en el momento de elaborar legislaciones de pública aplicación. Independientemente del hecho que los tribunales puedan revocar la ley que pena la posesión de marihuana para uso personal en el hogar, debemos ser obedientes al alto lugar tradicionalmente ocupado por el valor de la intimidad reconocido por nuestro sistema constitucional".

El Congreso no aceptó las conclusiones de este informe. Se formó para estudiarlo una subcomisión presidida por el senador James O. Eastland, la cual recurrió al expediente de presentar el tratamiento recibido por el cannabis en distintos países adversos a sus vías terapéuticas y placenteras antes que a las conclusiones absolutorias de los científicos. Y dictaminó que "cinco años de investigación han aportado sólidas pruebas de que el uso de la marihuana en diversas formas es más peligroso de lo sospechado al principio." Por su lado el presidente Nixon citó en su despacho al Dr. Shafer para increparlo. Le dijo: "eres lo suficientemente profesional como para que no contradigas lo que el Congreso resuelva y para que escuches la voz del país que, al conocerlas, diría que las conclusiones a las que ha llegado la Comisión son infernales"- El Poder contra el Saber; una vez más se repite la pulseada y la fuerza vence al entendimiento.

6°. No reviste el uso canábico los peligros que se agazapan detrás de las otras drogas. A esa Conclusión llegaron en Holanda los informes Hulsman del año 1971 y el Informe Baan del año 1972 "que coincidieron en considerar el cáñamo como ´riesgo aceptable'o droga blanda considerando que sus efectos sobre el usuario dependen del medio en que se ofrece, vende y consume. En claro contraste con países como Estados Unidos, Canadá o Inglaterra que esos años sufragaron investigaciones análogas - cuyos resultados coincidirían con las propuestas de Hulsman y Bean- el gobierno holandés no tiró a la papelera los informes sino que aceptó sus conclusiones. Una ley de 1976 estableció la llamada ´prohibición suave'-que aplicaba una simple multa a quien tuviere mas de treinta gramos- y la proverbial sabiduría política de este pueblo agregó el resto. El resto fue un compromiso descentralizador, donde las decisiones se atribuyeron a un Consejo Tripartito formado en cada una de las 19 regiones holandesas por la alcaldía, la jefatura local de policía y un representante del Ministerio de Justicia".[54]

7°. En el año 1969 el Gobierno del Canadá formó una Comisión para el estudio del uso no terapéutico de las drogas, esto es, el recreativo, y nombró como presidente de ella a Gerald Le Dain. Los trabajos, que insumieron varios años, finalizaron en el 1972. En el inicio de ellos se definieron sus propósitos, encaminados a estudiar la problemática del cannabis para sistematizar, de acuerdo con los resultados, una acción política congruente con los efectos de este psicotrópico. Su metodología apuntaba a dos fuentes de información: la de los versados en ciencias biológicas y sociales y las de los usuarios del cannabis, amén de los juicios y opiniones que tal hábito había promovido en la opinión pública.

---

[54] ESCOHOTADO, Antonio. La cuestión del cáñamo. Anagrama, Barcelona, 1998, pp. 43-44.

Para cumplir con los objetivos propuestos los miembros de la Comisión viajaron 80.000 kilómetros, recorriendo la parte sur de un país cuya zona septentrional estaba habitada por indígenas confinados en Reducciones y esquimales tribalizados cuyos cuerpos de costumbres eran distintos a los de los portadores de la civilización de Occidente. Durante un mes y medio se visitaron 27 ciudades y 23 campus universitarios. Las entrevistas fueron realizadas por expertos y, de tal modo, 12.000 personas de toda la pirámide social, entre las que figuró John Lennon, respondieron a extensos y bien planeados cuestionarios. Se sumaron a ello otras fuentes de información, a saber: a) paneles de especialistas, mesas redondas y foros para explorar la opinión pública; b) centros educativos de todo el país, ministerios de salud provinciales y federales , c) profesores universitarios e integrantes de instituciones farmacéuticas, d) médicos generales e higienistas, d) autoridades carcelarias, e) organizaciones juveniles y asociaciones de estudiantes . A las personas relevantes en materia médica y ciencias sociales que no pudieron ser entrevistadas se les enviaron 500 cartas de consulta. Una de las investigaciones de campo se centró en usuarios de cannabis mayores de 27 años y los antropólogos, que utilizaron las técnicas del observador participante, se trasladaron a las zonas agrícolas para estudiar de cerca los usos del cannabis por parte de los campesinos.

La investigación bibliográfica abarcó 2.600 libros y documentos - tesis e informes- no editados. Las Universidades de Quebec y Montreal, por añadidura, les facilitaron investigaciones y sondajes realizados sobre el tema por el profesorado y grupos de alumnos.

Luego de procesar un inmenso cúmulo de datos el informe Le Dain llegó a las siguientes conclusiones: "En el caso del cannabis los puntos positivos son que es relajante y desinhibidor, que aumenta la confianza en sí mismo y los sentimientos de creatividad. También el conocimiento sensorial y el sentido de apreciación facilitan la apertura social y de tal modo permite aceptar al Otro. Cumple con una función sacramental al promover un sentimiento de comunión espiritual entre los usuarios. Configura un rebelde placer compartido dado su carácter ilícito y la desaprobación de quienes se oponen al cambio social. Es un medio de protesta y un vehículo para fortalecer el sentimiento de identidad entre aquellos que son críticos de ciertos aspectos de nuestra sociedad y escalas de valores contemporáneos." En otro párrafo se expresa: "En nuestras conversaciones con estudiantes y jóvenes ellos han comparado en muchas ocasiones la marihuana con el alcohol describiéndola como una droga de paz, como una droga que reduce las tendencias agresivas mientras que el alcohol produce conductas hostiles".

Vistos estos resultados recomendó también, en el plano práctico, que se modificaran las duras leyes canadienses que condenaban hasta siete años de prisión a quienes fueren hallados con una porción de marihuana y cárcel a perpetuidad para "la tenencia dedicada al tráfico". En cuanto al manido sonsonete de la escalada el dictamen fue terminante: "No hemos hallado ninguna especial particularidad en la marihuana que provoque la necesidad de recurrir luego a otro tipo de drogas". Los poderes del Estado no tuvieron en cuenta las conclusiones de los científicos. Una cosa es la ciencia con conciencia y otra la ley que atiende el interés creado antes que a la Justicia.

8º. Cuando Giscard D´Estaing accede a la presidencia de Francia, que desempeñó desde el año 1974 al año 1981, el partido socialista propone la despenalización de todo tipo de drogas para acabar con el narcotráfico. El Presidente acusó el golpe provocado por este ballon d´essai, una atrevida moción que era en verdad una mojada de oreja a las legislaciones punitivas de todo el mundo y a los convenios de La Haya, Ginebra y Viena, donde se potenciaron las excomuniones y penalizaciones al cannabis, ubicándolo entre las drogas duras.

Giscard D'Estaing procuró pisar tierra firme antes de dar un paso en ese sentido. Era preciso, previamente, un asesoramiento científico, no desprovisto de sesgo social. Y fue una mujer dedicada a la política, auxiliada por una abundante documentación y los conocimientos de expertos en la materia quien en el año 1978 presentó al Presidente el Informe esperado. Su autora, quien también ejerció la función de recopiladora y directora de un grupo de investigadores, fue la Secretaria del Ministerio de Justicia, Monique Pelletier.

En dicho informe se decía que eran muy leves o inexistentes los efectos provocados por la marihuana si ella era fumada en dosis medias. En cambio el haxix acarreaba disfunciones orgánicas si se usaba en dosis considerablemente altas. Los fumadores de marihuana "se contentan con el THC del cannabis y no tienen propensión a cambiar su uso por el de otras drogas". En cuanto a los adolescentes, si fuman sin continuidad cotidiana, no pueden ser calificados como toxicómanos. A estos dictámenes agregó algo dicho y repetido mil veces pero considerado fuera del razonamiento lógico directo, ya que no se centra en la cosa como tal y recurre a comparaciones consideradas no atinentes. Al finalizar el informe Monique Pelletier dijo que "no sería justo ni honesto desde el punto de vista moral dejar de advertir que el coste social de los consumidores de drogas consideradas legales era inmensamente superior al de la marihuana".

Ninguno de los informes pudo derribar la muralla de incomprensión y prejuicios, unos debidos a la ignorancia y otros a la ideologización en el sentido que Engels consideraba a la ideología, tildándola de "falsa conciencia". Me remito a un sabroso fragmento de un libro de Escohotado, donde subraya el empecinado espíritu de quienes, carentes de Saber recurrieron al Poder. "Pero las dificultades halladas para demostrar que el cáñamo produce 'tolerancia e incluso adicción física, así como una propensión al crimen sin motivo' (R. Reagan) sugirieron costear experimentos con THC. Disponiendo de dicha droga por litros, estos experimentos se sirvieron de pacientes hospitalizados por diversas causas, que a cambio de algún dinero (y 'gratitud de la ciencia') recibirían - en ocasión sin saber que droga estaban tomando- dosis hasta cien veces superiores a las que puede administrarse un fumador de marihuana o hachís. Más de uno se asustó muy gravemente, bastantes reaccionaron con desagrado y algunos pidieron repetir. Los ecuánimes investigadores dedujeron de esto último 'hasta qué punto el cáñamo es aditivo y añadieron que induce también 'furor criminal, conducción temeraria de vehículos, gusto por la pornografía e incluso satanismo religioso'. Médicos y farmacólogos denunciaron esa vía de investigación - y sus conclusiones- como burdo fraude. Para empezar, cualquier juicio hecho sobre la marihuana administrando altas dosis de THC equivale a describir los efectos de la cerveza administrando alcohol a 96 grados, cloroformo o éter".[55]

Aires de Cambio

En la actualidad los antiguos rigores van cediendo y las oposiciones monolíticas se resquebrajan bajo el peso de reclamos colectivos y la comprobación de que ni el narcotráfico ha disminuido ni el uso del cannabis ha decrecido. Todo lo contrario. En los corrientes días se despliega un sistema de arietes que de a poco hacen ceder la puerta de la Ciudadela donde reside el Poder. De tal modo se multiplican los Informes oficiosos, los públicos reclamos colectivos en pro de la despenalización, las legislaciones que atenúan, borran o regulan el rigor de las prohibiciones - como ha sucedido recientemente con la uruguaya por inspiración del Presidente José Mújica- y el aumento de los comercios que venden productos relacionados con todo cuanto tiene que ver con el cannabis. En este último sentido existen dos tipos de establecimientos: unos se dedican a comercializar todo lo que tiene que ver con la siembra y tratamiento de las plantas - semillas, fertilizantes, pesticidas, etc.-y otros se dedican a vender los utensilios utilizados por los fumadores-pipas, vaporizadores, bongs, distintas clases de papel de fumar, etc.

Por otra parte comenzaron a abrirse las compuertas, y fue Holanda, en Europa, el país que se colocó al frente de una apertura que hoy sigue dándole paso a nuevas legislaciones favorables a la regulación o despenalización de la marihuana. Pero no existe libertad absoluta, salvo el caso de Corea del Norte, donde no se consideran drogas ni la marihuana ni el opio. De todos modos el consumo en Holanda está limitado a los coffee-shops, de los cuales, hacia el

---

[55] *Id. Ibid.* p. 22.

1992, existían alrededor de 1.500 en las distintas ciudades del país. En Portugal no está penado el uso personal de marihuana, cocaína, heroína y metanfetaminas. La marihuana debe usarse en privado y existen penas administrativas para aquellos que tengan en su poder más de 25 gramos de marihuana y 5 de haxix.

En Colombia, a partir del año 2012 se permite el uso personal, pero solamente se tolera la tenencia de 5 gramos de marihuana y 1 de cocaína.

Desde el año 2009 en la Argentina los adultos pueden fumar en privado siempre que ello no signifique hacer recaer riesgos sobre terceros.

Desde 2014 en los Estados estadounidenses de Colorado y Washington se permite la distribución y venta controlada.

Pero en Holanda, que era el paraíso del turismo cannábico (en el 2000 entraron 175.000 fumadores de los EE.UU, 135.000 de España, 85.000 de Italia, y el resto estaba integrado por alemanes, belgas y luxemburgueses) se dio un paso atrás. A partir del 2012 los coffee-shops no pueden tener más de 2.000 socios, cada uno con su respectivo carnet de habilitación. Por otra parte pueden ser socios del club solamente los holandeses o residentes en Holanda, medida que cierra la entrada de los extranjeros tipo golondrina. Algo más: sólo se permite fumar marihuana con una concentración máxima del 11% de THC. A su vez, los coffee-shops ubicados a menos de 350 metros de un colegio deben cerrar sus puertas. Finalmente se acentuaron las penas, con el objeto de hacer desaparecer las plantaciones ilegales de marihuana. Con tal propósito se han organizado equipos oficiales con el encargo de destruirlas y a principios del 2014 fueron arrasadas 19 de ellas en la zona de Brabante. Estas medidas restrictivas, como siempre, suscitaron respuestas. Como en los libros de caballería que leía el Quijote, "la razón de la sin razón" se impone: en el año 1976 Holanda importaba marihuana; hoy la exporta.

Pero no deja de ser significativo lo que está sucediendo actualmente en los EE.EE. donde tan rígidas eran las medidas tomadas contra la distribución y el consumo de cannabis. Ya hay 23 Estados que permiten usarla con fines terapéuticos. No obstante, es imposible soslayar los problemas locales. En Denver, en agosto de este año 2014 se cerró un club, fue multado su propietario, se detuvo a sus concurrentes y la parafernalia para el uso del cannabis fue incautada por la policía. Se adujo que no se podía fumar en los espacios interiores. Sin embargo, y en contradicción con la penalización por el in, el adentro, se emplazó a tres "infractores" que lo hacían en el out, el afuera. El propietario de uno de los locales clausurados comentó este despropósito: "Los enemigos de la legalización recurren a los vacíos o fallas de la ley para poner piedras en el camino, apelando a su Cruzada moralizadora. Es realmente insólito que se haya penado a los fumadores por hacerlo en un espacio interior, cerrado, y en un espacio público, abierto". El encargado de las políticas de marihuana en Denver, desorientado, expresó que la novedad del asunto impedía a la policía adoptar acciones congruentes.

Las brechas, aunque pequeñas, se van multiplicando. En Alemania no se castiga la posesión de marihuana si el infractor posee una cantidad mínima, si el usuario es menor de edad, si el cannabis es para el uso personal y si no se afecta a terceras personas.

La legislación de Eslovenia prevee que la posesión de pequeñas cantidades para uso individual en un delito menor castigado por una multa monetaria o por cinco días de cárcel. Empero, la ley de faltas de este país dictamina que en el caso de delitos menores, como es éste, no habrá encarcelamiento.

En Italia la posesión para uso personal no se castiga en la primera infracción. En el caso de reincidencia las sanciones son solamente administrativas y no carcelarias.

En Lituania poseer una cantidad reducida de cannabis se castiga con una multa monetaria, 10 a 45 días de arresto y hasta dos años de restricción de libertad. Menos de 5 gramos y 0.25 de haxix constituye un delito menor.

Por su lado México, en el año 2009, despenalizó la posesión de 5 gramos para el estricto consumo personal. En 2020 se aprobó una ley despenalizando el cultivo de hasta ocho plantas.

Polonia interpreta como de menor gravedad los delitos con cannabis. Y ellos se penan con un año de prisión, la limitación de libertad o una multa.

En Chile se promulgó la restrictiva ley n° 20.000, que penaba todos los actos referidos a la producción, distribución y uso de cannabis. Pero desde el 2013 una ola creciente de reclamos logró abrir una brecha en la legislación que, tras fallos judiciales incorporados a la jurisprudencia, permite hoy hacer reclamos ante el Gobierno para el uso de la marihuana. Esa brecha reconoce dos fuentes de reclamos y dos distintas motivaciones. Por un lado la presión de los activistas logró que si se permitía por el SAG (Ministerio de Ganadería y Agricultura), tal como la ley establece, una dispensa para el cultivo de cannabis para el uso personal, esta sería concedida.Por el otro la campaña desencadenada por el grupo Triagrama que preside el psicólogo Milton Flores, quien realizó una larga y comentada huelga de hambre, abrió otra puerta: por motivos superiores de psiquis, como ser la búsqueda o la acentuación de la Espiritualidad, se permitirá el cultivo privado de marihuna para uso particular.

Ya la figura administrativa de la multa está apareciendo en muchas legislaciones, que de este modo abandonan la figura de delito y asumen la de falta. Quedaría por comentar el caso uruguayo pero será en el Apéndice de este libro donde podrá encontrar un link para acceder a la ley sobre la regulación del consumo de la marihuana, su reglamentación y el Protocolo policial para su aplicación factual. La ley fue aprobada en el mes de diciembre del 2013 y uno de los factores desencadenantes de su razón de ser fue la inicua prisión de la escritora argentina Alicia Castilla, que tenía, para su personal consumo, plantines en el jardín de su residencia privada. La campaña subsiguiente de activistas, prensa y figuras descollantes del parlamento y la intelectualidad fue muy incisiva y elocuente: una persona de 68 años, jubilada, residente en un balneario a 40 km de Montevideo no podía ser la cabecilla de una mafia de traficantes, como injustificadamente se la acusó antes de ponerla en prisión donde, en un principio, fue muy mal tratada por el personal policial. Ahora está en libertad, absuelta. Y sigue también la actitud vigilante de quienes se opusieron a una medida desmesurada de la justicia.

Se agrega en esta segunda edición el interesante Protocolo de Actuación Policial sobre la ley de Marihuana y sus derivados.

La desobediencia civil

Finalmente corresponde referirnos a una conducta colectiva que se va extendiendo por muchos países. Se trata de la resistencia pasiva, de la desobediencia civil. Hay que enderezar la mala inteligencia de las cosas. Y ella está expresada en el lenguaje. Este tema de las palabras, o mejor, la "reforma"de las palabras que propuso Confucio para armonizar las nuevas denotaciones - denotata-, con las viejas designaciones, -designata- , ha sido replanteado por el Dr.Thomas Szasz del siguiente modo: "Hoy en día se acepta que nuestro lenguaje no sólo refleja sino que moldea nuestra experiencia. Sin embargo esta sofisticación no ha tenido un efecto apreciable en las actitudes y políticas contemporáneas ante problemas sociales donde la configuración verbal del problema consituye en sí misma mucho e incluso todo el ulterior problema".[56]

¿Qué se está haciendo para terminar con —o por lo menos disminuir- la penalización y/o la medicalización compulsiva de los usuarios marihuana, diseminados en todas las clases sociales de la mayoría de las naciones del planeta?

Un camino ha sido el de perseverar en la clandestinidad, esto es fumar en privado o confraternizando con una rueda de usuarios en espacios ocultos a la mirada exterior. Otro, el actual y globalizado, es el de la manifestación pública para reconquistar los perdidos derechos a los gozos recreativos y a las vías

---

[56] *Id. Ibid.* p.47-46.

terapéuticas. El tercero, que voy a desarrollar a continuación, es el que suma al reclamo la desobediencia civil.

Una de las definiciones de esta desobediencia civil expresa que no solamente supone un quiebre conciente de la legalidad existente con el propósito de buscar una dispensa personal a un deber generalizado entre la ciudadanía (objeción de conciencia) sino de reemplazar la norma rechazada por otra que es considerada más de acuerdo con los intereses generales o, en el caso de la marihuana, con los de un importante grupo de la ciudadanía que actua bajo vigilancia y debe refugiarse por ello en la clandestinidad.

El tema de los procedimientos va más allá de las reivindicaciones personales o colectivas en los Estados donde impera el régimen democrático, que en cierta manera constituye un "hecho social total" como expresara Marcel Mauss. Se acata la totalidad del ordenamiento jurídico pero se oponen reparos contra la parte obsoleta del sistema. Se procura con esta desobediencia civil cambiar aquellas leyes que ya no concuerdan con las normas de la justicia distributiva, por no atender el querer y el sentir de buena parte de la población, por mantener diques sociales que en vez de represar producen desbordamientos. La desobediencia a que aludo, procura ser pública y visible, manifiesta y persuasiva como la practicada por Gandhi en Africa del Sur y la India y Martin Luther King en los EEUU. Pero ha de ser conciente que quienes desobedecen deben reconocer la existencia de sanciones legales. Esa es una forma de asumir la resistencia civil con un razonable respeto a la legislación vigente y no recurrir al ciego atropello. El ejemplo de una sanción a un solo usuario o a un conjunto de usuarios recalcitrantes debe, a un tiempo, sensibilizar a quién sanciona y a todos los que se enteran de que el castigo excesivo va más allá de lo razonable. La desobediencia civil rechaza las conductas violentas, buscando para ello las formas pacíficas que incidan en la opinión pública y fundamenten los actos con razones. No deben estas protestas limitarse al paseo callejero de la pancarta o al grito "despenalizar ya". Tienden a enseñar, persuadir, convencer, y no solamente reclamar a voz en cuello y semblante descompuesto. Es decir, el procedimiento es a la vez intenso y sencillo: a la verdad rogando y con la desobediencia dando.

Debe tenerse clara conciencia de que la desobediencia civil acarrea riesgos. Es preciso asumirlos con conocimiento de causa, lo que supone acatar a las leyes constitucionales y a las normas de convivencia. Públicamente se manifiesta por razones morales, por modos de ser y vivir contrariados o no tenidos en cuenta por la legislación. Ser respetuosos con las obligaciones y deberes que impone el Contrato Social, como propuso Rousseau, implica también que en la otra cara de la moneda cultural figuren los derechos que permiten manejar los gustos, hábitos e inclinaciones personales o colectivos de tal modo que no se perjudique al cuerpo social.

Quiero finalizar estas páginas con una afirmación política y el recuerdo de un deber ciudadano: los sistemas de gobierno que operan dentro del orden democrático no se arrasan. Se cambian. Esto que hoy se denomina desobediencia civil no forma parte de un planeado desorden ni quiere destruir el orden existente de modo revolucionario. Pretende escoger el camino de la ley justa para reemplazar una ley injusta Es preciso ser realista, y estar atento a las cambiantes atmósferas culturales y sociales. Vivimos en un mundo dinámico, en el mutante escenario de una civilización abierta, ajena al misoneísmo, como es la de Occidente.

Y con estas reflexiones doy por finalizado un libro escrito por un antropólogo viajero. En el subtítulo se expresa lo que en sus páginas, complementando los distintos abordajes al tema del cannabis a lo largo de su historia y nuestros días, ha resonado como una especie de leit motiv. Se trata de la gravitación del Poder en la vida de los hombres y de los pueblos. Max Weber distinguía tres tipos de poderes; el económico, el ideológico y el coactivo. Unicamente el Estado puede ejercer el poder coactivo. Y no necesariamente ese poder coactivo es legítimo. San Agustín expresaba que uno de los rasgos del poder es la impunidad. La legislación debería ser el precipitado histórico de la justicia, según el jurista italiano Icilio Vanni. Pero sucede que en más de un caso las leyes "precipian" - el simil apunta a los fenómenos químicos- sin justicia alguna.

Y si las leyes aparecen como injustas en algún determinado lapso histórico, la evolución de las culturas exige modificaciones o caducidades que afecten a todo el cuerpo legislativo o parte de él. El Espíritu de las Leyes, puede decirse parodiando a Montesquieu, trasciende con el tiempo el cuerpo de ellas. Y así como normas y leyes atrabiliarias prohibieron y penaron el consumo de la yerba mate, el café, el tabaco, el vino, las bebidas destiladas y la coca, es preciso que, a esta altura de los tiempos, se revise la legislación en lo que atañe al uso del cannabis en su aspectos terapéutico y recreativo. La realidad lo exige. Porque de no ser así volverá, metafóricamente dicho, a instalarse en los ámbitos del Poder el lecho de Procusto, aquel bandolero y asesino ateniense. Procusto acostaba a sus prisioneros en un lecho de determinadas dimensiones. Si el cuerpo del infeliz era más largo que el camastro infernal, le cercenaba la parte sobrante. Si era más corto lo estiraba con un sistema de poleas, descoyuntándolo, para que coincidiera con el tamaño del instrumento de tortura. Y ya que hemos navegado en un mar donde las frases y definiciones no flotan a la deriva, sino que están encaminadas por una fuerte corriente de ideas, termino estas reflexiones con una expresión de

Shakespeare en Measure for measure: "Excelente cosa es tener la fuerza de un gigante. Pero usar de ella como un gigante es propio de un tirano."[57]

---

[57] SZASZ, Thomas. Drogas y ritual. La persecución ritual de drogas, adictos e inductores. F.C.E. México, 1990 p. 33.

EPÍLOGO
A Modo de Conclusión

Todo cuanto se dice en este libro es fruto de la investigación etnográfica de campo y de la sistematización de gabinete, actividades a las que se agregó el estudio histórico del cannabis y su parafernalia.

La conciencia de las cosas deriva de las experiencias que se han tenido en la vida. Conciencia significa "lección" afirmaba Bergson pero conciencia es además, el resultado de una inducción que a la vez atañe al animus razonante del intelecto y al anima emocional de lo afectivo.

No intenté escribir una obra original sino una guía pedagógica, un manual para ser utilizado en la "auto docencia", una persuasiva hoja de ruta, un sencillo sistema de datos donde las preguntas y las respuestas expresaran las dudas y costumbres de un controvertido asunto como es el de la inducción de estados alternos de la psique humana.

No pido excusas por lo que falta decir ni me alabo por lo dicho. Este libro tiene mucho de biografía que callo. Hay mucho de saber ajeno que utilizo y señalo. El tema de la marihuana, un astro en la constelación de las sustancias psicoactivantes está asediado por problemas y dilemas, por prohibiciones y rebeldías, por la coacción generalmente interesada del Poder y por las siempre resistencias, evasiones contestarios tenaces y valerosos.

Solamente he procurado y no sé con que eficacia que estas páginas obraran como el azogue de un gran espejo donde se reflejan las virtudes y desmesuras, los aciertos y los errores que a la vez oscurecen e iluminan la condición humana. A lo largo de una dilatada vida he sido nada más que un aprendiz, un perpetuo curioso impertinente como dijera Cervantes. Y, como tal, al decir del Marqués de Santillana: "Escuché los secretos de la filosofía y los fuertes pasos de la Naturaleza". Ojalá que mi oído haya sido recíproco y mi respuesta veraz.

BIBLIOGRAFÍA

AA.VV. 2003 Las drogas, entre el fracaso y los daños de la prohibición. Inchaurraga, S. (comp.), CEADS-UNR / ARDA.

Agamben, G. (2004) Estado de excepción. *Homo sacer*, II, I. Adriana Hidalgo Editora, Buenos Aires.

Albano, S. (2007) Cultura Cannabis: ¿Delito o Derecho? Quadrata, Bs. As. Aureano, G. R. (2004)

"Uso recreativo de drogas ilícitas. Una visión política".

En M. Cueto Caballero & C. Cáceres (Eds), La salud como derecho ciudadano: perspectivas y propuestas desde América Latina, pp. 45-58, Lima. Barriuso Alonso, M. (2003)

"La prohibición de drogas, del tabú moral a la desobediencia civil". Disponible en: http://www.mamacoca.org/fsmt_sept_2003/ Bateson, G. (1986) Pasos hacia una Ecología de la Mente. Marcos Lohlé,Bs.As.

Clastres, P. (1986) Investigaciones en Antropología Política. Gedisa, Barcelona

Corda, A. y P. Frisch, (2008) "Introducción a un análisis de la aplicación de la Ley de Drogas N° 27.737 en Ciudad Autónoma de Buenos Aires y Provincia de Buenos Aires entre los años 1996 y 2007", IX Congreso de Sociología Jurídi-ca, Rosario, 13/15 de Noviembre.

Escohotado, A. (1994a) Historia de las drogas, Vol. 1. Alianza, Madrid. Escohotado, A. (1994b) Las drogas. De los orígenes a la prohibición. Alianza,Madrid.

Escohotado, A. (1997) Historia de la Drogas, Vol. 2, Alianza, Madrid.